ATLAS ILUSTRADO DE LOS

VINOS DEL MUNDO

 susaeta

Dirección editorial
Isabel Ortiz

Textos: Stuart Walton, Thema Equipo Editorial
Diseño: Sheila Volpe, Thema Equipo Editorial
Documentación fotográfica: Lynda Marshall, Thema Equipo Editorial
Ilustraciones: Madeleine David, Thema Equipo Editorial
Mapas: Steven Sweet, Thema Equipo Editorial
Fotografías especiales y estilismo: Steve Baxter, Roisin Neild y Thema Equipo Editorial
    págs. 6-7, 10, 11, 14,15 arriba, 16, 17, 18, 19, 21, 22, 23
*Fotografías: Excepto las que se citan a continuación, todo el material fotográfico ha
sido proporcionado por Cephas Picture Library y Thema Equipo Editorial:*
    Bridgeman Art Library: pág. 8: Cortesía del Museo Pushkin, Moscú: pág. 9: Cortesía de la
    Biblioteca Británica, Londres, Eddie Parker: pág. 220; Servicio Alemán de Información
    Vinícola: pág. 206; Jane Hughes: pág. 51 (derecha), pág. 202 (abajo), pág. 217, 219; Morris
    & Verdin/Robert Wheatcroft: pág. 220 (arriba); Patrick Eager: pág. 60, Sopexa (UK) Ltd:
    pág. 182 (arriba); South American Pictures: pág. 233; Vinos de Chile: pág. 229, 231

Nota: *Todas las opiniones expresadas en este libro pertenecen a los autores.*

DEDICATORIA
A mi madre, que me inició en el oporto a la edad de seis semanas; a mi padre,
que pagó las facturas de mis investigaciones durante muchos años; y a Brian,
que desinteresadamente me ayudó a conocer un formidable número de botellas
en interés de nuestra educación mutua.

Stuart Walton

© Anness Publishing Limited
© SUSAETA EDICIONES, S.A.
Campezo, 13 - 28022 Madrid
Tel.: 91 3009100 - Fax: 91 3009118
www.susaeta.com

SUMARIO

INTRODUCCIÓN

En esta pintura (junto a estas líneas), Van Gogh representó la recogida de la uva en Arles en la década de 1880, escena que se sigue repitiendo hoy en día en las regiones meridionales de Francia.

Recogida a mano de los racimos de uva (derecha). Según las condiciones climatológicas y el estado de maduración de la uva, la vendimia puede ocupar desde finales de agosto hasta principios de noviembre.

Faenas de vendimia en la DO Binissalem, cuyos viñedos se extienden por el centro de la isla de Mallorca.

En las últimas décadas del pasado siglo XX y la primera del XXI, el universo del vino no ha dejado de cambiar y extenderse. Ha habido grandes revoluciones en el mapa europeo, en la tecnología, en las tradiciones...

La jungla comercial en que se ha convertido el mundo del vino no ha asustado en lo más mínimo a sus consumidores a la hora de buscar y probar.

La explicación a esta confianza no es difícil de encontrar. La denominación de la uva con la que se ha elaborado el vino aparece en prácticamente todas las etiquetas. Los consumidores las reconocen como si se tratase de nombres de marcas y han adquirido un léxico básico que les es útil cuando comparan unos con otros.

En el corazón del mundo vinícola, especialmente en Francia, existe un temor arraigado hacia esa tendencia, no porque piensen que su vino no es tan bueno como el mejor de España o California (¿qué vinatero francés estaría dispuesto a admitir tal afirmación?), sino porque nunca han denominado sus vinos tradicionalmente como Cabernet Sauvignon o Chardonnay. Ellos los llaman Château Ducru-Beaucaillou o Corton-Charlemagne, y no están dispuestos a cambiar. Ciertas zonas, sobre todo las grandes áreas vitícolas del Midi o la región central de Francia, están aportando una nueva generación de cultivadores (no todos ellos franceses) que indican los nombres de las varietales en sus etiquetas, tentando a los consumidores a que vuelvan al vino francés. Será una lucha difícil, pero probablemente no le queda otro camino a Francia si no quiere convertirse en un simple productor de vinos anticuados para expertos pasados de moda.

El consumo de vino también experimentó un auge importante a principios de la década de 1990 a causa del trabajo del Dr. Serge Renaud, nutricionista residente en Lyon que ha dedicado muchos años a investigar las razones de la incidencia, extrañamente baja, de las enfermedades coronarias en el sur de Francia. Uno de sus principales descubrimientos fue que el colesterol derivado de las grasas, que se instala en las arterias y puede producir en algunos casos problemas coronarios, puede dispersarse por acción del tanino que contiene el vino. El tanino, muy presente en los vinos tintos, se obtiene a partir de la piel de la uva con la que éstos tienen que macerar para conseguir su color rojo característico. La verdad era evidente: el vino, en cantidades adecuadas, es bueno para la salud.

Esta noticia causó un enorme aumento del consumo en gran número de países, como fue el caso de Estados Unidos. En otras zonas no existe mucho acuerdo al respecto, sobre todo porque un sector de la medicina sigue considerando el alcohol como una fuente de amenaza para la salud, y solicita continuamente que su precio se convierta en prohibitivo. Por otro lado, en España, sin ir más lejos, está bastante extendida la idea de que tomarse una copita de vino en las comidas resulta bueno para la salud.

Por tanto, hay que disfrutar del vino. Nunca ha habido tanta cantidad de buen vino como hoy en día. Este libro está destinado a aquellos que ya disfrutan bebiendo vino pero desean adquirir un mayor conocimiento acerca de sus lugares de elaboración, sus componentes y el significado de sus confusas etiquetas.

La primera parte del libro trata sobre los aspectos prácticos de cómo conservar y servir el vino, qué alimento le conviene y cuál no. En la segunda parte se exponen las variedades de uva más importantes empleadas internacionalmente en la elaboración del vino, y algunas indicaciones sobre los diferentes estilos regionales.

El vino posee la capacidad prácticamente ilimitada de la sorpresa. No hay dos vinos iguales; algunos dicen que tampoco hay dos botellas iguales. Todo depende del contexto, el productor, la botella y de uno mismo. Espero que disfrute leyendo sobre vinos pero, aún más, me gustaría que encontrara todavía un placer mayor en beber esos vinos. Este libro se hizo pensando en eso.

Stuart Walton

La vendimia ha sido tradicionalmente uno de los acontecimientos ceremoniales del año en las regiones vinícolas europeas, como muestra esta ilustración medieval de un Libro de Horas, c. 1520.

Las cepas de la uva Monastrell, una de las variedades que predominan en la DO Jumilla, están bien adaptadas a las condiciones extremas climatológicas, sean de nieve o de frío seco.

LOS PRINCIPIOS DE LA CATA

Todo ese ritual de olfatear, remover y escupir que envuelve a los catadores profesionales es más que una mera exhibición; con ello se puede realzar enormemente la apreciación de cualquier vino.

Al verter una muestra para su cata, asegúrese de dejar el suficiente espacio en la copa para removerla generosamente.

En una cata, no llene toda la copa ya que va a necesitar espacio para removerlo, sino un poco más de la medida que el sumiller suele ofrecer en el restaurante. La medida óptima es un tercio de la capacidad de la copa.

En primer lugar, mire el vino sosteniendo la copa contra la luz del día u otra fuente de luz. ¿Es claro o turbio? ¿Contiene sedimento u otro material sólido? En el caso de los vinos tintos, incline la copa contra una superficie blanca para observar el color del líquido en su borde. Los vinos más añejos se oscurecen al llegar al borde: el rojo vivo se transforma en un marrón otoñal o toma un matiz tostado.

Ahora agite la copa con energía. El objetivo de este movimiento es activar los componentes aromáticos del vino, de modo que al acercar la nariz se aprecie con claridad su fragancia. El arte de remover la copa requiere un poco de práctica (empiece con un vaso de agua sobre el fregadero de la cocina) y lo que hay que conseguir es que una vigorosa ola circule por el líquido. Si se siente inseguro a la hora de agitar la copa en el aire, no hay ningún problema porque lo haga en la mesa y después se la acerque a la nariz, aunque debe tener cuidado de no rayar su mejor cristalería en una mesa de madera sin pulir.

Cuando vaya a olerlo, incline la copa hacia la cara e introduzca levemente la nariz por el lado más bajo. La cabeza tiene que guardar una ligera inclinación hacia la copa, que estará en un ángulo de unos 45º de aquélla, aproximadamente. Inhale suavemente (como si estuviera aspirando el perfume de una flor y no como si llenase los pulmones en lo alto de un acantilado) durante unos tres o cuatro segundos. Debe tener en cuenta que la fragancia del vino puede variar durante el curso de este proceso. El olfateo del vino revelará bastantes datos sobre sus orígenes y elaboración, pero no lo repita mucho. El sentido del olfato se neutraliza con demasiada rapidez. Con dos o tres veces bastará para que conozca lo que necesita saber.

Ahora viene la parte más delicada. La razón de que los expertos en vino pongan esas caras tan extrañas cuando saborean un trago está en que lo reparten por las diferentes partes de la lengua dotadas con sentido del gusto. La punta recibe el dulzor. Un poco más atrás se percibe el gusto salado. La acidez o el sabor agrio se notan en los lados de la lengua, mientras que el amargor se percibe atrás del todo. Por eso hay que intentar que el vino llegue a todos los rincones de la boca.

Si toma un poco de aire mientras mantiene el vino en la boca le ayudará a potenciar al máximo el gusto del vino. Para evitar que éste se derrame, coloque la cabeza en posición erguida. Con los labios entreabiertos —menos de medio centímetro— tome una pequeña cantidad de aire. No necesita

Maduro

Joven

Maduro

Joven

Los matices del color, tanto para los caldos tintos como los blancos, dependen, entre otros factores, del grado de envejecimiento. A medida que madura el vino, las tonalidades se acentúan.

abrirlos mucho, pero sí aspirar rápidamente. De nuevo le recomendamos practicar sobre el fregadero de la cocina. Vuelva a cerrar los labios y aspire por la nariz. De esta forma el sabor del vino se transmite al mismo tiempo por las vías nasales y por la lengua, de forma que la sensación es más intensa. Y piense en el gusto que tiene. ¿Qué mensajes le transmite el vino? ¿Le gusta o no? ¿Qué le parece según lo va pasando por los distintos rincones de su boca?

Cuando haya saboreado todo el vino que tenía en la boca, puede tragarlo —la mejor opción en compromisos formales— o, si está probando varios vinos a una hora del día en la que normalmente no suele beberlo, escupirlo.

Hay cinco elementos principales que hay que tener en cuenta en la cata de un vino. **Sequedad / Dulzor** Desde el Chablis extraseco, en un extremo, hasta un empalagoso vino Moscatel, en el otro, pasando por una amplia gama de estilos intermedios, la cantidad de azúcar natural que contenga el vino es quizá su atributo más fácilmente reconocible.

Acidez Existen muchas clases de ácido en el vino, de las cuales la más importante es el tartárico, que está presente en el zumo de la uva sin fermentar. ¿Cómo se nota en los bordes de la lengua? Una buena acidez es necesaria para contribuir a la nota de frescura de

Remueva el vino con un movimiento suave de la mano.

Aspire con la nariz por dentro de la copa.

El vino debe llegar a todos los rincones de la boca.

Según la cantidad de azúcar natural de la uva que queda sin fermentar, varía el sabor del vino de más dulce a más seco, y determina su grado alcohólico. Un vino se considera dulce si el azúcar que contiene sobrepasa los 50 gramos por litro.

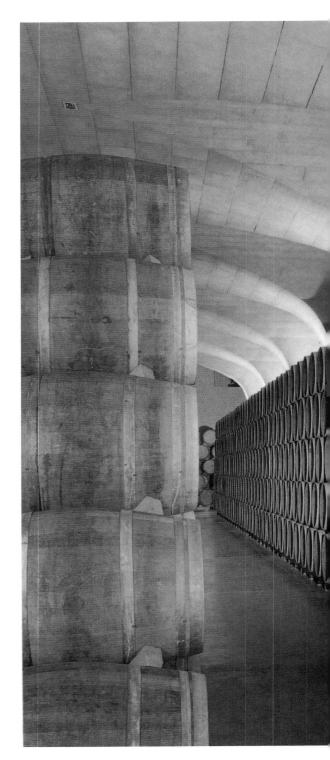

un vino joven y para ayudar a madurar a los mejores vinos. Sin embargo, en una mala cosecha en la que las uvas no han madurado en su justa medida, la acidez o el amargor excesivo pueden arruinar el vino. No confunda sequedad con acidez. Un vino muy seco, como puede ser un jerez Fino, puede resultar muy bajo en acidez, mientras que el dulzón Sauternes contiene tanta acidez que se neutraliza su azúcar.

Tanino El tanino está presente en el tallo y en las pepitas de las uvas frescas, pero también en las pieles. Como es de estas últimas de donde procede el color del vino tinto (el jugo de las uvas tintas no tiene color), es inevitable que se filtre con ellas algo de tanino. En la boca produce ese sabor pastoso que hace que los vinos tintos jóvenes sean tan ásperos, pero desaparece gradualmente a medida que envejecen en la botella.

Roble Muchos vinos maduran en barriles de roble, e incluso se evaporan en la primera fermentación en roble, por lo que el gusto que toman al contacto con la madera es muy fácil de apreciar, sobre todo en el caso de los vinos blancos. El aroma o sabor a vainilla u otra especia dulce, como

la nuez moscada o la canela, es un claro indicativo de la presencia del roble, al igual que esa suave cremosidad en el paladar de los tintos más ricos. Si los barriles en que se ha guardado un vino están muy quemados («tostados») en su interior, el vino exhalará un pronunciado aroma a ahumado como si se hubiese dejado una tostada de pan al fuego algo más del tiempo debido o como si se acabase de apagar una cerilla.

Fruta Cualquiera que haya leído un artículo especializado sobre vinos en un periódico o en una revista donde el escritor describe el sabor de los vinos como de frambuesas y otras frutas rojas, frutas de la pasión, melón o cerezas glaseadas (a menudo, todo a la vez) se habrá preguntado si no había algo de guasa, o simplemente imaginación, en todo ello. De hecho, existen suficientes razones bioquímicas que justifican el parecido del vino con los sabores de otros alimentos (no solamente la fruta, sino también las verduras, las hierbas aromáticas o las especias).

Para la crianza o envejecimiento del vino los expertos prefieren las cubas, toneles o barricas de madera, en especial, de roble, ya que en estos recipientes los caldos desarrollan mejor sus cualidades.

CONSERVACIÓN Y SERVICIO

¿Cuál es el mejor lugar para que el vino madure? ¿Hay que dejarlo respirar antes de servir? ¿Cómo se decanta un vino viejo? Ninguna de estas preguntas es tan técnica como parece.

La mejor manera de conservar el vino es un sencillo botellero. Éste de la fotografía deja espacio para que puedan verse las etiquetas, por lo que no es necesario extraer las botellas para su identificación.

La bodega en casa Iniciar una colección de vinos requiere una cierta dosis de ingenio, dado que la mayoría de nosotros vivimos en pisos o casas que carecen de bodega.

Tenemos que tener siempre en cuenta dos cuestiones fundamentales: hay que conservar las botellas horizontalmente y lejos de cualquier fuente de calor. Si tienen la misma forma se pueden apilar una encima de otra, pero siempre es más conveniente y más seguro colocarlas en un botellero de plástico o madera. Si inclinamos las botellas hacia adelante el líquido estará en contacto permanente con el tapón, por lo que evitaremos que éste se seque y deje sabor en el vino.

14

Temperatura de servicio La creencia tradicional de que el vino blanco hay que servirlo muy frío y el tinto a temperatura ambiente es correcta, pero con matices.

No enfríe demasiado el vino blanco, porque sus sabores pueden cambiar. Los vinos blancos ligeros, ácidos, espumosos y muy dulces (y los rosados también, en este aspecto) deben servirse a una temperatura no superior a 10°, aunque los mejores pueden permitirse una temperatura un poco más templada.

Por otra parte, los tintos suelen beneficiarse de una temperatura un poco más fría que la temperatura ambiente en una casa con calefacción. No se debe templar nunca una botella en el radiador porque el sabor se volvería terroso. La mejor manera de servir algunos tintos ligeros, afrutados, como los jóvenes Somontano, Rueda, Penedés o Beaujolais, Dolcetto o el Loira ligero o los tintos de Nueva Zelanda, es un poco fríos –aproximadamente una hora de frigorífico.

Respiración del vino ¿Hay que dejar respirar al vino tinto? En el caso de tintos maduros que van a consumirse en el momento, como los Reserva de Rioja o el Cabernet Sauvignon de Australia, más suave y envejecido en barril, no tiene mucho sentido. Sin embargo, los tintos jóvenes con algo de tanino, o una fuerte acidez por falta de maduración, sí que se terminan de hacer tras un pequeño

Botellero ingenioso y eficaz, que permite que la parte interior del corcho esté en contacto permanente con el vino, por lo que evita que se seque.

Armario climatizado (izquierda). Para que los vinos mantengan todas sus cualidades, deben permanecer a una temperatura constante.

Algunos sacacorchos van equipados de un cuchillito. Con él se puede recortar un círculo limpio en el extremo de la cápsula, antes de proceder al descorche.

Sacacorchos El sacacorchos de espiral con mango es sin duda alguna el más sencillo de usar, porque sólo requiere un movimiento continuo de giro y muy poco esfuerzo. Sin embargo, el modelo con palancas laterales es mucho peor, ya que hay que repetir los intentos cuando el corcho es largo e incluso podría darse el caso de que éste se rompiera. Si puede alardear de fuerza bruta, el sacacorchos de espiral y palanca resultará el más adecuado para usted, aunque es posible que algún que otro corcho obstinado le haga quedar mal.

El modelo más corriente de sacacorchos (izquierda) requiere un mero movimiento de giro; es mucho más fácil usar el abridor con palancas laterales (centro); el modelo de espiral y palanca (superior, derecha) es el que usan los sumilleres. El atrevido sacacorchos de pez (inferior, derecha) funciona con una suave acción del muelle.

contacto con el aire. Vierta el vino en un decantador o en una jarra una media hora antes de servirlo. Si se limita a extraer el corcho, no conseguirá nada porque sólo está en contacto con el aire el líquido del cuello de la botella y debe recordar que el vino se desarrolla en la copa mientras lo sorbemos lentamente.

En teoría, lo fundamental es atravesar el corcho sin llegar a perforar el fondo y que caigan fragmentos en el vino.

Descorche del cava Muchas personas se sienten realmente intimidadas al tener que descorchar una botella de cava. Recuerde que cuanto más haya podido reposar una botella de espumoso antes de abrirla, menos enérgica será. Si

se ha agitado mal habrá que dejarla reposar durante una semana o más. Del mismo modo, cuanto más fría esté, menos probable será que estalle como un petardo y rompa alguna lámpara.

Cuando haya quitado la envoltura metálica y el capuchón, sujete el corcho con firmeza y sostenga la botella por su parte inferior. Se suele aconsejar que se gire la botella y no el corcho, pero en la práctica la mayoría de las personas giran las dos cosas (en direcciones opuestas, claro está). Hágalo con suavidad y, cuando note que el tapón está empezando a salir, controle su recorrido milímetro a milímetro, colocando el pulgar en la punta del tapón. Es posible que consiga que el corcho salga fácilmente sin dar un taponazo. Si el vino sale a chorros, ponga un dedo en el cuello de la botella, pero procure no taponarlo por completo.

Cuando vaya a servirlo, llene cada copa hasta un poco menos de la mitad y rellene después una vez pasada la efervescencia inicial. Escancie con suavidad para que el vino no rebose. No incline las copas para servir: recuerde que no está sirviendo cerveza.

Decantación La decantación puede dar como resultado que un vino tosco sea un poco más dúctil, pero sólo es absolutamente necesario cuando el vino que se va a servir tiene una fuerte sedimentación. En este caso, mantenga la botella en posición vertical durante la mayor parte del día en que vaya a servirlo (me-

jor desde la noche anterior), para que los depósitos se asienten en el fondo. Después de descorcharlo, vierta el vino de forma lenta, pero uniforme, en el decantador, observando el interior de la botella. Cuando vaya llegando al final y el sedimento esté a punto de empezar a salir por el cuello de la botella, deje de verter el vino. Si la cantidad de vino restante es poca, puede tirarlo, pero si queda más de medio vaso, filtre el contenido con un paño limpio de muselina. *No use* nunca filtros de cafetera o de papel, porque alteraría el gusto del vino.

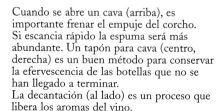

Cuando se abre un cava (arriba), es importante frenar el empuje del corcho. Si escancia rápido la espuma será más abundante. Un tapón para cava (centro, derecha) es un buen método para conservar la efervescencia de las botellas que no se han llegado a terminar.
La decantación (al lado) es un proceso que libera los aromas del vino.

LAS COPAS

No es necesario servir el vino en la cristalería más cara para presentarlo mejor, pero existen unos principios básicos que hay que tener en cuenta a la hora de elegir la copa que contribuirá a sacar el máximo partido de su vino.

Hoy en día podemos encontrar copas con todo tipo de formas. De izquierda a derecha, en primer término, tenemos: una copa apropiada para vino blanco o tinto; una copa de flauta para cava, técnicamente correcta; la famosa «goblet Paris», muy apreciada en restauración, no tiene mala forma, pero es demasiado pequeña; copa de vino espumoso de forma elegante, pero inadecuada por su abertura ensanchada que origina una rápida pérdida de las burbujas; copita de jerez, también adecuada para otros vinos generosos.

Las copas no tienen por qué tener un precio prohibitivo, aunque –como ocurre con todo– lo bueno no suele ser barato. El célebre cristalero austríaco Georg Riedel ha llevado la ciencia de la cristalería de las copas de vino hasta su grado máximo, diseñando sus copas según los componentes aromáticos y de sabor específicos que hay que acentuar en cada clase de vino. Desde luego, algunas tienen una forma muy peculiar, pero indudablemente cumplen el objetivo.

Se pueden seguir sin embargo unas pautas generales a la hora de escoger la copa. En primer lugar, hay que elegir un cristal sencillo. Las copas de color e incluso las que sólo tienen teñido el pie o la base pueden llegar a distorsionar la apariencia de los vinos, sobre todo, de los blancos. Y aunque el cristal tallado pueda resultar extremadamente bello, yo tiendo a evitarlo, ya que me impiden contemplar la nitidez del líquido en la copa.

Busque una copa redonda, ancha y profunda, que se estreche significativamente hacia la boca. En estas copas se liberan con más generosidad los componentes aromáticos del vino por dos razones, principalmente: por su redondez, que permite agitar el líquido con mayor seguridad que en una copa demasiado pequeña y por su estrecha abertura, que canaliza las esencias del vino a la nariz. Las aberturas dispersan más el aroma al aire.

Tradicionalmente, el vino tinto se sirve en una copa mayor que el blanco. Si se van a servir los dos colores en un banquete o velada de compromiso, se podrá asignar a cada especialidad su tipo de copa más adecuada, pero lo más corriente es que los tintos, sobre todo los maduros, necesiten más espacio para respirar. El vino se desarrollará mejor en la misma copa que en cualquier decantador o jarra que se haya utilizado para verterlo. Sin embargo, si sólo va a comprar un tamaño, escoja uno grande, pero no se olvide de que una copa de vino nunca debe ser demasiado grande.

Los vinos espumosos hay que servirlos en *flautas*, copas largas y delgadas de estrecho diámetro, ya que conservan mejor la espuma o las burbujas. Las antiguas copas de cava con forma aplastada son ineficaces porque su amplia superficie de exposición origina una pérdida de las burbujas y el vino se vuelve insípido antes de tiempo.

Los vinos generosos —elaborados con procesos especiales, incluida la adición de alcohol, y cuya graduación puede ascender entre 14 y 23°— deben servirse en modelos más pequeños y estrechos, como reconocimiento a su contenido alcohólico superior. La «copita», recipiente tradicional de la región del jerez, es un receptáculo particularmente elegante que bien puede servir para otros generosos.

El diseño de la copita tradicional de jerez permite apreciar convenientemente las cualidades organolépticas de los finos y olorosos andaluces.

Estas copas (abajo) tienen una forma perfecta para degustar el vino. La de la derecha es la copa oficial internacional para cata y degustación.

EL VINO Y LA COMIDA

Elegir el vino que va con cada comida nos puede parecer una intromisión en los gustos personales, pero existen ciertos principios generales que podemos aprender con facilidad. Y sólo unos pocos errores pueden llegar a ser un completo fracaso.

Hubo un tiempo en que las reglas que dictaban la elección de los vinos que debían acompañar una comida parecían muy sencillas. Era una simple cuestión de recordar: el vino blanco con el pescado y las aves, el tinto con las carnes rojas, y el queso, con jerez para empezar y oporto para finalizar. En los últimos años esta clasificación se ha complicado bastante, aunque no así sus principios esenciales. Ahora las revistas de gastronomía celebran degustaciones, con objeto de encontrar nue-vos sabores que se adapten a la creciente variedad de platos exóticos que se consumen hoy en día. No debemos sorprendernos si nos encontramos, como me ocurrió a mí, intentando encontrar un compañero para un plato de higaditos de pato salteados con salsa de fresas y vinagre balsámico.

Las excepciones a las reglas originales siguen multiplicándose. El oporto está de moda como aperitivo en Francia, los pescados con una textura más carnosa, como el pez espada y el

Los caldos tintos casan muy bien con los asados castellanos de cordero lechal y cochinillo. Sin embargo, las nuevas tendencias en el maridaje entre los vinos y los alimentos abogan por atrevidas combinaciones de texturas y sabores. Algunos vinos blancos y rosados rompen el tópico de que sólo los tintos acompañan bien a las carnes rojas.

atún, se suelen acompañar con tintos ligeros, y ya es común la idea de que muchos quesos saben mejor acompañados de vinos blancos que de tintos.

Algunos se niegan a seguir las «normas» y escogen alegremente cava para comer, apropiado quizá para la ensalada de queso de cabra o el rodaballo, pero no tanto para el cordero asado.

Una comida demasiado condimentada puede destrozar un vino de cierta complejidad, fenómeno que se vuelve más desalentador en proporción directa al precio del vino. Pero usted puede permitirse ser audaz: muy pocas combinaciones llegan a chocar por completo.

APERITIVOS

Los dos clásicos por antonomasia (y los mejores) para estimular el apetito son el cava y el jerez seco. Elija un cava ligero: *blanc de blancs* o un semiseco son estilos adecuados para comenzar. Si va a servir canapés fuertes, aceitunas o nueces antes de la comida, el jerez seco es el mejor. Tenga siempre a mano una botella recién abierta de un buen fino o de manzanilla.

PRIMEROS PLATOS

Sopas En general, las sopas poco espesas se toman mejor sin vino, si bien ciertas especialidades cremosas resultan mucho mejor con los estilos más ricos de espumoso, como el champaña *blanc de noirs*. Para un consomé de carne va muy bien una copita de algún vino generoso con sabor a nuez, como el jerez amontillado o el madeira Sercial. Las sopas más pesadas, como la minestrone, pueden mejorar con un tinto italiano de textura intermedia (como Chianti o Montepulciano d'Abruzzo), ideal para una cena de invierno.

Salmón ahumado Necesita un blanco robusto, como el Gewürztraminer o el Pinot Gris de Alsacia, o un Chardonnay fermentado en roble español, de Côte de Beaune o California.

Melón Las variedades de aroma más dulce requieren un vino con dulzor propio. Pruebe con un Muscat elaborado con el proceso de cosecha tardía o un Riesling del estado de Washington o California, o incluso un joven vino helado (*Ice Wine*) canadiense.

Gambas, camarones, langostinos, etc. Casi cualquier vino blanco fresco le irá bien –una buena uva para elegir es la Sauvignon Blanc– pero evite los vinos muy enroblecidos. Si va a servir mahonesa decídase por una mayor acidez en su elección.

Espárragos Son perfectos los estilos más ricos de Sauvignon, como los de Ribera de Duero. Los vinos más finos sufrirían.

Los vinos finos o amontillados armonizan bien con los aperitivos de quesos, jamón y aceitunas.

Cuando el aperitivo es a base de marisco, como las almejas, puede tomarse con un cava brut muy frío.

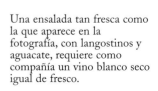

Una ensalada tan fresca como la que aparece en la fotografía, con langostinos y aguacate, requiere como compañía un vino blanco seco igual de fresco.

Los caldos más apropiados para acompañar a los espárragos son los que están bien estructurados y con cuerpo.

Los tintos de crianza españoles o jóvenes, como los beaujolais franceses, son buenos acompañantes de los quesos azules, los curados y los de sabor fuerte.

Pasta Escoja un blanco concentrado, como el Vernaccia, Arneis o Soave, para las salsas con nata o con marisco. Para las salsas con base de tomate van mejor los tintos de cuerpo ligero a medio elaborados con la variedad de uva de la tierra. Aunque también puede probar con un Barbera o Sangiovese de California. Entre los vinos españoles, un blanco concentrado de Rueda y tintos de La Mancha.

PESCADO Y MARISCO

Ostras Su aliado más clásico es el cava, Chablis o Muscadet. El Sauvignon poco enroblecido también le hace buena compañía.

Marisco de concha Necesita un blanco ligero y suave –un borgoña Côte Chalonnaise, un Riesling de Nueva Zelanda o alemán semiseco, un Chardonnay de Alto Adigio o cualquiera de los caldos gallegos en los que intervenga la variedad Albariño– que se corresponda con la exquisitez de su salsa.

Langosta Fría en ensalada, necesita de un blanco fuerte con algo de acidez, como el Pouilly-Fumé, Vouvray seco, Chablis, Chenin Blanc sudafricano o Riesling australiano. Si se sirve en caliente como primer plato, ne-

cesita un vino más pesado y opulento –Meursault, Chardonnay de California o del Sur de Australia, Pinot Gris de Alsacia o quizás uno de los blancos con más cuerpo del Ródano, como el Hermitage. Por supuesto, combina estupendamente con los blancos de las denominaciones de Ribeiro, Rías Baixas y Monterrei.

Pescados blancos de textura ligera Trucha, lenguado, platija y otros por el estilo van muy bien con cualquier blanco ligero, sin enroblecer o ligeramente enroblecido, de cualquier región.

Pescados muy carnosos Los pescados como la lubina, el rodaballo o el bacalao necesitan blancos con mucho cuerpo que se ajusten a su textura. El Burdeos blanco *cru classé*, el Rioja blanco, el Sémillon australiano, el *Fumé Blanc* californiano y el Chardonnay más enroblecido se adaptarán muy bien.

Rape O un blanco con cuerpo y bastante graduación, como es el Hermitage o el Condrieu o el Chardonnay australiano, o –si se cocina con vino tinto– algo más fuerte, como por ejemplo el Moulin-à-Vent, el joven St-Emilion o incluso el Cabernet de Navarra o el de California.

Salmón Va bien con blancos elegantes de medio cuerpo, con algo de acidez, como los canarios de Ycoden-Dante-Igora, el Chablis *grand cru*, el Chardonnay de California, Oregón y Nueva Zelanda o Riesling secos de Alsacia o Alemania. Del mismo modo, puede combinar también con algún tinto ligero, como el Beaujolais *cru* o el Pinot Noir.

Atún Busque un tinto pleno mejor que un blanco: Garnacha de Priorat, Méntrida y Cariñena, Pinot Noir bien construido (California o Côte de Beaune), un tinto del Loira maduro (Chinon o Bourgueil), un Merlot del estado de Washington, un Syrah australiano, un Cabernet chileno o incluso un Zinfandel.

Un plato elaborado a base de delicado pescado blanco, como el lenguado, se sirve mejor acompañado de un vino blanco seco ligeramente enroblecido.

CARNE Y AVES

Pollo Si el ave es asada, busque un tinto suave de calidad como el Borgoña maduro, el Rioja de Crianza o de Reserva o el Merlot de Somontano o de California. En cuanto a recetas más ligeras, puede ser apropiado un blanco más rico, dependiendo de la salsa.

Pavo El pavo de Navidad merece un tinto con un poco más de fuerza que el que se serviría con el pollo. Son una obligación el St-Emilion, la Tinta de Toro, o el clarete Pomerol, el Châteauneuf-du-Pape o las mezclas de Cabernet con Merlot o Cabernet con Syrah oriundas de EE UU o Australia.

Conejo Como con el pollo asado.

Cerdo Es una carne siempre sabrosa que se disfruta mejor con los tintos que poseen un toque especiado: las mezclas del Ródano meridional, el Syrah californiano o australiano, y sobre todo el español pionero del Dominio de Valdepusa, o los tintos más robustos de la Toscana, como el Vino Nobile o el Brunello.

Cordero Elija el mejor y más maduro Cabernet Sauvignon que pueda encontrar, desde cualquiera de las denominaciones españolas, a Bulgaria, de Nueva Zelanda al valle estadounidense de Napa.

Ternera Una pieza de carne sabrosa de cadera o solomillo admite los tintos con más cuerpo y más vigorosos del mundo: Hermitage, Côte-Rôtie, Ribera del Duero, Somontano, Priornat, el Zinfandel más fuerte, Barolo y Barbaresco, Syrah de la región australiana de Coonawarra... El filete sencillo requiere algo más ligero, como un Burdeos o un Châteauneuf de medio cuerpo. Un filete hecho a la pimienta o en salsa que contenga mostaza o rábano picante exige otro tipo de vinos, como el Syrah o la Garnacha, o con una acidez elevada como la de las mezclas italianas.

Pato Un tinto de medio cuerpo con acidez juvenil que ayude a digerir la grasa es lo mejor: Penedès, Ribera del Guadiana, Jumilla, Crozes-Hermitage, Chianti Classico, Pinot de California o Nueva Zelanda.

POSTRES

Las macedonias van mejor solas porque ya contienen en sí bastante acidez. Igualmente, los postres fríos, como los helados y sorbetes, tienden a anular la sensibilidad del paladar frente al vino. Todo lo que contenga leche y huevos, como las natillas, las mousses y la crema catalana, merecen un vino de cosecha tardía. En cuanto al chocolate, se piensa que plantea muchos problemas a la hora de combinar, pero lo cierto es que no va nada mal con ciertos vinos muy ricos y que posean sobre todo una alta graduación. Los pasteles de fruta combinan mejor con los vinos de postre de última cosecha que con los más fermentados. Los merengues y las tartas con nata van bien con las variedades más dulces de cava. El jerez oloroso dulce y el madeira Bual o Malmsey están soberbios con las tartas de fruta o cualquier cosa que lleve nueces.

El clásico acompañante del gallo al vino (*coq au vin*) es un borgoña (de la región francesa de la que procede este plato) maduro y suave.

La salsa de chocolate de la pera bella Elena no tiene por qué presentar problemas a un vino de postre de cosecha tardía e incluso a un blanco abocado o semidulce.

VARIEDADES DE UVA

En el sur abrasador de España el suelo se surca a la manera antigua, para aprovechar la lluvia del invierno.

Tal es la mística y la reverencia relacionadas con la apreciación del vino que es fácil olvidar lo simple que es este producto.

Al visitar un moderno lagar, con sus enormes dimensiones repletas de vinos cuidadosamente tratados, sus tanques de acero inoxidable gigantes, la cadena de embotellado automático y quizá las barricas de roble descansando una sobre otra en bodegas profundas y cavernosas, podríamos pensar que este es el producto final de muchos siglos de ingenio humano. Además, las técnicas empleadas en la elaboración del vino se han ido refinando cuidadosamente a través de muchas generaciones. Sin embargo, al contrario que la cerveza, que tuvo que esperar al descubrimiento de los granos malteados antes de producirse como tal, el vino siempre ha estado ahí, porque no es más que zumo de uva fermentado.

Hace mucho tiempo que el ser humano decidió vivir de un modo sedentario, por lo que empezó a cultivar la tierra. Obtener un líquido alcohólico, dejando fermentar la fruta fresca, debió resultar relativamente rápido.

Una especie en particular de este vino silvestre, cuyo origen se encuentra en el mar Negro, todavía se obtiene en los modernos estados de Georgia, Armenia y Turquía oriental, provenía de la fermentación natural de las bayas dulces. De hecho, es la única especie de vino nativa de Europa y el cercano Oriente, y como posteriormente ha tenido un papel esencial en la evolución de la elaboración del vino en todo el mundo, su clasificación botánica se denominó *Vitis vinifera*, «la uva del vino».

Dentro de esta especie existen, sin embargo, unos 10.000 subtipos diferentes, conocidos como variedades.

Escena primaveral con flores de mostaza sembrando los viñedos de Sonoma, California. Estados Unidos se ha convertido en uno de los protagonistas del panorama vinícola mundial.

No todas las varie-
dades que vamos a
describir se cultivan
en todo el mundo.
Pero éstas son las cla-
ses de uva, tanto blan-
cas como tintas, con
cuyo sabor es más útil
que nos familiarice-
mos. Entre todas ellas
son responsables de la
producción de los
más famosos estilos
de vino.

Toda clase de facto-
res influye en el sabor
del vino, aparte de la
variedad o variedades
de uva a partir de la
que se elabora. El
clima en que crecen
determina el equili-
brio entre el azúcar y
la acidez de los granos
recogidos. De un
modo todavía no muy
determinado, el tipo
de suelo en que se
plantan las vides tiene
también un efecto
crucial, en opinión de
muchos agricultores.

Además, en el tra-
bajo que se lleva a
cabo en la bodega in-
tervienen muchas va-
riables. ¿A qué temperatura fermenta el jugo?
¿En qué fermenta, en acero inoxidable o en
madera? ¿Cuánto tiempo, en el caso de la uva
tinta, tiene que estar el jugo en contacto con
las pieles de las uvas, de las que toma su color y también el tanino que contribuye a su
conservación? ¿Se guarda en barricas de roble
después de la fermentación? Si es así, ¿son las
barricas nuevas o usadas, o una mezcla de las

Las bodegas del Château de
Meursault, en la Côte de
Beaune en la región francesa
de Borgoña. Bajo unos
impresionantes arcos, los
vinos envejecen en barricas de
roble.

dos cosas? y ¿cuánto tiempo tienen que pasar
en ellas antes de ser embotelladas?

Existen tantos tipos de vino como de vinateros, una cifra que se multiplica por el número de las diferentes cosechas en que cada
uno va a participar durante el transcurso de
su carrera. Pero la identidad de las uvas es
el primer y más importante indicativo de su
estilo.

VARIEDADES ESPAÑOLAS

Algunas de las variedades de uva que se pueden encontrar en España, reciben nombres distintos según sea el área geográfica en que se cultiven. Estas diferencias se justifican porque también producen diversos estilos de vinos.

VARIEDADES BLANCAS

AIRÉN

Es la variedad blanca más abundante en España, de maduración tardía, vigorosa, muy resistente a la sequía y a las enfermedades. Bien cultivada, con vendimias tempranas y elaboraciones rigurosas, da vinos de color pálido, suaves, afrutados, poco ácidos. Se cultiva principalmente en Castilla-La Mancha, Valdepeñas y Levante (Alicante).

ALBARIÑO

Uva autóctona de Galicia, de grano pequeño y muy dulce. Ocupa una buena parte de la superficie cultivada, dispuesta en emparrado. Junto con Treixadura y Loureiro, supone el 70% de la DO Rías Baixas, aunque da escaso rendimiento. Crece bien en terrenos arenosos, bien drenados y ligeramente ácidos, aunque se adapta a otros con tal de que reúnan unas condiciones mínimas de frescor y escasa humedad. Da lugar a vinos de color amarillo verdoso, de acusado aroma floral y frutal cuando son jóvenes, y de fruta madura cuando evolucionan.

Abundan las elaboraciones de la DO Rías Baixas que emplean 100% Albariño (bodegas Pazo de Señorans, Pazo de Barrantes, Salnesur), y también se producen estos vinos en la DO Ribeira Sacra.

ALBILLO

Variedad relativamente neutra, de maduración temprana y escasa producción. Se cultiva en la Comunidad de Madrid y en las DDOO Ribera de Duero y Cigales.

Las cepas de Albariño, uva de la que se obtienen vinos blancos de gran calidad, son las que predominan en los viñedos gallegos, como el de la imagen en la provincia de Pontevedra.

BLANCA CAYETANA

Variedad muy productiva, da vinos de escasa calidad, por lo que en gran parte se dedica a la elaboración de holandas destinadas a brandy. Se cultiva en la provincia de Badajoz.

GARNACHA BLANCA

Sus vinos son de gran cuerpo y elevada graduación, y su cultivo está muy extendido en toda España. En La Rioja ocupa poco espacio y produce vinos frescos y afrutados. Se encuentra en Ribera del Duero, Tarragona y Terra Alta. En esta última DO supone el 45% de la superficie.

GODELLO

De gran calidad y acusado aroma, esta variedad presenta un alto índice de glicerol y da lugar a vinos color amarillo rojizo y perfumados. Autóctona de Galicia, en concreto del valle del Sil (DDOO Ribeira Sacra y Valdeorras), las cepas se cultivan también en el Bierzo.

HONDARRIBI ZURI

Esta variedad blanca es la mayoritaria en el País Vasco, donde ocupa el 85% del viñedo. La otra variedad es la tinta Hondarribi Beltza. Las cepas llegaron a través del Camino de Santiago. Hondarribi Zuri, junto con la uva Folle Blanche, se utiliza para la elaboración del txakolí de Vizcaya, vino blanco joven y afrutado.

La DO Txakolí de Guetaria es la de menor extensión de toda España (125 ha). Una bodega destacada es la de Txomin Etxaniz, de aquella localidad, gran impulsora del reconocimiento de la denominación de origen y que cuenta con viñedos de las dos variedades de Hondarribia. El txakolí de Guetaria lo elaboran varias bodegas, todas ellas en los alrededores de esa población y de Zarautz.

El txakolí de Vizcaya lo producen, entre las más importantes, las bodegas Aramburu, Aretxondo, Aretxabaleta, Torreko, Agirre y Txaba-

rri, estas dos últimas dedicadas a la elaboración de rosados.

LOUREIRA

Uva gallega que da vinos muy aromáticos. Es predominante en la DO Rías Baixas, aunque también se encuentra en ambas Castillas y Ribera del Duero. La bodega Terras Gauda mezcla esta variedad con Albariño y Caíño para obtener un vino de alta calidad. También se cultiva en la zona de Ribeiro.

Godello es una uva blanca de racimos pequeños y granos muy apiñados que se cultiva, sobre todo, en la DO Valdeorras. Produce vinos pálidos y muy aromáticos.

La uva Hondarribi Zuri es nativa del País Vasco y con ella se elaboran los populares txacolís. Su cultivo requiere un gran esfuerzo debido a las duras condiciones climáticas.

Racimos de Macabeo (derecha e imágenes inferiores), variedad conocida también como Viura. Suelen ser grandes con bayas redondeadas y tamaño mediano. Los vinos, blancos frescos y aromáticos, resultan aptos para la crianza.

MACABEO

Se le conoce también como Viura. Ocupa el séptimo puesto en el viñedo español por su extensión y se da en casi todas las regiones vinícolas. La cepa es tardía, de maduración media, resistente a las heladas y a la sequía, pero no a las enfermedades. No se aconseja su cultivo en llanuras ni en lugares elevados: el ideal son las laderas bien soleadas. Algo agridulce, rico en azúcares, produce vinos de color amarillo pajizo, alcoholados, ácidos, de aroma afrutado, sobre todo, cuando son jóvenes. La oxidación es lenta, apropiada para la crianza en roble.

En la Rioja comprende un 15% de la superficie y es la principal variedad blanca que se cultiva en dicha DO. Proporciona la base de los blancos de calidad, de color amarillo dorado, con sabores equilibrados, aptos para el envejecimiento en madera. Entre los blancos reserva notables con alta proporción de esta variedad citamos el Monte Real, de Bodegas Riojanas, con el 95%, o el Viña Tondonia, de López Heredia, con el 85%.

En Aragón (Somontano) es tradicional la utilización del Macabeo junto con la Garnacha Blanca, el Chardonnay y el Gewürztraminer.

En Cataluña se cultiva en el Penedès central y medio, en la zona de Gandesa (DO Terra Alta), Costers del Segre, Empordà-Costa Brava y Priorat. También se encuentra en Valdepeñas donde, junto con Airén, es la variedad de uva blanca más abundante; en Madrid, Alicante, Jumilla, Yecla y Binissalem-Mallorca. Se cultiva en escasa proporción en la DO Cigales.

MALVAR

Cepa de buen rendimiento y maduración tardía. Da vinos frescos y aromáticos, de color amarillo pajizo y acidez equilibrada. Se cultiva en la Comunidad de Madrid.

MALVASÍA

Procedente de Grecia, es la variedad mediterránea más antigua de la que se tiene noticia. En Navarra tiene larga tradición pero se cultiva poco, como también en la Rioja, donde suele acompañar al Macabeo en los blancos. Es muy apreciada para elaborar vinos de postre. Donde goza de mayor prestigio es en Canarias, aparte de Valencia, Zamora y Cataluña. En Valencia se le denomina Valentino.

MERSEGUERA

Variedad típica de Levante, es la uva principal en la DO Valencia, de donde es originaria. Puede producir vinos de alta calidad y finura, con acidez media, notable aroma y color amarillo pajizo. Otros nombres por los que se la conoce son Escayagos, Escanyavella, Gayata, Masadera, Planta Borda, Trová o Uva Planta.

La uva blanca Malvasía presenta bayas de color rojizo con manchitas y pulpa sabrosa. Mezclada con otras variedades, aporta aroma a los vinos blancos y tintos.

30

MOSCATEL

Cepa oriunda de Turquía, conocida en todo el mundo. Esta variedad, que aprecia los climas muy calurosos, produce vinos dulces naturales con un gran poder aromático que evoca la miel, el azahar y la naranja y la uva fresca. Se elabora también en mistelas. Su cultivo está muy extendido por toda España.

PALOMINO

Básica en el vino de Jerez y llamada por eso mismo «Jerez» fuera de esa denominación de origen gaditana: Navarra, Orense, León, Valladolid. Produce un vino muy fino, de evolución muy rápida, poco cuerpo y sabor fresco. Está indicado para elaborar caldos ge-

Los viñedos de uva Moscatel tienen que tener una buena exposición solar y suelos permeables y ventilados.

nerosos y de poca entidad como vinos de mesa. Constituye el 95% de las cepas jerezanas. La uva Palomino se mezcla con Pedro Ximénez en algunas marcas importantes, mientras que en otras se emplea al 100% (amontillados, manzanillas, finos).

El jerez conocido como «fino» se elabora exclusivamente con esta variedad. De color pajizo o dorado, su aroma presenta matices almendrados y su graduación está en torno a los 15°. La crianza es «en flor», o sea bajo un velo de levadura, resultado de un proceso biológico que protege el vino de la oxidación. Cuando, en un momento dado, el fino no completa su crianza en flor y comienza una fase oxidativa, da lugar al amontillado.

La variedad Palomino está muy bien adaptada a los climas secos y calurosos.

La uva blanca Palomino es autóctona de la zona de Jerez. Se presenta en abundantes racimos, anchos y largos, con bayas algo aplastadas y de tamaño mediano. Es la base de los vinos generosos, finos, amontillados y manzanillas.

Aunque originaria de Andalucía, Palomino es una variedad que se ha introducido con éxito en zonas tan dispares como Castilla y León, Galicia y Canarias, donde es apreciada por su gran resistencia a las enfermedades.

Los racimos de la uva Parellada (derecha) son compactos y regulares. Esta variedad, de gran calidad y muy productiva, es una de las tres con las que se elabora el cava según el método tradicional champenoise.

Este aroma se obtiene sometiendo la uva al soleo, a fin de reducir parcialmente la humedad. La graduación es en torno a los 17°. Se cultiva principalmente en las provincias de Córdoba y Málaga, así como en la región levantina. Se da asimismo en las DDOO Condado de Huelva, Jumilla, Valle de la Orotava y Tacoronte-Acentejo, entre otras.

El Málaga dulce, llamado con el nombre mismo de la variedad o conocido como Pedro Ximén, procede exclusivamente de esta uva. Entre las calidades más extendidas se cuentan las crema o *cream*, pajarete, *sweet, dunkel, brown* y *golden*.

TREIXADURA

Variedad autóctona de Galicia, muy parecida al Albariño aunque menos refinada y glicérica. El vino que produce es de color amarillo pajizo, tiene aromas afrutados y florales, y un sabor que recuerda las manzanas. La producción es limitada. Interviene en la elaboración de vinos de las DDOO Ribeiro y Monterrei.

La variedad se cultiva en un 15% de la DO Bierzo, donde produce vinos pajizos de alta graduación que se utilizan para complementar la elaboración de blancos.

Otros nombres por la que se conoce son: Albán, Albar, Listán, Manzanilla de Sanlúcar, Orgazuela, Palomina, Palomino Fino, Temprana.

PARELLADA

Se cultiva en las zonas altas de Cataluña (Alt Penedès, Tarragona, Terra Alta, Costers del Segre). Es muy productiva y de buena calidad. Da vinos de poco grado, pálidos, con aromas delicados y de poco cuerpo. Es una de las uvas básicas en la elaboración de los cavas, junto a la Macabeo y la Xarel·lo.

PEDRO XIMÉNEZ

De elevado contenido en azúcares, da vinos de color caoba, bien equilibrados, dulces, con cuerpo, aroma característico y sabor a fruta.

VERDEJO

Una de las mejores variedades blancas de España, propia de Castilla y León, de brote entre temprano y medio y duración media. Antiguamente era la base de los vinos de solera, rancios con largas crianzas en toneles. En la actualidad lo es de los pálidos y dorados de Rueda. Da vinos muy aromáticos y afrutados y con un matiz anisado, de sabor suave, con cuerpo. En la cata se aprecian frescos, suaves, con notable cuerpo.

También se da, aunque en menor proporción, en la DO Cigales. Otros nombres que recibe son Madrigal o Verdeja.

Xarel·lo

Junto con la uva Macabeo y la Parellada, esta variedad catalana se emplea en la obtención de los cavas. Da vinos muy aromáticos pero con demasiado cuerpo. No es aconsejable para la elaboración de vinos jóvenes, pero se complementa muy bien con otras variedades. Se cultiva en Alella, el Penedès, Tarragona, Costers del Segre y Empordà-Costa Brava, principalmente. Otros nombres por la que es conocida: Cartoixa, Moll, Pansa, Prensal o Viñate.

Zalema

Autóctona de Andalucía, se cultiva en la DO Condado de Huelva, donde es la más importante. Su uva es de color ámbar y proporciona vinos ligeros y algo neutros. Su elaboración plantea dificultades a causa de su rápida oxidación. También se la conoce por Grazalema.

La variedad blanca Xarel·lo, destinada a la obtención de cavas y otros espumosos de calidad, produce caldos equilibrados y afrutados. Es la uva principal en los viñedos de las denominaciones de origen Alella, Costers del Segre, Penedès y Tarragona, y en la Denominación Específica Cava.

VARIEDADES TINTAS

Bobal

Produce tintos ásperos, de considerable acidez, frescos, con abundantes taninos, algo afruta- dos y poco aptos para la crianza. Se cultiva en las zonas altas de Levante (Valencia) y también en Castilla-La Mancha. Otros nombres que recibe son: Coreana, Provechón, Tinto de Zurra o Valenciana Tinta.

Cariñena

Llamada también Mazuela, Mazuelo, Crujillón y Samsó, es una uva de color morado. Da nombre a la DO más antigua de Aragón (1932) y da, en principio, un vino de alta graduación y recio, si bien en los últimos tiempos han aparecido caldos que rompen con esa imagen tradicional. El Campo de Cariñena está situado en pleno valle del Ebro, a 30 kilómetros al sur de Zaragoza y comprende unos catorce municipios en torno al de Cariñena, con una extensión total de 17.000 hectáreas. También se cultiva en la Terra

Zalema (inferior, izquierda) es una uva autóctona del valle bajo del Guadalquivir. Se trata de una variedad muy productiva que produce vinos jóvenes, suaves, poco ácidos y agradables al paladar. Es la variedad predominante en la denominación de origen Condado de Huelva.

Cariñena (inferior, derecha) es una de las variedades que más se cultivan en España. Su enorme rendimiento y la maduración tardía, que la salva del peligro de las heladas, explican la gran difusión de esta uva, que también se cultiva en Francia, Argentina, Chile y Estados Unidos (California).

Los granos del racimo de la uva Monastrell (superior, izquierda) son de tamaño mediano, esféricos y de color azul oscuro. Es una variedad que produce caldos muy alcohólicos por lo que es muy apta para mezclar con vinos más ligeros.

Viñedos escalonados con cepas de Mencía (derecha) en la denominación de origen Ribeira Sacra. Esta variedad de uva tinta produce vinos jóvenes, frescos, ácidos y muy afrutados.

La Garnacha Tinta es una uva de gran rendimiento que presenta una gran resistencia a las condiciones climáticas. Es la más cultivada en España, y se la encuentra también en Francia (Chateaunef-du Pape), Italia, Chile, Argentina, Estados Unidos y Australia.

Alta, Empordà-Costa Brava y Priorat. En el Baix Penedès da vinos recios que se benefician de una prolongada estancia en barrica de roble y en botella.

GARNACHA TINTA
Sus uvas tienen pulpa coloreada, con alto contenido de taninos, que confieren a los vinos textura y cuerpo. Suele utilizarse para mezclas, por sus cualidades como colorante, por ejemplo en la DO Bierzo.

GRACIANO
Variedad originaria de La Rioja y Navarra, de escaso rendimiento pero resistente a plagas y enfermedades. El vino que proporciona es de color rojo vivo, notable acidez y aromático. Esta uva interviene en los grandes reservas producidos en esas regiones. En La Rioja se

cultiva en una superficie inferior a las 400 ha, aunque se aprecia una tendencia a incrementarla. Aporta finura a los vinos a medida que envejecen.

MANTO NEGRO
Variedad autóctona de Baleares, de grano grande, rica en azúcares. Los vinos son ligeros, aromáticos, y requieren una crianza breve en madera y en botella.

MENCÍA
Con gran color y considerable acidez, ofrece posibilidades para la elaboración de vinos de crianza. Su cultivo está limitado a la zona noroeste de la Península, en los límites de las provincias de León y Zamora con Galicia. Es la principal variedad de la DO Bierzo, donde ocupa el 65% del terreno y produce tintos y rosados suaves. También lo es en la DO Ribeira Sacra y se encuentra en los Ribeiros tintos.

MONASTRELL
Variedad característica de la zona levantina, también se da en el Penedès, Costers del Segre y Binissalem-Mallorca. Necesita clima continental y gran insolación. Muy dulce, se utiliza para la elaboración de vinos rancios y

El nombre de esta uva, Tempranillo, resulta suficientemente indicativo de una de sus características: su maduración temprana.
Los racimos, muy compactos y más anchos en la parte superior, presentan granos esféricos, de tamaño mediano y de un azul muy oscuro.

de postre. Con gran sabor y aroma, presenta un color intenso y una elevada graduación. Requiere un prolongado envejecimiento o la combinación de vinos afrutados. Otras denominaciones que recibe son: Alcayata, Garrut, Churret, Mataró, Negrelejo, Reina o Veremeta.

MORISTEL
Variedad autóctona que caracteriza la DO Somontano (1974), aportando a los vinos sus características más propias. Cuando son jóvenes resultan afrutados y con un toque varietal inconfundible.

NEGRAMOLL
Variedad característica de algunos lugares de Canarias, y de la que resultan vinos ligeros y aromáticos, de notable calidad cuando son jóvenes.

TEMPRANILLO
Supone más del 60% de la DO Rioja (80% de la Rioja Alavesa), con una superficie de más de 30.000 ha. Su cultivo ha ido aumentando en detrimento de otras variedades. Autóctona de esta región, utilizada sola no enveje-

cería tan bien ni tanto tiempo; por ello se mezcla con otras variedades y así se consigue un buen envejecimiento. Muy aromática, se considera la «estrella» de las variedades españolas. Se cultiva en otros lugares del país, donde recibe diversos nombres: Ull de Llebre en Cataluña; Cencibel en Castilla-La Mancha y en Madrid; Tinta Fina y Tinta del País en Castilla y León (entra en la composición del Vega Sicilia). Se encuentra asimismo en las DDOO Somontano, Calatayud, Tarragona, Empordà-Costa Brava, Alicante y Binissalem-Mallorca, entre otras.

Se trata de una uva de maduración relativamente temprana, poco resistente a la sequía y a las temperaturas elevadas. Da lugar a vinos muy afrutados y aptos para la crianza en roble y botella, debido a su escaso nivel oxidativo.

TINTA DE TORO
Variedad propia de la DO Toro. Los vinos que se producen con ella son caldos con cuerpo, aromáticos y de notable calidad. Se elaboran varietales que envejecen bien en barrica de roble. Bodega Bajoz es uno de los productores importantes.

Los vinos de Tempranillo son muy completos, redondos, de sabor muy agradable y excelente aroma. Cuando la fruta ha sido vendimiada en un estado óptimo de maduración produce unos varietales extraordinarios.

CHARDONNAY

Desde su tierra natal en la región francesa de la Borgoña, la Chardonnay ha viajado por todo el mundo hasta convertirse en una de las variedades de uva blanca más deseadas. Este camaleón de las uvas se somete al capricho del vinatero, ofreciendo una diversidad de estilos que atrae a todos los paladares.

La uva Chardonnay madura en los cálidos viñedos de California. Relativamente imperturbable ante las condiciones climáticas o el suelo, esta uva dorada es de carácter neutro y posee una afinidad natural con el roble. Se adapta igual de bien a diferentes estilos de vinos.

Como alguien dijo una vez, si la Chardonnay no existiera sería necesario inventarla. Ninguna otra uva, ni negra ni blanca, ha llegado a conseguir el reconocimiento internacional del que la Chardonnay goza. En opinión de algunos de sus consumidores, esta palabra es un sinónimo de vino blanco seco en general, y la razón no es difícil de explicar. Se cultiva en diferentes proporciones en prácticamente todos los países productores de vino del planeta; en el caso concreto de Francia, Burdeos y el Ródano son las únicas dos regiones en las que todavía no ha penetrado.

La adaptabilidad en la que se basa su gran éxito comercial presenta dos aspectos. En primer lugar, en comparación con la mayoría de las variedades de uva es facilísimo cultivarla. No sólo puede soportar las condiciones climáticas extremas del panorama vinícola, sino que se acomoda muy bien a una gran diversidad de suelos. Madura sin ninguna dificultad y produce ricas cosechas. Los vinos más buenos, eso es cierto, son los que se elaboran a partir de las cosechas más pequeñas, pero como una gran cantidad del Chardonnay que se vende en el mundo se destina al consumo diario a un precio económico más que a su envejecimiento en bodega, su capacidad para mantener el máximo de la fruta hace que sea una variedad muy apreciada.

En segundo lugar, así como la Chardonnay se hace amiga de cualquier tipo de suelo, también es igual de maleable en la bodega. Al contrario que algunas otras uvas blancas, nos encontramos con que la Chardonnay no es

una variedad de naturaleza aromática. Vinificada de un modo sencillo en acero inoxidable, y embotellada temprano para beberla joven, no posee una gran personalidad propia. Si encierra algún aroma frutal, es un ligerísimo toque a manzana, respaldado quizá por un fondo de acidez de limón, aunque no hay nada más exótico que esto. Pero es precisamente esta neutralidad la que le permite producir uno de los vinos blancos secos más deseados del mundo.

Posiblemente más que ninguna otra uva blanca, posee una natural afinidad con el sabor del roble. Madurada en pequeñas barricas nuevas, o en una mezcla de nuevas y otras que hayan sido utilizadas en otras dos o tres cosechas anteriores, comienza a adquirir esas ricas esencias y sabores cremosos y mantecosos que asociamos con un magnífico Chardonnay. Si el vino emprende su fermentación inicial en las barricas, además de madurar en ellas, suele tomar un poderoso gusto acre ahumado de la superficie interior de la madera que recuerda el pan tostado o el bacón ahumado chisporroteando en la sartén.

Además de producir los más populares vinos de mesa, Chardonnay es también muy apreciada para la producción de cava en algunas regiones vinícolas. Junto con sus otros dos compañeras tintas, Pinot Noir y Pinot Meunier, forma el triunvirato de las variedades de uva que se emplean para producir el *champagne* francés. De nuevo, es la neutralidad del sabor, inherente a la uva, lo que le confiere esa elegancia y finura de la mejor efervescencia.

ORIGEN

Francia
Casi todos los vinos blancos de Borgoña, desde el Chablis hasta el Beaujolais. Champagne (donde se elabora el 100 por cien de los vinos etiquetados como *blanc de blancs*). Se puede encontrar como una variedad etiquetada *vin de pays* en el sur, especialmente en Languedoc, y también en la región del Loira.

¿EN QUÉ OTROS LUGARES SE CULTIVA?

Allí donde pueda crecer una viña.

NOTAS DE SABOR

<u>Ligero y no enroblecido</u>
tarta de manzana, limón, a veces pera.
<u>Ligeramente enroblecido</u>
mantequilla fundida, manzana asada, nuez moscada, torta de avena.
<u>Muy enroblecido</u>
vainilla, caramelo de azúcar con mantequilla, limón, almendra garrapiñada, bacón, humo de la madera.

Borgoña

Si la Chardonnay es una de las variedades que reinan entre las uvas del vino blanco, la región de Borgoña, en la zona oriental de Francia, es su residencia oficial. Desde Chablis, en el *département* de Yonne, bajando hasta las extensas áreas de viñedos conocidos como Mâconnais, al oeste del río Saône, Chardonnay es la variedad de uva blanca predominante.

Se produce toda la gama de variedades. Hay vinos blancos corrientes de honesta sencillez y poderosos vinos complejos para envejecer en botella. Algunos caldos atraen por la acidez y el frescor juvenil, mientras que otros, por la mantecosa opulencia que imparte el roble.

Chablis en cierta medida es considerada como una región aparte, porque geográficamente se halla alejada de Borgoña, con una localización un poco más próxima a los viñedos meridionales de Champagne que al extremo septentrional de la *Côte d'Or*. Su clima es frío y bastante húmedo, con inviernos severos y frecuentes heladas tardías en primavera. En tales condiciones, la Chardonnay que allí se cultiva madura bastante tarde, y tiende a producir un vino de mucha acidez, al que se suele aplicar el calificativo de «acerado».

Al sudeste de Chablis, los vinos blancos de la *Côte d'Or* —y en particular los de la *Côte Beaune*, en la zona más meridional— representan la cumbre del Chardonnay de Borgoña. Es aquí, en las célebres denominaciones de Corton-Charlemagne, Puligny-Montrachet, Meursault y otros, donde el Chardonnay enroblecido empezó realmente.

Los mejores vinos, con frecuencia elaborados en pequeñas cantidades, lo que asegura su venta a un precio exorbitante, son suntuosos y concentrados, de color muy dorado, debido a los largos meses de envejecimiento en barricas de roble, y en general con contenido alcohólico muy alto (13-13,5% es la norma). Muchos poseen un fascinante sabor vegetal, a judías verdes o a col, lo que sorprende a aquellos que están acostumbrados al sabor más afrutado de los Chardonnay. Los oriundos aseguran que este es el famoso *goût de terroir*, característico de los suelos de caliza en los que crecen las uvas.

Es justo decir que aunque las bodegas intenten producir Chardonnay enroblecido de primera calidad, son los mejores vinos de la *Côte d'Or* los que aportan la inspiración original, aunque muchos de ellos hayan variado del modelo inicial.

Los luminosos tonos dorados del otoño en Borgoña tiñen los viñedos en pendiente del *grand cru* de Vaudésir (en primer término) y Grenouilles, en la región de Chablis.

La *Côte d'Or* se conecta con Mâconnais por una franja de tierra denominada la *Côte Chalonnaise*, que recibe este nombre porque está situada al sur de la ciudad de Chalon-sur-Saône. Su Chardonnay, de denominaciones como Montagny, Rully y Mercurey, son considerablemente más ligeros de estilo que los de más al norte, aunque puedan poseer su propia elegancia. Tienden a tener menos roble que los caldos de la *Côte d'Or* por lo que son más adecuados para los platos de pescado blanco.

Al sur de Borgoña, Mâconnais es la mayor de sus subregiones. Aquí es donde se elabora la mayor parte del vino corriente, vinificado sin roble. Un par de denominaciones sobresalen de la pauta general. El Pouilly-Fuissé suele tener algo de la profundidad y cualidad de envejecimiento de los vinos menores de la *Côte de Beaune*, aunque su calidad real no justifica el ambicioso precio bajo el que se comercializa. St-Véran es más barato pero carece de la dimensión extra del sabor que posee el mejor de los Pouilly.

El vino blanco de Beaujolais, el más meridional de las regiones de Borgoña, se hace a partir de Chardonnay. Rara vez se encuentra fuera de su región de producción; tiende a ser con cuerpo, seco y no enroblecido, algo así como una versión menos agraciada de Chablis.

El vino espumoso de Borgoña –*Crémant* de Borgoña, elaborado mediante el método *champenoise*– se apoya fundamentalmente en Chardonnay. Las uvas en teoría pueden proceder de cualquier lugar de la región, por eso los estilos varían de delicados, incluso con un burbujeo ligeramente floral, hasta los vinos más pesados con algo más que un toque verde vegetal en su sabor.

Uvas Chardonnay recogidas a mano descargadas en un contenedor en Fuissé, perteneciente a Mâconnais, la subregión más extensa de Borgoña.

España

La crianza de Chardonnay en barricas de roble hace que exprese al máximo su enorme potencial aromático y su complejidad llena de matices. La untuosidad y las notas de miel y vainilla ligeramente tostada, son bien conocidas por los aficionados a los vinos de Chardonnay.

El norte de España está también entrando en escena, con sus plantaciones de Chardonnay en Cataluña, Huesca y Navarra, donde se suele mezclar con las variedades locales para obtener unos blancos más limpios, secos, modernos y con sabor a nuez.

Su facilidad de cultivo y su adaptabilidad explican su difusión en España, donde da los característicos vinos aromáticos, aptos para crianza debido a su extracto seco y su escaso nivel de oxidación. Se encuentra principal-

mente en Aragón (Somontano), Cataluña (Alto Penedès, Tarragona, Costers del Segre, Empordà-Costa Brava), Navarra y, en menor proporción, en Castilla-La Mancha, Valencia, Utiel-Requena, Alicante y Binissalem-Mallorca.

En Aragón se utiliza junto con Macabeo, Garnacha Blanca, Alcañón y Gewürztraminer. En la DO Somontano se elabora con un 100% de la variedad el Enate Chardonnay fermentado en barrica de Bodegas, Viñedos y Crian-

zas del Alto Aragón, y el Chardonnay fermentado en barrica de Bodega Pirineos. En menor proporción, está presente en el tinto reserva Viñas del Vero Chardonnay.

En el Bierzo, aunque no acogido a la denominación de origen, entra en una proporción del 100% en el Airola Chardonnay (Bodegas Valtuille de Abajo, León).

En Navarra se ha introducido en los años finales del siglo XX. Se ha adaptado bien al suelo y al clima, y ha ejercido una influencia decisiva en las innovaciones vinícolas de la región, sobre todo para dar «toques» a las elaboraciones cuya base es el Macabeo, aunque no faltan blancos con un 100% de Chardonnay: así, Castillo de Monjardín Chardonnay o Chivite Colección.

En Cataluña se encuentra en alta proporción en algunos cavas selectos, como Albert y Noya 21 Brut Nature, Anna de Codorniu Brut Reserva (85%) o Raimat Gran Brut (75%). Aquí, como en Na-

varra, esta variedad y otras de origen francés, como es el caso de Cabernet Sauvignon y Merlot, han sido protagonistas de la renovación vitícola, algunos de cuyos cultivadores han montado explotaciones concebidas como los *chateaux* del país vecino. Raimat, Jean Léon, De Muller y otros se sitúan entre las principales bodegas dedicadas a su cultivo y elaboración. Interviene esta variedad de uva en un 100%, por ejemplo, en el blanco Raimat (DO Costers del Segre) y en el Milmanda, de Torres (DO Conca de Barberà).

Los racimos de Chardonnay, pequeños y muy compactos, presentan granos menudos, esféricos y de color blanco ambarino.

La Chardonnay forma parte de los cavas más distinguidos y aromáticos. Arriba, a la izquierda, las botellas se remueven en los pupitres para que los restos de la fermentación se depositen en el cuello. A la derecha, cartel modernista de la casa Codorniu, pionera en la elaboración del cava según el método champenoise.

Estados Unidos

Los viñedos del estado de Nueva York, sobre todo los de Long Island, producen un Chardonnay cada vez más elegante y complejo.

A finales de la década de 1980, sólo el estado de California tenía más hectáreas plantadas de esta uva que toda Francia, donde su crecimiento no ha estado precisamente estancado.

Hace veinticinco años, la moda era un estilo de vino muy desarrollado y dorado, con notas de roble dulce y nuevo. Al cambiar la moda, el péndulo se balanceó hacia el otro extremo, y parecía que todos estaban compitiendo para producir Chablis de la costa oeste, igual de delicado, pero más verde y amargo que la mayoría de los vinos.

Hacia mediados de la década de 1980 el panorama se igualó, se ofrecía una mayor diversidad de estilos, cada uno de los cuales representaba una expresión de su microclima y la orientación particular de su bodeguero.

El excelente Stateside Chardonnay –igual que los de las zonas cálidas de California, como Los Carneros y el valle de Sonoma, de Oregón, incluso del estado de Nueva York– puede a veces encerrar un misterioso parecido con ciertos borgoñas, en parte por sus similares niveles de acidez, y en parte por el uso de roble francés.

Se ha investigado mucho sobre las diferentes clases de roble y los diferentes niveles de tratamiento al fuego que el tonelero pueda darle a los barriles, para poder descubrir cuáles son los que mejor se adaptan a la Chardonnay norteamericana.

Una costumbre francesa que ha enraizado entre los principales productores estadounidenses, es la de evitar el procedimiento de fil-

Los viñedos Madonna, en la fría región de Los Carneros, al norte de California, producen una parte del Chardonnay más fino del estado, extrañamente similar en su estilo a ciertos borgoñas de calidad.

tración, mediante el cual se extraen del vino los residuos sólidos de la fermentación. Aunque la filtración del vino suele dar como resultado un producto estable y cristalino, muchos piensan que también se extrae parte de su sabor y algo de la riqueza de su textura. Como el debate ha ido adquiriendo intensidad, las bodegas partidarias de la no filtración han empezado a indicar con orgullo en sus etiquetas la expresión «sin filtrar».

No se puede generalizar sobre un estilo típico californiano como no se puede hablar de un estilo francés. Se trata de un estado que presenta una gran diversidad de microclimas: Calistoga, en el extremo septentrional del valle de Napa, es una de las zonas más calurosas, así como también el distrito interior de San Joaquín; por el contrario, Santa Bárbara, una de las regiones vinícolas más meridionales, es relativamente fría.

La mayor parte de las regiones costeras se ven afectadas por las rachas de niebla procedentes del Pacífico, que pueden durar hasta la media mañana o más tarde. Las noches frías contribuyen a que la madurez de las uvas no se vea perturbada por el calor estresante, por eso los niveles de acidez en el momento de la cosecha no son demasiado bajos.

Los buenos Chardonnay de California poseen peso en boca y un equilibrio cuidadosamente definido de roble y fruta. Su acidez es normalmente fresca, aunque quizá no con un gusto tan fuerte como el borgoña joven. Los sabores afrutados son en conjunto más manifiestos: los caldos de California suelen tener un carácter de limón maduro e incluso un componente tropical como de piña fresca. A pesar de la intención de muchos productores, no son particularmente susceptibles de mejorar en botella. La mayoría no gana demasiado con el transcurso de uno o dos años más.

En el Pacífico noroccidental, el Chardonnay de Oregón tiende a ser más fresco y un poco más austero al paladar que los vinos de California, y su estilo característico es más

flojo y menos ostentoso. El estado de Washington está mejorando continuamente, cediendo la tendencia inicial hacia los vinos flojos en favor de otros más equilibrados y atractivos, aunque de nuevo con menos cuerpo que los de California. Idaho posee el clima más extremo, por lo que suele producir vinos con mayor acidez que pueden, no obstante, redondearse con algo de tratamiento en roble. El estado de Nueva York tiene un clima más frío que la costa oeste, y el Chardonnay que produce es de un estilo más estimulante, así las mejores bodegas —entre las que destacan las de Long Island— están aprovechando esta característica para producir vinos más elegantes y complejos con algo de envejecimiento.

Chardonnay envejeciendo en barricas nuevas de roble. Se han realizado numerosos estudios sobre el tipo de roble que mejor se adapta al Chardonnay elaborado en Estados Unidos, lo que ha conducido a que ciertos productores prefieran el roble nativo frente al francés.

Australia

Alfombras de flores de color púrpura se extienden por Mountadam Estate, en High Eden Ridge, Australia Meridional. El valle del Edén, parte de la sierra de Barossa, comparte sus suelos y su clima con el valle de Barossa, cuna de ricos Chardonnay concentrados.

Tal fue la popularidad que adquirió el Chardonnay de Australia en el mercado internacional en la década de 1980, que parecía como si no pudiese llegar nunca a satisfacer con su producción la demanda mundial. Una consecuencia de ello es que hay plantada más Chardonnay en este continente que ninguna otra variedad de uva.

Australia le demostró al mundo entero sin ninguna vergüenza que el Chardonnay podía ser tan grande y maduro como se deseara. Como el clima de la mayoría de las zonas de viñedos, situados en gran parte en el sudeste del país, es uniformemente seco y caluroso, la fruta que en ellos crece consigue de modo regular unos niveles de azúcar natural muy altos.

No obstante, el estilo de referencia del Chardonnay es un vino dorado como el sol, extraordinariamente exquisito que, emparejado con el sabor de la vainilla y del caramelo de mantequilla que le imparte el roble nuevo, se aleja mucho de ser completamente seco. Un alto contenido de azúcar equivale a un alto contenido de alcohol (hasta un 14% en algunos vinos), por lo que cuando estamos terminando una ración generosa, bien sabemos que hemos estado bebiendo.

En los últimos años, el Chardonnay ha empezado a diversificarse en Australia lo mismo que en California. Entre los viticultores reside el deseo, sobre todo, en Australia occidental, en la región de Coonawarra, en el sur del país, y en el valle de Yarra (*Yarra Valley*) en Victoria, de elaborar vinos con un estilo de Chardonnay más sutil, más europeo o quizá más californiano.

Mientras que esta tendencia a un mayor refinamiento puede representar el futuro, sospecho que pasará mucho tiempo hasta que los consumidores se cansen del impresionante Chardonnay que colocó a Australia en el mapa vinícola internacional.

Gran parte del vino australiano se elabora a partir de uvas que crecen en diferentes áreas, y se mezcla para obtener el mejor equilibrio de atributos en su producto final, por eso las características regionales son importantes en la medida de su proporción en la botella. Sin embargo, muchas botellas de vino que son el producto de una zona de viñedos en particular, se vinifican independientemente, para dar una auténtica expresión de los que los franceses denominarían su *terroir*.

En el estado de Australia Meridional, el valle de Barossa (*Barossa Valley*) es una de las regio-

Con las primeras luces del día, un cielo tormentoso se abate sobre las colinas de la sierra de Barossa en Australia Meridional.

nes más importantes en la producción de un Chardonnay rico y concentrado, amplio y radiante, que impacta el paladar de un modo dramático. McLaren y Padthaway son los responsables de los vinos con un mayor toque de elegancia. El valle Clare es más frío y sus vinos tienen, como consecuencia de estas condiciones, un estilo más ligero y menos directo.

El Chardonnay del valle de Goulburn (*Goulburn Valley*) en Victoria suele poseer unas características frutales más tropicales, mientras que los vinos del valle de Yarra, con un clima más frío, recuerdan a los de lás zonas también más frías de California. En Australia Occidental, la región del río Margaret produce vinos descaradamente borgoñones que a veces presentan el toque acre de las verduras de la *Côte d'Or*.

En la isla de Tasmania, el Chardonnay es más austero que el europeo, debido al clima frío y bastante húmedo. Los niveles de acidez de la uva son comparables a los del Chablis.

Nueva Zelanda

El Chardonnay del estado de Montana, Marlborough, en la isla Sur de Nueva Zelanda, es ligero, con un toque de fruta madura.

Al igual que su vecino del norte, Nueva Zelanda tiene plantada ahora más Chardonnay que ninguna otra variedad de uva. Como crece en un clima considerablemente más húmedo que el de Australia, los vinos que produce tienden a ser bastante más ligeros y ácidos.

Los estilos más ricos proceden de las regiones de Gisborne y Poverty Bay, en el extremo oriental de la isla Norte y son los que mejor responden al envejecimiento en roble. Un poco más al sur, los vinos de Hawkes Bay tienen algo más que un toque fuerte, por lo que requieren una caricia más delicada de la madera.

Dando un salto hacia la isla Sur, en dirección a la Antártida, el estilo se vuelve más elegante y más cítrico en Marlborough, y después, bastante tenso y austero en Canterbury y Otago.

Sudáfrica

Cuando Sudáfrica empezó a jugar un papel importante en el escenario vinícola internacional a principios de la década de 1990, muchos consumidores se sorprendieron al descubrir que Chardonnay no era la principal variedad en el hemisferio sur. Por el contrario, iba al compás de Chenin Blanc, que era la más plantada. Todavía representa un pequeño porcentaje de los viñedos plantados con uva blanca, pero es posible que experimente un ascenso, como ha sucedido en el resto del mundo.

El sabor de sus vinos depende inevitablemente de la distancia que media entre los viñedos y la costa meridional. Los que están más en el interior soportan temperaturas bastante más altas . Así el valle Robertson --a más de 100 km de la moderada influencia marítima del océano Índico– es el hogar de los Chardonnay más excelentes de la región del Cabo, mientras que los de la bahía Walker reúnen un estilo más delicado con el énfasis de la fruta y una acidez mucho más definida.

Los viñedos intensamente verdes (arriba) de las bodegas de Stellenbosch, en el estado de Warwick, y los viñedos de Thelema (derecha) producen una uva Chardonnay dorada y redonda. Stellenbosch agrupa a muchos de los mejores productores de Sudáfrica.

Resto del Mundo

Sudamérica

Los Chardonnay de Chile, junto con sus vinos Cabernet Sauvignon, son sumamente apreciados. Algunos se elaboran siguiendo un gusto claramente francés, con una pronunciada acidez, un ligero toque frutal de manzana y una cuidadosa maduración en roble. Otros son todo lo contrario, con unos sabores muy desarrollados de roble quemado y un toque alcohólico muy alto. Todo depende del productor. Los vinos de Argentina, fabricados desde hace muchos años en la provincia de Mendoza, en las laderas de los Andes, ocupan un punto intermedio entre los dos extremos.

Italia, Hungría y Bulgaria

Por todo el norte de Italia se está extendiendo el cultivo de la uva Chardonnay, desde el Piamonte, al noroeste, hasta el Véneto, en el nordeste. Aunque algunos individualistas acérrimos apuesten por los vinos fermentados en barril (y los defiendan con firmeza), el estilo básico –representado en su mejor ejemplo por los vinos del Alto Adigio en la frontera con Austria– son delicados, ligeramente cremosos, y sin envejecer en madera.

La uva Chardonnay está viendo crecer su importancia en Europa central, en particular en Hungría. Los vinos tienden a ser elaborados siguiendo un estilo más directo y neutro, limpio y fuerte, apto para el consumo diario.

Más al este, Bulgaria ha estado elaborando Chardonnay para la exportación desde su entrada, favorecida mediante ayudas gubernamentales, en los mercados occidentales durante la década de 1980. Poco distinguidos, no suelen tener un sabor especialmente fresco, aunque el extraño vino de la región de Khan Krum, al este del país, puede resultar más sabroso para quien guste de la nata agria.

Chardonnay se está arraigando en el norte de Italia, especialmente en el Piamonte y en las laderas de los Alpes, donde produce unos vinos delicados, ligeros y cremosos.

Unas vendimiadoras recogen uvas de Chardonnay en Blatetz, Bulgaria. El vino que produce, uno de los muchos caldos que se elaboran para el mercado de exportación, varía de calidad. Los mejores proceden de Khan Krum.

CABERNET SAUVIGNON

Su pedigrí se basa en los suelos llenos de grava del Médoc, en el corazón de la región francesa de Burdeos. Cabernet Sauvignon es la uva tinta que ha conquistado los viñedos del todo el mundo sin perder el carácter clásico al que debe su renombre.

La mitad tinta de esa próspera unión que iba a dominar el panorama internacional es la uva Cabernet Sauvignon. Junto con Chardonnay, irrumpió impetuosamente en el mundo vinícola en la década de 1980, insistiendo en retirar de su camino a las variedades nativas allí donde se pretendiera hacer un buen vino tinto. Aunque el ejemplo que tenían a la vista los cultivadores de Cabernet –los claretes del Médoc en Burdeos– es muy ilustrativo, es muy fácil observar por qué Cabernet llegó a convertirse en la contrapartida tinta del popular Chardonnay.

Su adaptabilidad a diferentes suelos y climas es, desde luego, tan impresionante como la de Chardonnay, aunque el número de granos que produce en los viñedos, aun en los climas más cálidos, es bastante bajo. Aunque este dato significa, obviamente, que produce menos vino que las variedades nativas que le han cedido su precioso terreno, indica la gran responsabilidad que conlleva su mantenimiento.

En muchas regiones, sobre todo, las que es encuentran sujetas a fuertes cambios climatológicos de un año para otro, la Cabernet Sauvignon era básicamente un artículo de propaganda. Con tal de que apareciera el nombre en sus etiquetas, muchos bodegueros se apretaban el cinturón, financiando este esfuerzo con el beneficio de sus vinos más productivos.

Elciego, uno de los municipios de la Rioja Alavesa, acoge viñedos de Cabernet Sauvignon desde el siglo XIX, cuando Camilo Hurtado de Amézaga, marqués de Riscal, introdujo esta variedad en las tierras riojanas para obtener vinos de mayor cuerpo y finura.

Al igual que el Chardonnay, el Cabernet responde muy bien al envejecimiento en roble, ya que el gusto a vainilla de la madera nueva contribuye a suavizar la natural fuerza de su vino joven. Esta cualidad la provoca, sobre todo, el tanino, la sustancia contenida en un vino tinto joven que cubre de sarro la boca y puede llegar a oscurecer los sabores

La pequeña uva Cabernet Sauvignon, de color azul grisáceo, produce unos vinos con un buen tanino, cuerpo y aroma. Se adapta fácilmente a los diferentes suelos y climas, y cuando se desarrolla de forma óptima, completa su maduración bajo el cálido sol de las postrimerías del verano. Cabernet crea unos tintos complejos, con mucho color y un toque frutal de grosella negra.

naturales de la fruta. El tanino procede de las semillas y las pieles de la uva, de las que Cabernet está muy bien provista. El pequeño tamaño de su fruto significa que las semillas que contiene ocupan una proporción mayor de su cuerpo que en otras variedades, y también es famosa —notoria, a entender de muchos— por su piel gruesa.

Indispensables para la producción de un vino tinto atractivo, de color oscuro, estas gruesas pieles suponen que los viticultores de Cabernet tienen que tomar sus propias decisiones sobre la manera de elaborar sus vinos. Si se dejan reposar las pieles machacadas en el interior del líquido durante mucho tiempo se consigue un vino con un grado elevado de tanino, que produce una embriaguez inmisericorde, y no tiene mucho sentido aconsejar a los consumidores que lo guarden durante diez años, si eso no es lo que tiene salida en el mercado.

Lo que han aprendido muchos productores de Cabernet, y la lección la han sacado del modelo original de Burdeos, es que el Cabernet Sauvignon está mucho mejor en compañía, es decir, mezclado con una pequeña proporción de al menos una o dos clases de uva distintas. Si se deja madurar solo, a veces se vuelve tosco y áspero, mientras que si se mezcla con Merlot y/o Cabernet Franc (al gusto clásico), o (al modo innovador) con Moristel y Tempranillo, tal como se elabora en la DO Somontano, o con Syrah en bodegas de Australia, se puede suavizar sin que pierda su austero atractivo.

A medida que empieza a perderse el primer tanino y a disolverse en el vino, el primer sabor fresco de la uva —que los expertos conocen como fruta primaria— adquiere otros aromas y sabores que pueden tener reminiscencias de frutas secas, de sabrosas especias o carne jugosa. Hasta en las etapas más avanzadas de su evolución, sin embargo, la pureza mineral de Cabernet Sauvignon sigue brillando con fulgor.

Todo esto es crucial para entender la complejidad que explica el alto precio que se paga por los vinos Cabernet Sauvignon en todo el mundo, y también explica el enorme trabajo que se han tomado los viticultores, que bien podrían haber hecho fortuna mucho más rápidamente con otra variedad más mundana.

ORIGEN

Francia, en Burdeos, específicamente la ribera izquierda del río Garona, desde el norte del Médoc hasta Graves.

¿EN QUÉ OTROS LUGARES SE CULTIVA?

En casi cualquier parte, aunque no se adapta bien a los climas del norte de Europa.

NOTAS DE SABOR

En los climas cálidos, casi todas las frutas de piel morada: grosellas negras (quizás aún más en los mejores vinos de España y Chile), aunque también ciruelas, zarzamora, etc. A veces, puede tener una nota de menta fresca o incluso eucalipto, especialmente en zonas de Australia y Chile. En los climas más frescos se puede conseguir un toque de amargor, como de pimienta verde molida. El tratamiento en roble enfatiza la austeridad mineral del vino, que en Burdeos se asimila con el olor de las cajetillas de cigarros, con la madera de cedro. Con varios años de embotellamiento, puede adquirir aromas de tomate, de cuero caliente, de chocolate amargo o hasta de especias indias suaves como el cardamomo.

Burdeos

Viñedos del Château Latour, en Pauillac, uno de los cinco castillos del Médoc que producen el gran *premier cru.*

Château Mouton-Rothschild, en Pauillac. Los fundamentos del tinto de Burdeos se encuentran en los cuatro famosos municipios del Médoc: St-Estèphe, St-Julien, Margaux y Pauillac.

Aunque la uva Cabernet Sauvignon ocupa mucho menos espacio en los viñedos de su tierra natal de Burdeos que su tradicional compañera de mezcla Merlot, está considerada como la variedad más importante de la región. Ello se debe a que juega un papel fundamental en los vinos sobre los que se basa el prestigio de Burdeos –los *cru classés,* o de cosecha clasificada, del Médoc y de Graves. Cuando Burdeos adoptó el sistema de clasificación en 1855, no es que los jueces no tuviesen en cuenta los vinos de Merlot del Pomerol y de St-Emilion, en la ribera derecha, es que simplemente no los consideraban de la misma categoría.

Cabernet posee el austero tanino que concede a un vino joven la estructura que necesita para tener un buen envejecimiento. Su piel rica en pigmentos es la responsable de la intensidad del color del vino.

Si la Cabernet disfruta de una posición tan privilegiada, podemos preguntarnos por qué los *châteaux* no producen simplemente un Cabernet sin mezcla, en vez de hacerle compartir la botella con Merlot u otras variedades. La respuesta puede ser que la uva trabaja mejor en equipo.

La otra razón que explica la mezcla en Burdeos es que, aunque su situación meridional la coloca en una de las zonas más cálidas del mapa vitícola francés, los veranos siguen siendo muy variables. En cosechas problemáticas (y no podemos olvidar que a pesar de la racha de suerte de la década de 1980, Burdeos no ha tenido un éxito completo en los años de la década de 1990), la uva Cabernet Sauvignon es la que más sufre. Si el final del verano es fresco –y lo que es peor, húmedo– no madura bien, dando como resultado esos gustos vegetales de pimienta

verde que contienen los vinos ásperos y deprimentes.

Como la uva Merlot ofrece una mayor tolerancia ante unas condiciones más adversas, tiene sentido que los cultivadores mezclen algunas de las más ligeras para suavizar el sabor general verde o astringente del Cabernet.

La mayoría de los vinos que ocupan los cinco rangos de la jerarquía creada en 1855 proceden de cuatro zonas de viñedos al oeste del río Garona: St-Estèphe, Pauillac, St-Julien y Margaux. Aunque sólo se extienden a lo largo de unos 40 km, existen diferencias sutiles en los estilos de los Cabernet que producen.

St-Estèphe suele producir el vino de más cuerpo, con un tanino típicamente más áspero que puede tardar años en perder, y un aroma muy austero que se compara con el tabaco fresco. Los caldos de Pauillac —el distrito que reúne tres de los cinco *Premiers Crus* en Lafite, Latour y Mouton-Rothschild— son un poco menos severos, incluso cuando son jóvenes. Sus vinos saben un poco más al fruto de la grosella negra que los de St-Estèphe, y

con notas de especias y de madera a medida que envejecen.

St-Julien, adjunto a Pauillac, presenta muchas de las características de su vecino, aunque sus vinos tienen reminiscencias de frutos más suaves —más parecidos a la ciruela negra y la zarzamora que a la grosella negra— en el momento en que empieza a madurar. Los mejores vinos de Margaux destacan por su perfume extravagante, aunque en general el vino es más ligero que el del norte, siendo la excepción el *Premier Cru* de la propia Château Margaux.

Al sur de la ciudad de Burdeos, la extensa región de Graves produce vinos que pueden variar en carácter. Van desde los tintos de «peso pluma» que constituyen la mayoría de los tintos más ligeros de la región, a los que poseen una terrosidad mineral que se deriva de los suelos pedregosos que dan nombre a esta parte de Burdeos.

Cepas de Cabernet Sauvignon plantadas en los pobres y pedregosos suelos de St-Estèphe, en el Médoc, en la orilla derecha del estuario del Gironda.

España

Recogiendo la uva (arriba) en los viñedos del Dominio de Valdepusa, finca del marqués de Griñón, cercana a la ciudad de Toledo. Estas tierras han llamado la atención por sus Cabernet muy bien estructurados y de prolongado envejecimiento. Racimo de Cabernet Sauvignon (derecha).

Gran Coronas Mas la Plana es un Cabernet Sauvignon criado en roble, señorial y poderoso, que procede de los viñedos de la finca del mismo nombre, propiedad de Miguel Torres en la DO Penedès. Torres y Jean León marcaron un hito en España en la década de 1960 con los vinos de Cabernet Sauvignon.

Las cepas de Cabernet Sauvignon se han adaptado bien a los diferentes climas y terrenos de la península. En Cataluña, la familia Torres y Jean León la plantaron en el Penedès en los años 1960. Aunque los vinos de este último han mostrado su tendencia a la línea más añeja y accesible, la Etiqueta Negra de Torres, se elabora siguiendo un estilo opaco, concentrado y elevado que le otorga la larga espera. De características similares es el Cabernet del Marqués de Griñón, cerca de Toledo.

Muchos productores de regiones como Ribera del Duero y Costers del Segre, están experimentando con mezclas de Cabernet Sauvignon con la superestrella indígena española, la uva Tempranillo, con resultados excitantes. Se emplea en la elaboración de vinos de las denominaciones Alt Penedès, Tarragona, Costers del Segre, Empordà-Costa Brava, Navarra, Somontano, Valdepeñas y Méntrida. Por

su parte, el Consejo Regulador de la DO Ribera del Duero autoriza su empleo en pequeña proporción.

A Navarra llegó esta cepa en la segunda mitad del siglo XIX, cuando la introdujo, junto con otras variedades francesas (Merlot, Pinot Noir), Eloy Lacanda, el fundador de las bodegas que, con el tiempo, producirían el más prestigioso de los vinos españoles, el Vega Sicilia. Ha sido la segunda variedad más plantada después de la Garnacha, y se emplea en el *coupage* (mezcla) con Merlot.

En la Ribera del Duero el Cabernet Sauvignon lo utilizan las bodegas Vega Sicilia, Arzuaga Navarro y Hacienda Monasterio, entre otras.

Aunque la DO Bierzo no autoriza esta variedad, Cabernet Sauvignon interviene en algunos vinos elaborados en la comarca aunque, naturalmente, sin mencionar la denominación. La hallamos asimismo en las denominaciones de Toro, La Mancha, Valencia, Utiel-Requena, Alicante, Jumilla y Binissalem-Mallorca.

En Cataluña se encuentran elaboraciones con un 100% de la variedad, como el Gran Coronas Mas la Plana, de Torres, o Lavernoya Cabernet Sauvignon. Tiene un 85% Castell del Remei Cabernet Sauvignon (Costers del Segre).

Se cultiva la variedad en mínima proporción (menos del 1%) en el Campo de Borja, y se cuenta entre las autorizadas por la DO Valdepeñas, donde compone el 85% del Viña Albali Cabernet Sauvignon (Bodegas Félix Solís). En Yecla, lleva el 100% el Castaño Cabernet Sauvignon.

Estados Unidos

La uva Cabernet Sauvignon fue introducida en California en el siglo XIX, mediante esquejes procedentes de Burdeos. La facilidad que demostró para adaptarse a los fértiles suelos en que era plantada quedó bien patente por la fama que ya había adquirido a finales de ese siglo. Las mejores proceden del valle de Napa, al norte de San Francisco, donde los prolongados y calurosos veranos dan como resultado vinos robustos de color oscuro, textura espesa y capaces de dejar un pesado aliento a alcohol en el consumidor confiado.

La década de 1970 fue testigo de un resurgimiento de las plantaciones de la variedad más celebrada de Burdeos en todo tipo de microclimas del estado, a la vez que contemplaba el descenso de la fiebre por el Cabernet.

Algunos de los vinos resultantes, sobre todo los de las zonas más frías, poseen algo más que un toque de esa cualidad inherente a la uva, ese aroma de pimienta/espárrago/judía verde tan familiar de la fruta cuando aún no ha alcanzado su madurez. Los tiempos de maduración en barrica han sido en algunos casos exagerados, por lo que los vinos han adquirido demasiado sabor a madera.

Pero sin ninguna duda, California –y especialmente el valle de Napa– se ha dirigido tam-

Bodega de Robert Mondavi en lo alto del valle de Napa, enclave del condado californiano de Sonoma, que goza de fama mundial por los caldos de Cabernet Sauvignon.

La silueta de una moderna escultura se recorta contra la luz del ocaso, en los jardines de la finca de Robert Mondavi en el valle californiano de Napa.

bién hacia unos Cabernet maravillosamente lustrosos, opulentamente afrutados, muchos de los cuales se mezclan con otras variedades de Burdeos.

En el noroeste del Pacífico, el clima es por regla general un poco fresco para la producción de Cabernet Sauvignon, aunque el estado de Washington ha conseguido algunos exquisitos ejemplos. La tendencia es compensar la menor generosidad de los sabores con notas frutales con una fuerte maduración en roble, lo que puede llevar consigo el riesgo de crear unos vinos demasiado pesados. El estado de Oregón es mucho más seguro para la maduración de la Pinot Noir, que admite unas temperaturas más bajas, que para la cálida Cabernet.

Texas, por otra parte, está demostrando su afición por la Cabernet, aunque hasta la fecha no cuenta más que con una proporción relativamente pequeña de los cultivos totales. El estilo de este estado –ejemplificado por las bodegas de Fall Creek y Pheasant Ridge– es grande, rico, afrutado, con un cierto carácter de hierba y buen peso, pero con el tanino muy controlado. A su debido tiempo, este podría ser el mejor territorio de Cabernet fuera del valle de Napa.

Recogiendo uvas Cabernet Sauvignon en los viñedos del sur de Prosser, estado de Washington. A pesar de las bajas temperaturas, se ha conseguido elaborar algún Cabernet de calidad en la costa septentrional del Pacífico.

Australia

En la climatología que disfrutan la mayoría de las regiones vinícolas australianas, la uva Cabernet alcanza la mitad de las veces unos niveles de maduración por el que muchos productores de Burdeos darían cualquier cosa.

La gran mayoría de cultivadores de Cabernet son entusiastas del envejecimiento en roble. Cuando el vino que se tiene entre manos es tan rico y denso y tiene tanto aroma de grosella negra como el Cabernet australiano, uno puede permitirse ser generoso con los sabores del roble. Al mismo tiempo, sin embargo, el estilo familiar se centra en maximizar los caracteres frutales, sin extraer demasiado tanino de las pieles de las uvas. Así, aunque es un vino de una concentración muy intensa, no restriega la boca con esa amarga astringencia de su juventud.

Un ejemplo clásico de la viticultura australiana es el excelente Wynns denominado John Riddoch, un tinto ferozmente oscuro de concentración masiva. Aunque lo probemos en su infancia, el tanino no llega a tener un efecto tan severo como el color que tiene nos podría hacer pensar.

El John Riddoch al que se refiere la denominación del mejor vino de Cabernet, fue el primer cultivador que, en la última década del siglo XIX plantó uvas en una región australiana denominada Coonawarra. La característica distintiva de Coonawarra es esa estrecha franja de suelo rojizo del color del paprika que se conoce como terra rossa. Es allí donde la Cabernet Sauvignon produce sus ejemplos más lujuriosos dentro de Australia.

Hileras sin fin de Cabernet Sauvignon, bajo un cielo australiano también sin fin, en el valle Clare de Australia Meridional. Esta región goza de un clima caluroso y seco que potencia la obtención de vinos Cabernet Sauvignon ricos y densos.

La famosa *terra rossa* de Coonawarra, en Australia Meridional. La tierra que se destina a viñedos es muy apreciada por la calidad de las uvas que produce.

Australia Meridional es el estado más importante de los vinos Cabernet Sauvignon. Bajo el calor del valle de Barossa, tienden a ser de un color muy rico y textura gruesa, con una intensidad como de fruta embotellada. Los vinos del valle McLaren mantienen una proporción más delicada, con unos niveles de acidez ligeramente superiores. En el valle del Edén se producen Cabernet de casi todos los perfiles europeos, con notas de especias aromáticas y en muchas ocasiones un matiz de menta.

Coonawarra, de la que ya hemos hablado anteriormente, lleva este componente de especias un poco más lejos, y sus vinos poseen una delicada elegancia de la que pueden carecer los Cabernet con todo su cuerpo de otras regiones más calurosas. Riverland es una región que cuenta con mucha menos popularidad en cuanto a la producción de vinos, y éstos son fáciles de beber y de un estilo nada complicado.

Victoria elabora el Cabernet al estilo delicado y de menta. Sus viñedos están localizados principalmente en el centro del estado, sobre todo en el distrito de Bendigo, que cada vez cuenta con más popularidad. A pesar de su climatología notablemente fría, el valle de Yarra ha sido el responsable de algunos de los Cabernet más comentados de Australia.

Los Cabernet de la zona del río Margaret, en Australia occidental, también tienden a ese fondo sutilmente perfumado, más que a la idea de una esencia frutal explosiva. La acidez es particularmente buena y los vinos, en consecuencia, se mantienen durante mucho tiempo.

El clima frío y húmedo de Tasmania se adapta mejor a otras variedades, aunque las extensas bodegas de Heemskerk han cosechado algún que otro éxito con sus Cabernet más ligeros, de ángulos más agudos que los que se encuentran en el interior del continente.

56

Nueva Zelanda

Tras años de cultivo, se ha comprobado que la mayoría de las tierras destinadas a viñedos en Nueva Zelanda son demasiado frías y húmedas para la uva Cabernet Sauvignon. La acidez tiende a ser muy alta, aunque el tanino suele ser bajo. Son, por regla general, vinos para consumir a corto plazo, no aptos para una conservación prolongada.

Los éxitos más visibles de Nueva Zelanda han sido las mezclas al estilo de Burdeos, donde la complejidad real y la profundidad, aunque a muchos kilómetros de los vinos más suaves de Burdeos, puede llegar a resultar muy atractivos. El Te Mata Coleraine y la mezcla Cabernet con Merlot de Cloudy Bay son dos buenos ejemplos.

Sudáfrica

Cabernet Sauvignon llegó a ser, a principios de la década de 1990, la variedad de uva más plantada en Sudáfrica. A pesar de que muchos viticultores están despilfarrando todos sus cuidados y atenciones en la uva, como en cualquier otra parte del mundo, los resultados no han sido muy positivos.

Sin embargo, hay algunos vinos con clase que han demostrado su capacidad de envejecimiento. Nederburg, Stellenryck y los vinos de Reserva de Avontuur destacan del resto. Las mejores regiones con mucho han sido la zona costera de Stellenbosch y Paarl, en el interior. Como en Nueva Zelanda, los vinos elaborados con la mezcla de Burdeos, que emplean Cabernet Franc y Merlot para suavizar algo de la severidad del Cabernet Sauvignon, tienden a ser los mejores: la Trilogía de Warwick Farm y Meerlust Rubicon son solo dos de los ejemplos más notables.

Las montañas de Drakensteinberg conforman un decorado magnífico en el frío distrito de Franschhoek, en la costa de Stellenbosch. En esta región se realizan vinos de Cabernet con clase y capaces de un buen envejecimiento.

Chile

Vendimia de Cabernet Sauvignon en la finca de la bodega Viña Los Vascos. Esta explotación se halla en el caluroso valle de Colchagua, en la zona central de Chile. Viña Los Vascos produce Cabernet Sauvignon al estilo clásico de la región bordelesa del Médoc.

Durante el transcurso de la década de 1980, Chile fue una especie de epicentro del hemisferio sur para los consultores europeos de vino, y ninguna variedad fue más estudiada que la Cabernet Sauvignon. Cuando una eminencia de la categoría de Gilbert Rokvam de Château Lafite llegó a la bodega de Los Vascos, era evidente que Chile había hecho su entrada en el mapa enológico mundial por la puerta grande, al menos en lo que se refiere al Cabernet.

Lo que ha sucedido desde entonces es que el Cabernet se ha dividido en dos estilos claramente distinguibles. Uno es el que los europeos adoran pensar que es el estilo de referencia del Nuevo Mundo, un Cabernet de grosella negra madura, con una suntuosa y aterciopelada textura, bajo en tanino y pleno de roble. Algunos de sus ejemplos típicos son el mejor Cabernet de Montes, Montes Alpha y algunas botellas de reserva de Caliterra.

El otro estilo es mucho más austero, acedrado, de acidez alta y tanino más pronunciado, vinificado de un modo que contribuya a su envejecimiento en botella, y que debe mucho al sabor del clarete clásico del Médoc. Sus primeros inspiradores fueron Los Vascos, Cono Sur y los celebrados vinos de Antiguas Reservas, de Cousiño Macul.

En su mejor forma, el Cabernet Sauvignon de Chile llega a poseer algo de la intensidad de la esencia pura de la grosella negra que encontramos en cualquier tinto de cualquier lugar. Sin embargo, demasiado a menudo su cualidad frutal se ve oscurecida por una extracción excesiva de tanino, o simplemente se diluye por haber dejado que los vinos llevasen demasiada uva, lo que da como resultado unos sabores no definidos. Chile va camino de ser, lenta pero firmemente, un productor mundial de Cabernet con algo de pedigrí.

Argentina

Al otro lado de los Andes, la provincia de Mendoza, en Argentina, está empezando a mostrar su potencial como el apostador más importante por el Cabernet. Extrañamente, es una uva roja denominada Malbec –uno de los componentes secundarios del Burdeos tinto– la estrella del espectáculo, de la que la Cabernet es aún su suplente.

Al principio, las variantes de Cabernet eran muy tánicas, dominadas por los sabores de madera en oposición a la fruta, como consecuencia de haber envejecido durante largo tiempo en viejos toneles de roble. Un fenómeno similar al que ocurrió en Chile durante los años 1980 sucedió con los vinos de Argentina, en particular con el Cabernet Sauvignon, que ha necesitado de un tiempo para encontrar su verdadero estilo y hacer que el resto del mundo tomase nota de ello.

Siguiendo la orientación cualitativa de Trapiche, Norton y Weinert, el Cabernet se está elaborando más al estilo francés, con la rica ciruela y fruta de casis respaldadas por sabrosos sabores frutales y una justa cantidad de tanino. Los Cabernet del recientemente establecido estado de Cateña podría llegar a convertirse en el mejor de todos.

Viñedos en la localidad de Ustina, cerca de Plovdiv, que en la década de 1980, produjeron Cabernet Sauvignon de gran éxito comercial.

Europa del este y Grecia

Hungría, Moldavia y Rumania están perfectamente capacitadas para la producción de un buen Cabernet al precio que el bebedor está dispuesto a pagar. Villany de Hungría y Dealul Mare de Rumania parecen ser las regiones más prometedoras. Chateau Carras, de las colinas del monte Meliton, en Tracia, es el intento griego más convincente de clarete con mezcla, con la complicidad del vino del estilo de Burdeos del profesor Emile Peynaud.

SAUVIGNON BLANC

La uva de los famosos blancos del Loira, Sancerre y Pouilly-Fumé, Sauvignon también puso a Nueva Zelanda en el punto de mira del mundo vinícola, con un cóctel de frutas de un vino que ha puesto de manifiesto la versatilidad de su variedad.

Uva Sauvignon Blanc, de color verde, en Pessac-Léognan, donde se destina a la mezcla con Sémillon para el vino blanco seco de Burdeos. Cuando las cosechas se realizan en el momento de maduración óptima, el vino adquiere un carácter afrutado muy intenso.

Mientras que el Chardonnay se conoce típicamente por ser un blanco con tinte dorado, textura gruesa y muy enroblecido con una personalidad aromática derivada de la influencia de la madera, el Sauvignon es un vino pálido, relativamente ligero y ácido que con frecuencia se vinifica sin roble y dotado de un penetrante perfume distintivo.

Un Sauvignon convenientemente elaborado cumple con su papel de refresco ligero prácticamente muy bien. La simplicidad de este estilo ha empujado a algunos a tratar las variedades más dulces. Esto supone, sin duda alguna, una enorme injusticia para la uva, que de hecho es capaz de mostrar una complejidad impresionante. Sauvignon es responsable de dos de los vinos blancos secos más celebrados: Sancerre y Pouilly-Fumé; cuando las cosechas están controladas, exhala una gran riqueza de aromas a fruta madura, lo que es uno de los atributos más agradables que un vino blanco puede tener, cuya característica ejemplifica el éxito de la Sauvignon de Nueva Zelanda.

Los vinos que se etiquetan como *Fumé Blanc* elaborados fuera de Francia suelen confiar por regla general en una cierta fermentación y/o maduración en roble para conseguir esa fumosidad. Si el clima es muy

caluroso o la cosecha ha sido demasiado próspera y con ello se ha perdido un cierto grado de la intensidad natural del Sauvignon, la influencia del roble quemado es una ma-

60

nera práctica, aunque cara, de devolverle a su sitio. La cuestión de si el Sauvignon responde bien a su envejecimiento en roble ha sido ampliamente debatida en el entorno vinícola internacional. La costumbre californiana de elaborar un Sauvignon de roble que parezca dulce, aunque técnicamente sea seco ha sido muy imitado en Burdeos, donde la uva nació casi con toda seguridad, motivo por el cual este tema no puede plantearse como un enfrentamiento frontal entre Europa y América.

Más que ninguna otra región fuera de Francia, Nueva Zelanda ha hecho maravillas por la situación mundial del Sauvignon. Podría ser por el hecho de que los productores de Nueva Zelanda poseen hoy en día un mayor conocimiento de la uva que los propios franceses. Ni tampoco sus Sauvignon alcanzan unos precios disuasorios en el mercado de la exportación, como muchas de las versiones francesas. Sorbo a sorbo, los Sauvignon neozelandeses ofrecen con éxtasis unos felices sabores frutales que prácticamente ningún otro vino del mundo posee.

En general, el Sauvignon Blanc se pierde sin un nivel decente de buena acidez fresca, motivo por el cual, en las áreas muy calurosas, se convierte en un caldo soso y nada afrutado.

ORIGEN

Francia, en Burdeos, donde casi siempre se mezcla con el Sémillon (y quizás unas gotas de Muscadelle). En la parte alta del valle del Loira nacieron las mejores variedades de Sauvignon, y vinos menos exaltados se elaboran a lo largo del Loira en Touraine.

¿EN QUÉ OTROS LUGARES SE CULTIVA?

Muy extendida, pero particularmente importante en Nueva Zelanda. En el norte de España está resultando de un éxito sorprendente.

NOTAS DE SABOR

Prácticamente toda la gama de sabores frutales, desde el amargo gusto de la fruta verde hasta las notas exóticas de la fruta de la pasión y el mango. Los sabores vegetales, como guisantes, espárragos y pimiento rojo dulce suelen aparecer en los de Nueva Zelanda.

Existe una curiosa cualidad animal en muchas variedades de clima frío, especialmente en el Loira, que suele compararse con el orín del gato o con el sudor del hombre. Si tiene suerte, encontrará también esa voluta fugitiva de humo acre.

Francia

Niebla matutina sobre un viñedo de Sauvignon de la famosa denominación Pouilly-Fumé.

EL VALLE DEL LOIRA

En los viñedos de la cuenca alta del río Loira, en el centro de Francia, reina por encima de todo el Sauvignon Blanc. Hace mucho tiempo, este vino fresco, aromático y seco, destinado para ser degustado al cabo de un par de años de su cosecha, no estaba muy bien considerado dentro de la propia Francia. La moda desvió su rumbo momentáneamente de los ricos estilos de blanco enroblecido de los años 1960, el Loire Sauvignon –en particular el Sancerre– se vieron catapultados a la cima de la popularidad.

El Pouilly-Fumé y el Sancerre son las dos denominaciones más famosas de Sauvignon. Están situadas en riberas opuestas del río, en la este y oeste respectivamente. Desde luego, solo un catador muy experimentado sería capaz de distinguir uno del otro, capturando a la vez, como hacen en las demostraciones más espectaculares, la combinación de sus sabores verdes frutales refrescantes, sus fuertes ácidos y el distante aroma ahumado que tipifican a estas uvas en estas zonas.

La moda de los vinos elevó sus precios durante la década de 1970, y ya no han vuelto a bajar. Para ser vinos de tanto caché, hay que decir que existen demasiados productores indiferentes, sobre todo en Pouilly-Fumé. Gitton, Mellot y Bourgeois son nombres muy co-

La ciudad de Sancerre, que da su nombre a la denominación de origen, se yergue sobre una colina próxima al río Loira, por encima de las plantaciones de viñas.

nocidos en Sancerre, Dagueneau y de Ladou-cette en Pouilly-Fumé.

Al oeste de Sancerre conviven tres denominaciones menores de la uva Sauvignon. Ofrecen algo de los sabores de sus vecinos más exaltados, aunque posiblemente carezcan de la dimensión final de concentración. El mejor de ellos, y más cercano al Sancerre, es el Ménétou-Salon (del que Henry Pellé es el cultivador más destacado).

BURDEOS

Cuando los vinos de Sauvignon del norte se fueron modernizando y por tanto también subiendo de precio, Burdeos cayó en la cuenta de que quizá podía sacar provecho de la manía del Sauvignon y vinificar más de lo que al fin y al cabo no era más que una de sus más preciadas uvas. De acuerdo con ello, el porcentaje de Sauvignon en muchas de las mezclas ha aumentado de modo notable, trayendo consigo una mayor frescura y nervio en los vinos.

En la cúspide del árbol de calidad está la región de Pessac-Léognan en el extremo norte de los Graves, donde un abundante número de vinos originarios de las propiedades de Domaine de Chevalier y Château Haut-Brion y Laville-Haut-Brion muestran una auténtica clase. Algunos productores emplean en sus vinos blancos solamente Sauvignon: CouhinsLurton, Malartic-Lagravière y Smith-Haut Lafite son unos magníficos ejemplos. Los cuidadosos operarios han utilizado el envejecimiento en barril (y también la fermentación en roble), para adquirir un estilo rico, de fruta tropical que es mucho más opulento que los Sauvignon sin enroblecer del Loira.

La próspera producción de la región de Entre-Deux-Mers es por regla general más vulgar, aunque ocasionalmente sus vinos pueden llegar a brillar. Château Thieuley, al oeste de la región, elabora un Sauvignon sin mezcla y enroblecido que rivaliza con el mejor de Pessac-Léognan. El Sauvignon también juega un importante papel de apoyo en los grandes vinos dulces de Burdeos, para dejar un destello de ácido equilibrado en el Sémillon de noble decadencia.

En la región de Sauternes –en la imagen el Château Suduirat– el Sauvignon Blanc posee una fresca acidez que equilibra la dulzura del Sémillon.

63

Nueva Zelanda

La Sauvignon de Nueva Zelanda alcanzó la fama en los años 1980, respaldada por el vino elaborado por el superproductor Montana, de Marlborough, en la isla Sur. El éxito comercial de su Sauvignon Blanc –siempre un festival de madurez de pura fruta– se fundó en la exuberancia total de su sabor, apuntalada a lo largo de los años por el hecho de que su precio de exportación apenas ha variado.

Habiendo sentado un precedente, el ejemplo de Montana fue seguido rápidamente por una multitud de bodegas. El arranque de abundante fruta está presente en casi todos los vinos de la región de Marlborough, aunque ocasionalmente la acidez puede resultar un poco agresiva. Los famosos Cloudy Bay (que se mezclan, al estilo de Burdeos, con unas gotas de Sémillon) consiguen una gran profundidad en su textura, así como una increíble exuberancia.

El estilo un poco más ligero del Sauvignon tiene como verdadero origen la región de Hawkes Bay, en la isla Norte. La fruta parece menos verde y más amelocotonada, y en correspondencia posee una mayor facilidad para recibir roble en su vinificación, aunque de ningún modo se puede hablar de forma universal. El Sauvignon de Vidal es uno de los ejemplos más opulentos de Hawkes Bay, junto con el Castle Hill de la bodega de Te Mata. Villa María, aunque no tiene como base esta región, elabora un Sauvignon exquisito y a un precio competitivo, a partir de la fruta que crece allí.

Las bodegas Cloudy Bay de Marlborough han obtenido un gran éxito con la uva Sauvignon Blanc.

España

Esta cepa se cultiva con éxito en la DO Rueda desde la década de 1970 y se utiliza para blancos de crianza y jóvenes con sabores y aromas de hierba recién cortada. Existe un vino enteramente elaborado con esta variedad, el Rueda Sauvignon, de gran intensidad aromática (Bornos Sauvignon Blanc, de Bodegas Crianza Castilla la Vieja).

En diversas proporciones la utilizan también las bodegas Vega de la Reina, Vinos Blancos de Castilla (fundada por los Herederos del Marqués de Riscal), Sanz y Los Curros, entre otras. De modo experimental, esta variedad se ha introducido en los viñedos del País Vasco.

En España, la variedad Sauvignon Blanc se utiliza principalmente en *coupage* para redondear los vinos blancos, a los que aporta frescor y nervio.

Australia

Cuanto más cálida es la región en la que crece un vino, más capacidad tiene para producir ese afrutamiento tan apetecible y esa frescura que los Sauvignon necesitan. En consecuencia, Australia ha elaborado uno de los vinos con más definición. Uno de los mejores, Cullens, procede, de modo no inesperado, de la fría región del río Margaret, al oeste de Australia, mientras que Mount Hurtle, en McLaren Vale, realiza una atractiva versión afrutada.

La bodega Cullens, en la zona del río Margaret, en el estado de Australia Occidental ha producido uno de los Sauvignon más consistentes y definidos del país.

Estados Unidos

A pesar del intento de Robert Mondavi de elevar el estatus del Sauvignon de California rebautizándole con el de *Fumé Blanc*, los demás cultivadores siguen sin convencerse de adoptar esta variedad. Los campos de Dry Creek en Sonoma elaboran un material ostentoso, al igual que Ferrari-Carrano. Los viñedos de Sterling están cambiando gradualmente hacia un Sauvignon más acerado, al estilo del Loira, aunque empleando un menor porcentaje de fermentación del vino en barril.

Chile

Existe un enorme problema, hasta el momento sin resolver, con el Sauvignon Blanc en Chile, y es que gran parte de él, en realidad no lo es. Bastantes cultivadores plantaron una uva que recibe el nombre de Sauvignon Vert o Sauvignonesse, pensando que ésta era la variedad del Loira, cuando verdaderamente se trata de una uva aburrida, de gusto neutro originaria del norte de Italia. A pesar de la confusión estos vinos se siguen etiquetando como Sauvignon Blanc, de modo que uno nunca sabe lo que está tomando. Uno de los mejores, y éste sí que lo es, es el Casablanca Santa Isabel, procedente de una de las zonas más frías de Chile. El Sauvignon de reserva de las bodegas Carmen, el Sauvignon Blanc Santa Inés del valle del Maipo y el Sauvignon Blanc Santa Digna de Miguel Torres, son también muy buenos.

PINOT NOIR

Es difícil su cultivo, es difícil su vinificación, pero los productores de todo el mundo siguen atraídos por esta variedad de uva temperamental, tentados de conseguir el estilo clásico de los mejores vinos tintos de Borgoña.

De todas las variedades de uva francesa que han migrado de una parte a otra del mundo vinícola, ésta es la que genera mayores pasiones. A casi todo cultivador que se precie, fuera de las áreas en las que está permitido el cultivo de esta uva (e incluso de los de dentro), le gustaría producir una Pinot Noir de calidad exquisita en algún momento de su carrera, y este es el reto que lleva a muchos a establecerse en un lugar determinado para conseguir en algún momento de sus vidas una buena cosecha de esta uva. Desde luego este tipo de uva no es para los que desean una vida tranquila.

Al principio, el obstáculo que parecía ser más insuperable para el Pinot Noir no era el de convencer de que producía la misma clase de sabores que puede alcanzar el borgoña. Lo más grave es que no se adapta a los climas cálidos. Si crece en las condiciones que adora el Cabernet Sauvignon, se obtiene un vino fangoso, con el sabor de una fruta de segunda clase que se está cociendo para compota.

El clima de Borgoña es más frío y húmedo, propicio a las heladas primaverales y a las tormentas de granizo. La lección parecía ser muy simple. Bastaba con plantar la uva en un entorno similar de cualquier otra parte del mundo para conseguir que desplegara los mismos encantos.

No solamente desea tener el tiempo más apropiado, sino que también exige un tipo de suelo muy especial, con algo de caliza. Incluso cuando está más madura, ésta es una variedad de piel delgada –tanto física como temperamentalmente– lo que significa que es más propicia a sufrir las enfermedades propias de la uva, y que se pudre con extremada facilidad si la cosecha sufre unas lluvias persistentes.

Racimos de uvas maduras y generosas de la variedad Pinot Noir. Se trata de una uva con una piel muy delgada, que es extremadamente sensible a los cambios de clima y al suelo, y, por tanto, muy difícil de cultivar. La Pinot Noir puede llegar a producir unos tintos maduros y afrutados con mucha clase. También es muy apreciada para la producción de vino espumoso.

La recompensa, si las condiciones son las correctas, es ésa, a causa de su piel extremadamente delgada la Pinot también produce un vino más ligero, por regla general, que la Cabernet. Como se puede extraer menos tanino, los vinos suelen ser más prematuros en su desarrollo (aunque desearían alcanzar la acidez natural y así poder asentarse un poco más) y maduran con mayor rapidez. Una buena Pinot puede llegar a convertirse en una experiencia memorable en seis o siete años –aunque más cuanto más madure– mientras que los mejores Cabernet están todavía soltando tanino.

El énfasis del debate sobre la Pinot ha cambiado su enfoque hacia el estilo óptimo que debe adquirir el vino. Más sencillamente, existen dos tendencias de pensamiento: una opta por los vinos maduros, aromatizados, con mucho color elaborados a partir de uva tinta y con una textura muy robusta, mientras que la otra desea que los caldos sean más ligeros y adquieran un cierto olor terroso que se vuelve picante con el tiempo. Este último estilo está asociado al anticuado estilo de la Costa de Oro. No se crean que se trata de una lucha encarnizada entre el modelo estadounidense y el borgoñón. En cada campo existen ejemplos de los dos.

Además, la Pinot Noir juega un papel importante en la producción de cava y otros vinos espumosos, a la vez que añade profundidad y longevidad al Chardonnay y color a los rosados.

ORIGEN
Francia.

¿EN QUÉ OTROS LUGARES SE CULTIVA?
Estados Unidos, Australia, Nueva Zelanda. Muy importante en el centro de Europa –sur de Alemania, Suiza, y otros puntos más al este– aunque es aún muy rara en el Mediterráneo.

NOTAS DE SABOR
En su juventud, puede poseer unos ligeros aromas de fruta roja, típicamente fresa, frambuesa y cereza marrasquino. En algunas partes de California y Australia también posee una débil nota de grano de café o moca. Casi siempre presenta un elemento de jugosidad carnosa –vacuno en los vinos jóvenes que se va oscureciendo hasta parecerse a la caza a medida que envejece–, superpuesto a una acritud de trufa negra.

Francia

Nivelación de uvas Pinot Noir en una prensa tradicional de madera en las bodegas Champagne Bollinger.

Pinot Noir recién recogida, descansa en los tradicionales cestos de mimbre en Louis Latour, Aloxe-Corton, Costa de Oro, hogar de la mayoría de los vinos famosos de Borgoña.

No es nada exagerado decir que, año sí año también, los resultados de la Pinot Noir desilusionan. Precisamente, como es tan difícil conseguir varios éxitos seguidos, el borgoña tinto de calidad ha llegado a ser considerado por muchos como el vino más apreciado de la Francia clásica, consorte del monarca Burdeos, pero tenido en una estima especial a causa de su rareza.

La uva Pinot alcanza la cúspide de su potencial en la Costa de Oro, una estrecha escarpadura que recorre la parte sudoeste de la ciudad de Dijón, y cuna de casi todos los nombres famosos de Borgoña. La franja septentrional, más estrecha, es la *Côte de Nuits*, en la que se encuentran denominaciones como Gevrey-Chambertin, Nuits-St-Georges y Morey-St-Denis y donde se produce el estilo más pesado de Pinot Borgoña, con toda suerte de notas de carnosidad, yendo desde la piel churruscada de un ave asada a la salsa chisporroteando en el plato. Más al sur, la Côte de Beaune, que incluye Aloxe-Corton, Pommard y Volnay entre otros, se especializa en un Pinot más ligero, más suave, con aroma de frutas de verano y también, de vez en cuando, a flores.

Cuanto más al sur de la Costa de Oro viajemos, adentrándonos en la *Côte Chalonnaise* y luego en la región de los caballos de tiro conocida como Mâconnais, más corrientes se vuelven los vinos elaborados con Pinot Noir. Al final de la escala, un vino denominado Bourgogne Rouge es una mezcla de uvas de diferente clase que cubre una multitud de pecados, así como alguna ocasional sorpresa feliz.

Si la cosecha ha pasado por unas condiciones de frío excepcionales o ha llegado a anegarse con la lluvia, como ocurrió en el año 1991, el vino que se obtiene es ligero en extremo, tanto en cuanto a color como a textura. Cuando un vino tinto está repleto de fuertes ácidos y de un amargor de fruta inmadura, y no cae mejor al paladar que un rosado pesado, los consumidores se quedan pensando por qué han tenido que pagar un precio tan inflado.

Como el Pinot suele carecer de azúcar natural para su fermentación en un tinto de cuerpo entero, los productores tienen permiso para añadir azúcar corriente de caña al jugo recién prensado. Este proceso recibe el nombre de chaptalización, en honor a su inventor, Jean-Antoine Chaptal. Administrando una cantidad adicional de azúcar a los frutos para que trabajen, sube el contenido potencial de alcohol del producto final. La fuerza media del borgoña rojo es de un serio 13 %. Algunas veces, en especial cuando es joven, expide un soplo revelador de azúcar quemado, posible indicativo de que el bodeguero ha recurrido a una fuerte chaptalización.

Los comienzos del tinto de Borgoña: uvas de Pinot Noir fermentan en una cuba de madera abierta.

Viñas de Pinot Noir con los tonos de otoño, asomándose en pendiente hacia la ciudad de Aÿ, en la región de Champagne. Esta variedad imprime al *champagne* un matiz más oscuro, de nuez moscada, y le otorga al vino profundidad y un buen potencial de envejecimiento.

En las mejores cosechas, sin embargo, como el feliz trío de 1988, 1989 y 1990 –conocido en Francia como los tres gloriosos– cuando la Pinot Noir ha alcanzado su madurez completa, los vinos que produce poseen un rico perfume, con unas creaciones de exquisita elegancia que en cierta medida justifican los precios desorbitados a los que se vende.

Aunque es una uva tinta, la Pinot Noir tiene una importancia capital en la elaboración del champaña francés. Su jugo incoloro se vinifica sin la piel, por lo que el vino resultante sigue siendo blanco, aunque si comparamos un *champagne* con mezcla con uno que ha sido elaborado específicamente con la variedad de uva local, Chardonnay, observaremos un matiz más profundo, de nuez moscada, en el que contiene Pinot Noir. Los productores de *champagne* consideran que la Pinot le imprime a los vinos una mayor profundidad y la capacidad de envejecer bien.

Estados Unidos

CALIFORNIA

Sin duda alguna ésta ha sido la región que más éxito ha conseguido con Pinot Noir fuera de Borgoña. La zona con más éxito ha sido Los Carneros, un frío distrito que nada entre las dos aguas de los condados de Napa y Sonoma y que se beneficia de las nieblas costeras que flotan sobre la bahía de San Francisco. Tanto las tardes como la primera hora de la mañana en Los Carneros son lo suficientemente cálidas como para dotar a las uvas en desarrollo de los sabores excitantes de los frutos rojos maduros que son característicos de los mejores vinos Pinot. Al mismo tiempo, la fresca influencia de estas nieblas espesas que a menudo duran hasta el mediodía, adecuan los niveles de acidez fresca, por lo que los vinos poseen un equilibrio y una capacidad de envejecimiento impecables.

Su intensidad de fruta madura significa que la Pinot Noir de California está lista para beber antes que el borgoña tradicional, aunque todavía se beneficia más si envejece un año en botella, lo justo para que se calme ese extremo nervioso de los ácidos. Además de Los Carneros, donde productores de la talla de Saintsbury y Kent Rasmussen, ligeramente inferiores, han cosechado importantes triunfos en años recientes, algunas zonas del condado de Santa Bárbara al sur de la bahía parecen ser muy prometedoras con Pinot Noir. Aquí hay que tener en cuenta a las bodegas de Au Bon Climat y Sandford. La región montañosa interior de San Benito es la cuna de las bodegas Calera, cuyo Pinot se encuentra regularmente entre los más imponentes de California.

OREGÓN

A causa de su climatología fría y húmeda, este estado de la costa noroeste del Pacífico fue considerado como el territorio ideal para la Pinot en el momento en que comenzó la búsqueda de terrenos adecuados para sus viñedos. En cuanto al clima, indudablemente está mucho más cerca de Borgoña que la mayoría de California, aunque los resultados no han supuesto ni mucho menos un éxito sin precedentes. Es, en cierta medida, una especie de potencial que no ha llegado a desarrollarse por completo.

El problema ha sido sobre todo que la fruta no ha conseguido el estado de madurez que requiere un buen vino. Dicho esto, Oregón obtuvo una sucesión de grandes cosechas a finales de la década de 1980 y a principios de los años 90, por lo que algunas bodegas están empezando a mostrar ahora lo que es capaz de hacer un Pinot de Oregón. Los vinos de Reserva de Bethel Heights han sido sublimes, mientras que los Domaine Drouhin —avanzadilla oregoniana de uno de los grandes comerciantes de Borgoña, donde el vino es elaborado por un miembro de la familia Drouhin— irrumpieron en la superliga con su Pinot Noir 1991. El estilo es casi siempre más ligero que la mayoría de los californianos, menos carnoso pero con un afrutamiento a fresa más acentuado.

Viñedo de Pinot Noir en el estado de Oregón. La uva de Borgoña se ha adaptado muy bien al suelo y a las condiciones climáticas de la costa septentrional del Pacífico.

España

Se cultiva en el Penedès central o medio, cuyas características climáticas se adaptan, en general, a sus exigencias, un tanto complicadas dada su sensibilidad a las heladas primaverales, el exceso de lluvias y los calores veraniegos extremos. Aunque la uva es tinta, su valor cítrico da buen resultado para servir de base al cava. También se da en las denominaciones de origen Costers del Segre, Somontano y Alicante.

Masía Molí Coloma de las bodegas Sumarroca del Penedès, uno de los cultivadores de Pinot Noir de la zona.

Australia

Extracción manual de la piel de las uvas en un tanque de Pinot Noir en las bodegas de Yarra Yering, en el estado Victoria.

Como con otras uvas de clima frío, es crucial encontrar el sitio idóneo para Pinot Noir en Australia, para evitar así el carácter fangoso o pastoso que podría estropearlo. El valle de Yarra en Victoria es adecuado por su altitud (Yarra Yering y Coldstream Hills han producido unos vinos muy satisfactorios dentro de este área). En el centro de Victoria, el distrito de Bendigo es el hogar de un lagar denominado Passing Clouds, que ha dado luz a un vino del estilo del Côte de Beaune con textura gruesa. Moss Wood, en la región del río Margaret en Australia occidental, está haciendo grandes progresos, mientras que en Tasmania, Piper's Brook produce algo de los Pinot Noir borgoñones fuera de Francia.

Alemania

En los viñedos de Hollenburg, en la región alemana de Rheingau, se emplean coberturas de plástico para aislar las uvas Pinot Noir.

En Alemania la denominan Spätburgunder, y ha sido la uva tradicional para una pequeña cantidad de los tintos que se producen en este país. Su estilo típico es ligero como una pluma no muy lejano del rosado. Aunque la región más septentrional de Ahr, se inventó la buena reputación de sus propios vinos, Baden, en el sur, parece ser considerablemente más favorable para los vinos de buen fruto. Algunos productores jóvenes e innovadores están empezando a convencer de la concentración y profundidad del Pinot Noir alemán, pero los caldos que lo alcanzan son cantidades muy modestas.

SÉMILLON

Para muchos productores, la Sémillon padece una falta de individualidad que la destina a ser mezclada con otras variedades más de moda. Sin embargo, como fuente de un Sauternes dorado, rico y meloso, esta variedad no tiene parangón.

En su Burdeos natal, siempre se mezcla con Sauvignon Blanc. Sin embargo, su susceptibilidad tan apreciada en las condiciones apropiadas de botrytis, la denominada putrefacción noble en la que se concentran los azúcares de las uvas demasiado maduras que se dejan consumir en la vid, hace del Sémillon una apuesta segura como vino de postre. La reputación que disfrutan el Sauternes y el Barsac —en los que Sémillon suele representar unas cuatro quintas partes o más de la mezcla— ha sido tal que el papel de la uva en la producción de vino blanco seco se ha visto enormemente eclipsado.

En Australia, Sémillon se ha venido empleando en la producción de una variedad de vino seco del sur de Australia desde el siglo XIX. Su tierra adoptiva allí abajo es el Hunter Valley, en Nueva Gales del sur. Cierto es que sus cultivadores no sabían de qué variedad se trataba, y el nombre que le dieron (equivocado) fue el de Hunter Riesling. Comparte algunas de las características aromáticas del verdadero Riesling, sobre todo el aroma mineral de caliza, aunque casi siempre da como fruto un vino más aceitoso y grueso que el Riesling.

La uva Sémillon, de color dorado con hojas de un intenso color verde (derecha), se emplea en mezclas con Sauvignon Blanc o Chardonnay. Cuando se ve afectada por la botrytis (podredumbre noble), crea un vino de postre exquisito.

El rasgo más peculiar que posee un vino de Sémillon es el de que sabe y huele como si hubiese estado madurando en madera, cuando no es así. A menudo, encontramos una cualidad distintiva tostada en el vino que se vuelve mucho más pronunciada a medida que envejece. Su color también se oscurece rápidamente, haciendo del viejo Hunter Sémillon una de las experiencias más extrañas, aunque más memorables del ámbito mundial del vino blanco.

Aunque el precedente de Burdeos es mezclarlo con Sauvignon, es tal el éxito de esta última que muchos piensan que no necesita ningún compañero en la botella. Esta es la razón por la que los productores, particularmente en Australia, se han puesto a mezclar Sémillon con Chardonnay. Los vinos resultantes se han convertido en alternativas baratas del buen Chardonnay.

Por otro lado, la combinación Sémillon-Sauvignon es casi siempre muy feliz. La acidez de la última le imprime una definición a la opulenta textura de la primera.

La mezcla tiene especial sentido en la producción de vinos dulces. Lo que hace que un buen Sauternes, Barzac y Monbazillac sean tan apreciados y tengan tanta duración en la botella, es que existe desde el principio un buen equilibrio entre azúcar y acidez. En comparación con otros vinos menos importantes de otras regiones vinícolas, casi nunca resultan empalagosos, a pesar de su intensa concentración melosa.

ORIGEN
Francia.

¿EN QUÉ OTROS LUGARES SE CULTIVA?
Australia, Chile, Argentina, algunas zonas de Sudáfrica y California y puntos aislados del sur de Francia.

NOTAS DE SABOR
Cuando es seco, limoso y de miel exótica, presenta algo de Sauvignon grosellero. Tiene a menudo una pureza de mineral duro, incluso un poco metálico. En Australia, un engañoso sabor a madera hasta cuando no está enroblecido, que se convierte en tostada quemada con la edad. Mezclado con Chardonnay el sabor de lima-limón parece ser el principal. Cuando se somete a botrytis para producir vinos dulces, puede tomar una gama de exóticos caracteres frutales, pero clásicamente tiene un sabor de albaricoque o melocotón demasiado maduro, azúcar cande, miel, aliada con la riqueza del flan de vainilla y de la crema catalana resultante del envejecimiento en roble. El Sémillon dulce australiano también puede tener un tono medicinal.

Uvas de Sémillon reposan en la vid afectadas de botrytis. Estas uvas ennegrecidas y arrugadas producirán un jugo concentrado, extremadamente dulce.

Burdeos

La exhibición más gloriosa de Sémillon se da en los vinos de Sauternes y Barsac. En primer lugar, con su propia clasificación, se encuentra el legendario Château d'Yquem, el vino dulce más caro del mundo. El clima de Burdeos, con veranos tardíos y dorados otoños proporciona las condiciones perfectas durante muchos años para el desarrollo de la Sémillon destinada a la putrefacción noble, botrytis, con la que las uvas se enmohezcan y se sequen en la vid. A medida que se reduce la proporción de líquido, crece la de azúcar hasta superarle en porcentaje, siendo el resultado un vino dulce, alcohólico y pegajoso de enorme longevidad.

El elegante Château La Louvière, en Pessac-Léognan, en la región bordelesa de los Graves, propiedad de la familia Lurton. El burdeos blanco seco de los Graves suele ser el mejor de su estilo.

Si los buenos vinos son tan caros, es en gran medida porque los châteaux más concienzudos han empleado un enorme trabajo en su cosecha. Sólo seleccionarán personalmente los frutos que se hayan fermentado por completo, por lo que los costes de mano de obra son muy altos. La mayoría de los vinos son envejecidos por lo menos en una cierta proporción de roble nuevo, lo que añade una nueva dimensión a su riqueza. Estos vinos han servido durante mucho tiempo de inspiración para la fabricación de Sémillon en todo el mundo.

En la región de Pessac-Léognan, al norte de los Graves, cerca de la ciudad, algunos de los nombres más ilustres del vino blanco de Burdeos todavía emplean un mayor porcentaje de Sémillon que de Sauvignon Blanc en sus vinos. Entre éstos se incluyen Château Olivier, Laville-Haut-Brion y La Tour-Martillac.

Australia

El Sémillon seco pertenece a un grupo escaso de estilos de vino con los que Australia ha realizado su contribución al mundo. No se trata de un producto que suponga una especie de novedad antípoda, concebido tras una lucha por encontrar nuevos caminos para hacer las cosas fuera del eterno arquetipo francés. Australia ya estaba haciendo este tipo de vino a finales del siglo XIX, aunque se les denominara Hunter Riesling –o de un modo menos convincente– Borgoña blanco.

Crujientes y amargos en su juventud, cuando envejecen alcanzan una complejidad de nuez tostada, sin recurrir al costoso envejecimiento en roble. Algunos productores en realidad emplean una pizca de roble para enfatizar ese tostado natural. Con la tendencia actual de los consumidores de beber más vino joven, se está poniendo mucho énfasis en los sabores frutales primarios, siendo el punto de referencia los frutos muy verdes, normalmente lima. Productores de calidad en Hunter son Rothbury, Brokenwood y Lindeman's.

La uva nace en la mayoría de las regiones australianas, y va igual de bien en las zonas que son considerablemente más frías que el Hunter. En Clare Valley, por ejemplo, el Sémillon produce una versión menos aceitosa. En líneas generales, los productores de buen Riesling están dispuestos también a comprometerse en la misma medida con Sémillon: en una zona fría de Clare llamada Lenswood, Tim Knappstein

elabora unos vinos exquisitos, arrebatadamente agrios pero con gran capacidad de envejecimiento.

La región del río Margaret en Australia occidental realiza unos Sémillon generosamente afrutados y ahumados, un estilo que guarda muchas reminiscencias con el Sauvignon. Even & Tate es un ejemplo de calidad.

Aunque el Sauvignon sin mezcla puede llegar en muchas ocasiones a convertirse en una desilusión en muchas partes de Australia, cuando se mezcla con Sémillon al estilo de Burdeos produce unos vinos que impresionan por su afrutamiento maduro, capaces de mejorar su complejidad real con el tiempo. Cape Mentelle en el río Margaret e incluso St Hallett, en la abrasadora región de Barossa Valley en Australia Meridional, realizan buenas mezclas.

Canales de irrigación en las bodegas Bortoli de Nueva Gales del Sur.

Viñedos de Lenswood en el verde paisaje del Clare Valley en Australia Meridional. Es una zona fría y elevada que produce vinos Sémillon muy ácidos, pero con buena capacidad de envejecimiento.

SYRAH

Reconocida como la uva francesa del norte del Ródano, Syrah, o Shiraz como la denominan en Australia, sigue siendo una de las variedades más nobles, legendaria por su habilidad de envejecer majestuosamente durante décadas.

Esta uva produce uno de los vinos tintos más profundos, oscuros e intensos del mundo, pleno de riqueza en licor, especia fuerte y poder alcohólico.

El valle del Ródano es la cuna ancestral del Syrah. En la terminología enológica, el valle se divide en dos zonas —norte y sur— y representa dos planteamientos muy diferentes de la uva. En el sur, se abre camino entre un amplio círculo de varietales menores, desde los toscos tintos de Côtes du Rhône y Côtes du Ventoux hasta las estrellas gemelas, Châteauneuf-du-pape y Gigondas.

Los productores de Châteauneuf tinto pueden elegir entre un menú de no menos de 13 uvas (aunque casi nadie hace uso de ellas), entre las que Syrah puede jugar un segundo o tercer papel.

La zona norte del Ródano es donde el Syrah es protagonista. Hermitage es el vino más celebrado del norte: al igual que otras denominaciones de la zona norte, sus tintos deben estar constituidos de un 100 por cien de Syrah. Estos vinos clásicos y monumentales pueden envejecer por lo menos tanto como el mejor de los Burdeos, a cuenta de su equilibrio complejo y preciso de fruta muy concentrada, acidez y extracto masivo. Generalmente no son ni remotamente accesibles hasta que cumplen los seis o siete años, necesitando los mejores ejemplares quizás el doble de tiempo para desarrollar los atractivos seductoramente exóticos que puede llegar a presentar.

En el extremo más accesible de la escala, y no debe confundirse con el Hermitage, está el Crozes-Hermitage, cuyos vinos pueden beberse con tres o cuatro años. Puede que no sean tan sorprendentes como el mejor Hermitage o Côte-Rôtie pero, en la práctica sí que dan una idea genuina de los sabores únicos del Syrah.

Una de las descripciones del Syrah que más encontramos es la de «apimentado», e incluso un simple Crozes de cooperativa puede exhibir algo de esta característica, aunque puede variar en intensidad desde una suave sugestión de especias en el fondo de la garganta hasta el exacto e inconfundible aroma de los granos de pimienta negra recién molida, como si el productor le hubiera vertido en el vino unas vueltas de molinillo antes de embotellarlo.

En el Syrah australiano, esta nota de pimienta está más camuflada. Los sabores frutales son generalmente más maduros y más obvios, y los vinos rara vez poseen ese extremo agudo de tanino que presentan los ejemplos del Ródano. En su juventud, los contornos suaves del Syrah se derivan de la abierta influencia de los sabores cremosos del roble, por lo que el vino puede beberse antes que los estilos elaborados en Europa.

Los granos de la variedad de uva denominada Syrah poseen un azul brillante. Esta uva tiene un carácter único que suele describirse como «apimentado», y responde bien al roble. En su estilo clásico como uva de los tintos más elegantes del norte del Ródano, y en Australia como Shiraz, produce vinos que pueden pasarse décadas envejeciendo.

ORIGEN
Francia.

**¿EN QUÉ OTROS
LUGARES SE CULTIVA?**
Australia. Algunas zonas de
España, California y
Sudáfrica. En Suiza tiene una
cierta importancia.

NOTAS DE SABOR
Puede oler a casi cualquier
fruto morado - grosella negra,
zarzamora, cereza, ciruela-.
Pimienta negra recién molida
en el norte del Ródano. Entre
los sabores más exóticos están
el regaliz, jengibre, chocolate
amargo, también a menudo
una nota floral, como de
violetas. Una suave nota de
menta en algunas partes de
Australia Meridional. Los
vinos que han envejecido
pueden tomar algo del sabor a
caza del Pinot Noir.

Francia

La capilla y los viñedos de la conocida colina del Hermitage, se yerguen sobre el río Ródano y las ciudades de Tournon y Tain l'Hermitage.

Los grandes nombres del Syrah del Ródano se equiparan en rango con los ejemplos más exquisitos de Burdeos y Borgoña. Aún podemos decir que se trata de un fenómeno reciente. Cuando el conocido crítico estadounidense Robert Parker empezó, en la década de 1980, a catalogar algunos de los mejores vinos de Marcel Guigal (una de las superestrellas del norte del Ródano) como semejantes a las grandes cosechas de Mouton-Rothschild, el mercado internacional del vino se dio cuenta del aviso.

De las distintas denominaciones que encontramos a partir de la variedad de Syrah en el norte del Ródano, Hermitage es tradicionalmente el más grande y sustancioso. Aunque de construcción sólida, sus vinos no carecen de gracia y elegancia, y el sabor frutal puede resultar sorprendentemente más ligero que la norma general, más a frambuesa que a grosella. JeanLouis Chave, heredero de 500 años de tradición, es muy buen productor, mientras que Hermitage La Chapelle de Jaboulet posee una textura densa, de un imponente y feroz oscuro.

Côte-Rotie es la denominación que ha levantado mayor interés en los últimos años. Los tres vinos más importantes de Guigal, procedentes de viñedos sencillos (La Mouline, La Landonne y La Turque) son las expresiones más concentradas del Syrah puro, que se venden por las nubes, pero hay otros productores como Jamet, Delas y Vidal-Fleury cuyo formidable talento ha contribuido a sostener la reputación de esta zona. Colombo, Clape y Voge son tres de los mejores productores que elaboran unos excitantes Syrah en Cornas.

En el sur del Ródano, y más abajo, en Languedoc, el Syrah se mezcla con otras uvas tintas, la más importante de las cuales es la Garnacha. A menos que un productor haya empleado un porcentaje bastante alto de Syrah, la uva no se percibe de forma individual en estos vinos.

Australia

El viñedo de Hill of Grace, propiedad de Henschke, en el valle de Barossa de Australia Meridional. Las viñas de Shiraz que aquí se plantan tienen más de 100 años.

Syrah (Shiraz) ha sido la variedad de uva por excelencia en Australia durante más tiempo del que nadie pueda recordar, pero ha sido en los últimos 25 años aproximadamente cuando ha experimentado un importante impulso, produciendo caldos de categoría mundial.

Es simplemente una cuestión, como casi siempre, de clima. En las partes más calurosas del país, como los valles de Hunter y Barossa, la uva Syrah es responsable del mayor espesor y opulencia más afrutada de todos los tintos de Australia. Charles Melton y St Hallet Old Block Shiraz son emblemáticos del estilo de Barossa. El caluroso estado de Victoria es la cuna de los Syrah más concentrados, sobre todo del Chateau Tahbilk.

El suelo rojo de la cálida Coonawarra es cuna tan distinguida de Syrah como de Cabernet Sauvignon. La gama de tintos de Penfold se alimenta de estas tierras, lo mismo que los vinos del estado de Penley, sutilmente especiados y elaborados con base Syrah, así como la oferta afrutada de Wynns; no todos ellos emplean roble.

España

Hasta hace relativamente poco tiempo, apenas se cultivaba esta variedad en España, pero en las catas anuales de los últimos años cada vez aparecen nuevas muestras y aparecen nuevos productores en zonas como La Mancha, Jumilla o Valencia.

Del vino syrah español, quizás el más reconocido es Dominio de Valdepusa Syrah del Marqués de Griñón, sobre todo, a partir de 1997, cuando la añada obtuvo excelentes calificaciones de la crítica especializada.

En España se cultiva en zonas muy concretas, entre ellas, el Penedès, el Priorato y Costers del Segre, donde se aclimata bien por ser zonas cálidas y de suelo calizo. Las denominaciones de origen Somontano y Yecla autorizan su empleo. Las bodegas Albert i Noya (Penedès) elaboran un tinto de crianza con un 100% de esta variedad: Albert i Noya Syrah. El vino Duratón Syrah, de Bodegas y Viñedos Ribera del Duratón, es un caldo de crianza en barrica.

Sudáfrica

Hileras ordenadas de viñas Syrah en los viñedos Franschhoek's Bellingham de Paarl.

Como en Australia, esta variedad tardó algún tiempo en convencer a los cultivadores de que tenían que tomarla en serio. Inspirada en su éxito generalizado, sin embargo, está empezando a destacar un Syrah impresionante del Cabo. De todas maneras tiene que trabajarse un poco, porque la mayoría de las regiones vinícolas sudafricanas sólo gozan del tipo de bochorno atmosférico que adora el Syrah. Hartenberg en Stellenbosch y Fairview en Paarl son solo un par de ejemplos del mejor Syrah que se produce hasta el día de hoy.

Estados Unidos

A pesar de la moda que se ha impuesto en la costa oeste por la variedades de uva del Ródano, Syrah no se ha impuesto auténticamente como una uva de especial importancia. La tendencia ha sido la de elaborar un vino con los niveles franceses de acidez y fruta aromática. Qupé en Santa Bárbara y Joseph Phelps en el valle de Napa han sido dos nombres que han sentado precedente.

Viñedos de Joseph Phelps, productor de un Syrah de calidad en el valle del Napa, California.

RIESLING

Riesling, la variedad de uva noble de Alemania, es una fruta muy versátil.

Es apreciada en el norte de Europa y en el hemisferio Sur tanto por los blancos

dulces como por los impecables vinos secos que produce.

Esta uva de calidad es la gran especialidad de la viticultura alemana. Su única base en Francia es la región de Alsacia, un protegido enclave al noreste del país entre las montañas de los Vosgos y el valle del Rin, que ha formado parte geopolítica de Alemania durante la mayor parte de su historia. Como la Sémillon, Riesling produce buenos vinos secos y un delicioso vino dulce de postre cuando las bayas se someten a envejecimiento noble o botrytis. Sin embargo, a diferencia de la Sémillon, también puede conseguir toda la gama de estilos intermedios.

En años recientes, Riesling ha llegado a considerarse como la más infravalorada de todas las grandes uvas.

El gran problema que tienen que superar los vinos alemanes, es que muchos aficionados al vino se ejercitan con productos como Liebfraumilch. Es dulce, no muy alcohólico y no parece que contenga los ácidos tartáricos que tienen los vinos blancos más secos. Cuando el paladar se vuelve más sofisticado, o sea, más seco, una parte importante del rito iniciático de un entusiasta del vino en ciernes es rehuir los vinos fáciles, y los vinos alemanes son barridos en este proceso.

Si al menos Liebfraumilch tuviese su propia botella. Pero se yergue orgulloso en las estanterías junto a los mejores Riesling del Rin, embotellados en recipientes aflautados,

idénticos en altura y con el mismo color marrón.

Como los viñedos de Alemania se sitúan en el extremo norte en el que las viñas crecen y producen cosechas de fruta fermentable, su sistema de clasificación de calidad se desarrolló según las pautas que se basan en la madurez de la uva en el momento de su recogida, y por tanto el potencial de dulzura que el vino resultante poseerá.

Riesling produce siempre un vino con mucha acidez, que es quizás uno de los vinos más equilibrados de Alemania, pues compensa esta acidez con un cierto nivel de dulzor natural, de modo que hasta los que se encuentran clasificados en el extremo inferior encierran un punto suavizante, como si se hubiera rociado la uva con un pellizco de azúcar. En los climas más cálidos, el grado de madurez y de alcohol son suficientes para compensar la acidez alta, por este motivo los vinos presentan un perfecto equilibrio cuando son totalmente secos.

Este es el caso de la región francesa de Alsacia y Australia, donde la uva es tan apreciada como en Alemania. Un atributo de la acidez pronunciada es el potencial de envejecimiento, y hasta los Riesling alemanes más ligeros poseen la capacidad de conservarse bien y mejorar con el paso de los años, convirtiéndose la primera descarga de cítrico agrio en un frescor hechizante, poderoso y extraordinario que ha llegado a compararse, de manera clásica y exacta, con el fuerte olor de la gasolina antes de la combustión.

La uva Riesling es muy dura y resistente a las heladas, por lo que es propicia para los fríos viñedos del norte de Europa. Riesling puede producir unos vinos de larga vida con intenso aroma y carácter, que varían en estilo desde la categoría de extra seco hasta la de dulce empalagoso.

ORIGEN
Alemania.

¿EN QUÉ OTROS LUGARES SE CULTIVA?
Francia, Australia y Nueva Zelanda. Austria y el norte de Italia. En ciertos lugares de los Estados Unidos y Canadá.

NOTAS DE SABOR
Casi siempre presenta la esencia y el sabor de la lima fresca, ya sean las pieles amargas o el zumo azucarado. Los alemanes más maduros poseen una nota frutal más suave, como el melocotón o el albaricoque maduro, así como un suave aroma floral. En Alsacia, hay una austera cualidad mineral en los vinos y una textura en el paladar como de acero afilado. El olor a petróleo (o gasolina) saliendo del surtidor se adquiere generalmente con los años, aunque algunos vinos australianos consiguen poseerlo en su juventud.

Alemania

La Riesling se cultiva en casi todas las regiones vinícolas alemanas, aunque no es ni mucho menos la variedad más plantada. Se adapta en muchos sentidos al clima frío que allí encuentra, porque los toscos tallos de las cepas son capaces de enfrentarse con el más crudo de los inviernos.

La contrapartida viene con el otro extremo del ciclo anual, en el que la maduración de la uva se convierte en una lucha contra los elementos. Si se recoge demasiado pronto, la Riesling está llena de una acidez fuerte e inmadura. Si se espera a que consiga el nivel de madurez adecuado, se echa fácilmente el mes de noviembre, fechas en las que los cultivadores franceses hace tiempo que han recogido sus uvas, las han prensado y dejado fermentar, y en que el frío es tan riguroso que resulta muy difícil llevar a cabo una fermentación natural.

La clasificación de los vinos alemanes, equivalente de la appellation contrôlée francesa es la *Qualitätswein mit Prädikat* o QmP (literalmente vino de calidad con distinción). Dentro de esta clasificación existen cinco clases de vino, medidas de acuerdo al grado de dulzor que contienen. En orden ascendente son: *Kabinett, Spätlese, Auslese, Beerenauslese y Trockenbeerenauslese*. El sufijo «-lese» significa «recogida», por lo que en el propio nombre se indica el momento de su recolección, desde Spätlese, que significa «recogida tardía», es decir, un poco después de su fecha normal, hasta Trockenbeerenauslese o TBA (que signi-

Los famosos viñedos en pendiente de la región del Mosela, donde las cepas cubren la ladera que baja hacia el río Mosela. Esta disposición del terreno obliga a la recogida manual de la uva.

fica que los granos se han recogido después de la vendimia principal y se han secado y arrugado con la podredumbre de la concentración de azúcar).

Los Riesling con más cuerpo, los más concentrados, suelen proceder tradicionalmente de la región de Rheingau, donde se planta más uva de esta variedad que de ninguna otra. Es aquí también donde los mejores productores elaboran unos vinos que son tan expresivos de la ubicación de sus propios viñedos como cualquier *grand cru* de la región francesa de la Borgoña.

Las fincas más importantes son Schloss Johanisberg, Balthasar Ress y Robert Weil.

Al oeste de Rheingau, Nahe también ocupa una posición preponderante en cuanto a

Riesling, aunque aquí el desarrollo ha sido más reciente, como consecuencia de la mejora notable de la región en estos últimos años. Anheuser es uno de los viticultores más conocidos.

Hacia el noroeste, y con capital en la ciudad de Trier, la región de Mosela-Saar-Ruwer produce las versiones más sutiles y refinadas de Riesling de todo el mundo. Los niveles de alcohol son de un reducido 7 %, y el perfil aromático de los vinos es tan sutil que aspirar sobre la copa puede ser como respirar el aire puro de la montaña. Los viñedos se plantan en unas pendientes vertiginosas a ambos lados del río, por lo que es imposible que a nadie se le pase por la cabeza recoger la uva con máquinas. Fritz Haag, el Dr. Loosen y J. J. Prüm se encuentran entre los productores más exquisitos del Mosela.

Las viñas se alzan sobre la ciudad de Ungstein, en la región alemana del Palatinado. El estilo tradicional de los vinos de Riesling es aquí aromático y muy delicado.

El Schloss Johannisberg con viñedos de Riesling, en el Rheingau. Los vinos Riesling de esta zona son tradicionalmente los de más cuerpo y estilo más concentrado.

Alsacia

Iglesia del siglo XV en medio de los viñedos de Hunawihr en Alsacia.

Los que están familiarizados con los vinos de la región francesa de Alsacia tienden a asociarlos con mucha facilidad a los sabores tan perfumados y categóricamente decadentes de la Gewürztraminer y la Pinot Gris, más que con la austeridad acerada de la Riesling. Sin embargo, es un secreto a voces en esta región que esta uva se considera la más noble, en parte porque los niveles de acidez que suele alcanzar dan como resultado unos vinos de larga vida. Alrededor de una quinta parte de las tierras dedicadas a viñedos está cubierta de esta variedad, y el total está subiendo con firmeza.

La mayoría del Riesling alsaciano se elabora siguiendo un estilo totalmente seco, con mucho alcohol y una acidez punzante. Son los únicos vinos alsacianos que no saben muy bien si se beben jóvenes, pues gran parte de ellos requieren por lo menos cinco años para empezar a asentarse. En su juventud, dejan un gusto muy fuerte, bastante tenso en el paladar, impregnado de cierta acidez cítrica, comparable con el zumo de lima recién exprimido.

Además de los vinos secos básicos, hay dos denominaciones para los estilos dulces. La más ligera es la de *Vendange Tardive* (que significa *cosecha tardía*); en un verano cálido y tardío, se dejan las uvas en las viñas para que consigan un nivel de azúcar más alto que las convierta en un delicado vino dulce. Si las condiciones son las adecuadas, es decir, mañanas de niebla espesa que dejan paso a un día soleado, la Riesling puede sufrir botrytis, al igual que en Alemania.

Los vinos, que resultan tan concentrados, reciben el nombre de *Sélection de Grains Nobles* —entre los vinos de postre con podredumbre noble más equilibrados de toda Francia.

Algunos de los viñedos de Alsacia reciben la denominación de *grand crus* desde mediados de la década de 1980. Sólo cuatro de las uvas permitidas en Alsacia, incluida la Rielsing, pueden plantarse en estas zonas. Los vinos que producen tienen un sabor intenso, y se venden a un precio altísimo.

Entre los productores más destacados de Riesling alsaciano se encuentran Zind-Humbrecht, Hugel, Schlumberger, Trimbch y Louis Sipp.

Viñedos de Trimbach en pronunciada pendiente. La bodega es una construcción típicamente alsaciana, en Ribeauvillé.

Australia

Como necesita un cierto nivel de acidez para definir sus sabores, esta variedad se encuentra mucho mejor en las zonas más frías del país.

El estilo australiano es más rico y robusto que los modelos europeos. Durante su juventud posee una textura picante y aceitosa de lima-limón. A veces, sobre todo en los vinos de Clare Valley, también nos encontramos con que despiden ese olor fuerte de petróleo que los Riesling alemanes y alsacianos solo adquieren una vez embotellados. A pesar de sus ángulos más suaves, los Riesling australianos elaborados con más sensibilidad siguen mostrando un buen equilibrio de acidez para man-

tener la sensación de frescor sin la cual los Riesling están perdidos.

Como se solía denominar Hunter Riesling a las uvas Sémillon, entre los consumidores australianos existía una gran confusión acerca de la identidad del verdadero Riesling. Este es el motivo por el que algunos vinos están todavía etiquetados como Rhine Riesling, pero esto no significa que los que están etiquetados simplemente como «Riesling» no sean auténticos: lo son.

Entre los productores más destacados de Riesling australiano destacan Tim Knappstein, Tim Adams, Petaluma, Hill-Smith y Frankland Estate.

Comprobación del grado de madurez de los racimos de Riesling en Clare Valley, Australia Meridional, una de las zonas en las que mejor crece esta uva.

Nueva Zelanda y Canadá

Recogida de Riesling ya avanzado el invierno en Ontario, Canadá. Las uvas heladas se destinan a la producción del famoso vino helado canadiense.

La isla Sur ha sido la pionera en la producción de unos Riesling frescos, transparentes y con un sabor impecable a lima, muy prometedores. Redwood Valley en Nelson y los viñedos Martinborough Wairarapa, al norte de la isla Sur, son dos de los ejemplos más representativos. Cuando las condiciones de la cosecha lo permiten, muchos productores elaboran un Riesling con botrytis (como en Australia).

En Canadá, en la provincia de Ontario, se elaboran unos vinos muy convincentes. Algunos de los famosos *Ice Wines* (vinos helados) canadienses emplean Riesling; los mejores de ellos no tienen nada que envidiarle al mejor *Eiswein* (vino helado) alemán.

MERLOT

Utilizada desde hace mucho tiempo en los tintos con mezcla de Burdeos, la fama de Merlot se había basado en su capacidad de combinación con la Cabernet Sauvignon. Su reputación en solitario ha llegado después.

La uva Merlot, gorda y azulada, madura muy pronto y produce unos vinos suaves y ricos —a menudo se describen como «carnosos»— que armonizan con la Cabernet Sauvignon más estructurada.

En Burdeos, Merlot es considerada como la hermana menor. El motivo es que los cinco niveles de *cru classés* que conforman la aristocracia de Burdeos se concentran en la orilla izquierda —el lado de la Cabernet Sauvignon— del río Garona, en Médoc (y en el Château Haut-Brion, más abajo, en Graves, dominado por Cabernet).

Sin embargo, Merlot posee un papel protagonista en las dos mejores zonas de la orilla derecha del Garona, Pomerol y St-Emilion. Aunque no se tuvieron en cuenta en la clasificación de 1855 que creó los *crus classés*, han adquirido su propia fama y estilo individual. Algunas propiedades de Pomerol utilizan prácticamente todo su Merlot en sus tintos; el líder del grupo, Château Pétrus, está compuesto de Merlot excepto un cinco por ciento, que corresponde a Cabernet Franc, una variedad menos extendida.

De hecho, como en la mayoría de las regiones en las que los principales vinos están compuestos de la mezcla de dos o más variedades de uva, los viticultores de Burdeos mezclan y conjugan las proporciones de Cabernet Sauvignon, Merlot y otras, de acuerdo con las características de ese año. Merlot suele madurar antes que Cabernet Sauvignon, por lo que si llueve tardíamente o se presenta un frío repentino al final de la temporada, Cabernet tiene más posibilidades de estropearse, pero por lo menos queda Merlot de buena calidad.

Incluso en los mejores años, Merlot produce uvas más saludables y concentradas que su colega, siendo un ejemplo de ello muy conocido entre todos los aficionados la excelente cosecha del año 1990.

Estilísticamente, lo que Merlot hace por Cabernet en los vinos del Médoc es suavizar los tonos duros. Como Merlot es una variedad que tiene la piel más fina que la Cabernet, produce un vino menos tánico, mitigando así parte de la astringencia del joven Cabernet. (También puede, por la misma razón, aclarar el color del vino). Un clarete que emplee, por ejemplo, un 35 % de Merlot poseerá una mayor suavidad que otro que esté limitado a solo un 10 %.

Fuera de Burdeos, Merlot en realidad empezó a extenderse durante la década de 1980. En California el estilo empezó a cambiar hacia otro más distinguido y agradable, que tuvo mucho éxito entre los consumidores que buscaban un tipo más suave de tinto para el uso diario.

Los cultivadores del estado de Washington han descubierto también que su clima es muy apropiado para la producción de una clase de tinto concentrado, pero aterciopelado, que aprecian mucho los nuevos aficionados. En Estados Unidos ha llegado el gran momento de la Merlot.

En el hemisferio sur, también últimamente ha empezado a ganar terreno en este mismo sentido. Argentina tiene una buena cantidad de Merlot plantada, y muchos viticultores chilenos están ahora produciéndola como vino varietal. En Australia y Nueva Zelanda, hasta hace poco una simple acompañante de Cabernet en las mezclas al estilo de Burdeos, se está abriendo paso en solitario.

ORIGEN
Francia: Burdeos, especialmente Libournais en la orilla derecha del río Garona, que incluye St-Emilion y Pomerol.

¿EN QUÉ OTROS LUGARES SE CULTIVA?
España y por toda Europa central y oriental, desde Suiza hasta Bulgaria. Estados Unidos, Argentina, ciertas partes de Chile, Australia, Nueva Zelanda y Sudáfrica.

NOTAS DE SABOR
Cuando está más madura, frutas moradas como las grosellas negras y las ciruelas. En los climas más fríos posee un toque vegetal distintivo, como de judías verdes o espárragos. Si la alcanza el sol, puede aparecer una sugestión de fruta seca, como las uvas pasas o el pastel de fruta. Si se redondea con roble, los mejores vinos pueden adquirir también más cuerpo con tonos del chocolate fundido.

Francia

El Châteu Ausone en St-Emilion, entre sus viñas.

El feudo francés de la uva Merlot se sitúa en Burdeos, en la ribera derecha. Desde allí domina en los municipios de Pomerol y St-Emilion. Los vinos de este último distrito están compuestos, como rasgo característico, de unos dos tercios de Merlot con sólo unas gotas de Cabernet Sauvignon, mientras que en Pomerol el porcentaje es más bien de nueve partes de Merlot (entre diez), sin nada de Cabernet Sauvignon.

Las diferencias de carácter entre los dos municipios son muy sutiles, si bien los vinos de mayor calidad de Pomerol tienden a ser más serios y austeros, con algo del sabor seco, a hierba, que se suele encontrar en el Cabernet de la ribera izquierda. Los caldos de St-Emilion, por otra parte, como llevan menos Merlot, son más suaves y accesibles en su juventud. A pesar de la suposición popular de que los vinos con base de Merlot maduran en menos tiempo que los dominados por Cabernet Sauvignon, los St-Emilion y Pomerol puede llegar a ser tan longevos como el más exquisito de los productos del Médoc.

En 1955, en el primer centenario del sistema de clasificación de Burdeos, St-Emilion estableció su propia tabla de calidad. En contraste con la inmovilidad de la orilla izquierda,

sin embargo, los propietarios de St-Emilion se comprometieron a revisar su clasificación cada diez años. Suele haber pocos cambios cada década, pero esto quizá se debe a que los productores saben que sus vinos van a ser estudiados con mucho rigor, y la motivación por mantener la calidad es muy alta. Las posiciones superiores las comparten dos castillos: Cheval Blanc y Ausone.

Pomerol nunca ha estado sujeto a la clasificación, ni tampoco parece que vaya a estarlo. Tras el legendario Pétrus, sus otros nombres famosos son: Château le Gay, Trotanoy, l'Evangile, le Bon Pasteur, Vieux-Château-Certan y Clos l'Eglise.

Otros vinos menos ilustres con base Merlot proceden de las áreas satélite de St-Emilion, un grupo de pequeños municipios que forman una franja en el nordeste del distrito, a los que se les permite añadir la denominación al suyo propio: Montagne, Lussac, Puisseguin, St-Georges. En las buenas cosechas, cuando las grandes propiedades se permiten poner precios exorbitantes a sus vinos, algunas de estas zonas satélite pueden representar un valor. Bel-Air, en Puisseguin, y Lyonnat, en Lussac, son dos ejemplos más que buenos.

Italia

Barricas en la bodega de Ludovico Antinori en la Toscana. Antinori pertenece al grupo de los grandes productores de esta región italiana, con sus imponentes vinos Merlot varietales.

En la cuna de la experimentación vinícola que representa la Toscana, una o dos bodegas están consiguiendo muy buenos resultados con Merlot. Productores como Ludovico Antinori, con su Merlot varietal, y Masseto, están demostrando que

esta variedad puede llegar a dar como fruto unos vinos con todo su cuerpo, envejecidos, que se pueden comparar con los monumentales Cabernet y Sangiovese de Toscana que atrajeron la atención del mundo en la década de 1980.

España

Aptos para envejecer en roble, los caldos de Merlot en España suelen ser aterciopelados, con aromas que evocan la mermelada de frutas moradas, a veces con notas de pimienta.

Merlot se cultiva en terrenos frescos y húmedos de las denominaciones de oriegen Jumilla, Navarra, Penedès, Costers del Segre, Empordà-Costa Brava, Ribera del Duero, Somontano, La Mancha y Alicante. Produce excelentes vinos monovarietales o mezclado con otras variedades tintas. Los caldos resultantes son rosados frescos y tintos jóvenes y de crianza.

En Navarra se elaboran con un 100% de Merlot los caldos tintos de crianza Palacio de Azcona y Selección Viña Sardesol Merlot, de Bodegas Virgen Blanca. En Cataluña, el vino tinto Arteo (Penedès) lleva un 85%. En la denominación de origen Ribera del Duero se cultiva en los viñedos de las bodegas Arzuaga Navarro, Hacienda Monasterio, Dehesa de los Canónigos y Pago de Carraovejas. En la denominación de origen Somontano lleva el 100% el tinto Viñas del Vero Merlot y el rosado Laus Flor de Merlot de Bodegas Laus.

Estados Unidos y Sudamérica

Merlot es el tinto que prefieren en California o Washington los consumidores que buscan riqueza y estructura en un buen vino tinto, sin tener que esperar a que envejezca y madure más que hasta que adquiera la suavidad y el sabor en boca necesario para beberlo. A este respecto, se parece al Cabernet Sauvignon pero sin las penalidades que éste conlleva. El estilo de referencia es el de fruto rojo maduro con un toque de roble dulce y tanino en abundancia.

Los buenos Merlot proceden de Duckhorn, Murphy Goode, Ravenswood y Newton en California, y Chateau Ste. Michelle y Hogue Cellars en el estado de Washington.

De igual forma, la uva está ganando terreno en Sudamérica, en especial, en Argentina, donde ocupa la misma extensión de viñedos que la Cabernet. La reducida cantidad de Merlot chilena ha producido unos vinos de un gran potencial, cuyo ejemplo más destacado son las bodegas de Valdivieso.

Europa del este

Merlot es la variedad de uva más plantada en Rumania, donde produce unos vinos suaves, fáciles de beber.

Merlot fue uno de los principales impulsores de la revolución vinícola búlgara, así los vinos de reserva presentaban (y siguen presentando) un equilibrio más agradable que los Cabernet del país. En Rumania es la uva que más se cultiva, y es responsable de muchos buenos tintos suaves a precios muy competitivos.

CHENIN BLANC

El amplio repertorio estilístico de la Chenin Blanc la ha convertido en la variedad de uva principal de los viñedos del centro del valle francés del Loira. Tras años de trabajo y experiencia, recorre la gama de vinos secos a dulces y espumosos.

Chenin Blanc es la espina dorsal de los vinos blancos del valle del Loira. Como indudablemente posee un perfil muy distinto y reconocible al instante dentro de los vinos que produce, ha tenido más de un problema a la hora de ser aceptada por los consumidores por dos razones principales.

Una es que, como Riesling, posee un amplio repertorio estilístico, que va, de un extremo a otro, desde el extraseco inflexible hasta los voluptuosos vinos de postre producto de la botrytis, con un potencial de envejecimiento de varias décadas. No es nada malo, salvo que, en el pasado, en la etiqueta de los caldos de Chenin del valle del Loira se escribía muy poca información sobre el estilo del vino.

La otra barrera que encuentran los nuevos aficionados es que los vinos más secos no están dotados con ese atractivo comercial que encuentran en el fresco y afrutado Sauvignon Blanc joven. El Chenin posee un carácter aromático, pero tras un estallido inicial de fruta joven se convierte en algo muy diferente: una extraña mezcla de acero pulido, miel vieja y humedad. La descripción de sabor clásica más conocida es la de «lana mojada». Añádase a esto el hecho de que la Chenin Blanc está casi siempre cargada de una acidez que produce dentera, y será fácil comprender por qué esta uva no tiene muchas posibilidades de situarse en lo alto de ninguna lista de favoritos.

Para aprender a apreciar el Chenin hay que adquirir un conocimiento más profundo del momento en que se deben degustar sus diferentes estilos, como es el caso de otras variedades de vino blanco.

En el Loira, Vouvray es la denominación más importante de Chenin. Sus vinos abarcan el espectro de seco a dulce, así como un espumoso elaborado mediante el método del champagne. Los vinos secos, que actualmente encontramos con la etiqueta de *sec*, son deliciosos en el momento de verterlos en la copa, que es cuando liberan su bouquet frutal y ese ácido que actúa como sazonador, de la misma manera que el zumo de limón aderza una macedonia de frutas. Transcurrido un año, parece perder esa cualidad afrutada; si a los cinco o seis años se le vuelve a probar, ha desarrollado una suavidad de miel que pone de relieve esa sequedad.

En una cosecha más calurosa, el productor puede decidir si deja una cantidad de los azúcares naturales de la uva en el vino terminado. Este estilo extraseco o semiseco se etiqueta normalmente como *demi-sec*. Puede ser el ejemplo más refrescante de su clase que se puede encontrar en cualquier lugar de Francia. La nota delicada de dulzor amortigua la acidez extrema de un modo apetitoso.

Si las uvas alcanzan demasiado grado de madurez y un dulzor pegajoso que los franceses llaman *surmaturité*, resulta un vino que recibe el nombre de *moelleux*. No son los mejores vinos de postre —aún conservan un toque de eri-

Chenin Blanc es una uva de mucha acidez que se beneficia del clima fresco del valle del Loira. Aquí, su acidez y susceptibilidad a la botrytis son las claves de su éxito, produciendo un elegante espumoso y unos vinos dulces exquisitos que contienen una agudeza refrescante.

90

ORIGEN
Francia, en el valle central del Loira- Anjou-Samour y Touraine.

¿EN QUÉ OTROS LUGARES SE CULTIVA?
Sudáfrica, Estados Unidos, Australia, Nueva Zelanda, zonas muy dispersas de Argentina y algo en España.

NOTAS DE SABOR
Cuando es joven y seco, a manzana verde ácida y pera, ocasionalmente a algo un poco más exótico (fruta de la pasión) en un buen año. Aspereza mineral, incluso metálica en el paladar, aunque paradójicamente a veces con algún toque de miel. Puede tener la sequedad de la nuez y un aroma indeterminado de humedad, como de un periódico viejo o lana mojada.
Los estilos más dulces adquieren progresivamente un tono más meloso sin perder la acidez aguda de manzana que poseen en lo más profundo.

Barricas de envejecimiento en una bodega de la DO Alella. Esta pequeña denominación de la costa catalana con viñedos de Chenin Blanc, produce vinos blancos tranquilos, secos y semisecos.

zada acidez en su interior– pero evocan a la miel y el caramelo.

En los años en que la botrytis se desarrolla libremente, algunos productores elaboran un vino completamente afectado por esta podredumbre. Se suele llamar *Sélection*, porque es necesario seleccionar sólo las bayas más arrugadas para elaborar el vino. Incluso entonces, las capas de dulzor concentrado presentan una aspereza perceptible en el centro, por lo que el efecto general es muy parecido a la manzana al horno caramelizada.

En cualquier parte del mundo, la maleabilidad de la Chenin la ha convertido en algo parecido a una uva de trabajo. Éste es, sin duda alguna, el caso de las regiones más cálidas de Estados Unidos y Australia, donde su uso más extendido ha sido la mezcla, para añadir un toque de ácido y evitar que los vinos blancos básicos tuviesen un gusto blandengue. Se planta muchísimo en Sudáfrica, donde muchas veces se la conoce bajo el nombre de Steen. Aunque gran parte de ella se pierda inevitablemente en las tinajas de mezcla, algo se convierte en un vino blanco muy agradable, fresco y sencillo, milagrosamente crujiente, como consecuencia de un clima cálido.

Las uvas con una acidez natural muy alta son muchas veces una buena opción para la producción de cava mediante el método *champenoise*, en el que un vino de base ligero, relativamente neutro da los mejores resultados.

Valle del Loira

A pesar de que es muy cultivada en muchas zonas fuera de Europa, ninguna región produce más Chenin Blanc que el valle francés del Loira. Es la variedad de uva más importante de las dos partes centrales del valle, Anjou-Saumur al oeste y Touraine en el este.

En Anjou, en particular, cultivar Chenin es como enfrentarse a un reto. Más al norte, la uva madura con una notable lentitud y, como los veranos en estas partes no son especialmente tórridos, gran parte del Chenin de Anjou es muy acre y áspero de sabor, para nada un estilo que pueda encontrar imitadores más allá de las fronteras francesas. De nuevo, esta es la uva que prefieren los nativos.

Los otoños, sin embargo, son húmedos y templados, permitiendo un desarrollo regular de la podredumbre noble o botrytis. Es en Anjou donde se encontraron las primeras denominaciones de un vino con botrytis: Coteux du Layon, que rodea al diminuto enclave de Bonnezeaux (un AC por derecho propio), y Quarts de Chaume. En sus mejores años estos vinos son el perfecto equivalente de un gran Sauternes o Barsac porque tienen el nervio central de acidez que les conduce a una madurez bien equilibrada. Château du Breuil y Domaine de la Soucherie (Coteaux du Layon), Angeli (Bonnezeaux) y Baumard (Quarts de Chaume) están entre los nombres más destacados.

Bajo la denominación menos conocida de Coteaux de l'Aubance se elaboran vinos dulces razonablemente buenos, aunque con mucho menos cuerpo.

Al oeste de Anjou está Savennières, la denominación que puede considerarse la más alta expresión del Chenin seco de cualquier parte del mundo. En su primer soplo de juventud, los vinos no hacen ninguna concesión a la potabilidad, con un sabor duro como la piedra y muy apretado. Transcurridos siete u ocho años, se abren en una madurez austera pero profundamente bella, llena de minerales, manzanas amargas y aire fresco del Atlántico. El Savennières es un vino vigoroso. Domaine de la Bizolière, Baumard y especialmente Joly en Coulée-de-Serrant (propiedad única con su propia denominación) son los nombres que hay que recordar.

Viajando al este hacia Saumur, entramos en el territorio de las burbujas. El Saumur espumoso se elabora mediante la fermentación del vino una segunda vez en la botella, para producir dióxido de carbono. Si se trabaja exclusivamente, o casi por completo, con Chenin, resulta un cava con vigor y seco de impresión. Gratien & Meyer fabrican un ejemplo típico.

En Touraine, la denominación más importante de todas para el Chenin Blanc es Vouvray. Junto con su vecino del sur, menos conocido y menos distinguido, Montlouis, Vouvray pone a prueba a Chenin, convirtiéndolo en seco, *demi-sec*, *moelleux*, con botrytis y burbujeante. La calidad es muy variable, y los vinos —como en cualquier parte— dependen mucho de la cosecha, pero cuando es buena, los caldos son excelentes.

Los mejores cultivadores de Vouvray, cuyos vinos constituyen una introducción valiosa a esta uva infravalorada, son Poniatowski, Champalou, Fouquet's Domaine des Aubuisières, Château Gaudrelle y Huët. Este último realiza un cava Vouvray rico y complejo, que posiblemente sea el espumoso francés más exquisito fuera de la región de Champagne.

Un día estival extrañamente despejado en los viñedos de Chenin Blanc de la diminuta AC de Bonnezeaux en Anjou, donde se producen unos de los vinos con botrytis más exquisitos del Loira.

España

Bodega Can Ràfols dels Caus en la DO Penedès. Aunque la producción de vinos es reciente, se trata de una finca muy antigua en la que se elaboran vinos blancos con un *coupage* de Chenin Blanc.

Esta variedad se cultiva poco en España. Sus principales localizaciones son el Alt Penedès y Alella. En tiempos se plantó también en el Somontano, pero las cepas fueron reinjertadas a otras. El Alt Penedès es una tierra de interior, con altitudes que alcanzan los 800 metros, algo excepcional en el mapa vitivinícola europeo. En pendientes abrigadas del viento prosperan, junto con otras, estas cepas aromáticas.

El Suriol Chenin, elaborado al 100% con la variedad, fermenta en roble americano, y es dulzón y alcohólico, con aromas de vainilla, nuez moscada y una ligera acidez. Untuoso y fresco al mismo tiempo.

En cuanto a la DO Alella, el viñedo crece en el término de Santa Maria de Martorelles, donde predomina el bosque y se da el microclima apropiado, así como un subsuelo muy favorable, llamado en la comarca *saulò*. Es granítico y drena bien el agua, al tiempo que conserva la humedad en época de sequía. Aquí radican las cavas Parxet, dotadas de modernos y tecnificados medios. Con esta uva se elaboran vinos espumosos (cava).

Sudáfrica

Cepas de Chenin Blanc, o Steen, en el estado de Klein Constantia. Chenin Blanc ha sido la espina dorsal de la producción de vino blanco de este país.

Chenin, o Steen, tal como se la denomina en este país, posee la misma cualidad versátil en Sudáfrica que en el Loira. Incluso se emplea en algunos vinos generosos, por los cuales El Cabo había sido famosa.

La diferencia estriba en que los estilos secos no suelen destacar mucho. En Sudáfrica no hay Savennières que contribuyan a resaltar esta uva. Ocasionalmente, llena la boca de una sensación gomosa que es como si se mordiera una manzana recién recogida, pero no parece tener la aguda definición aromática que se produce en el clima septentrional del Loira.

A partir de Chenin Blanc afectada por la podredumbre de la botrytis se consiguen vinos mucho mejores, en los que los aromas de fruta tropical, miel, piel de naranja amarga y azúcar cande parecen mezclarse en uno de los vinos dulces más divertidos del mundo. Fleur du Cap Noble Late Harvest es un buen ejemplo, y muy caro, de este estilo. Nederbug Edelkeur es quizá más complejo, pero también vale el doble de caro.

Australia y Nueva Zelanda

No muchos otros productores no europeos se han tomado tan en serio la Chenin como base de vino varietal. Se suele elaborar con demasiado cuerpo. En Australia occidental, Moondah Brook produce un caldo, grueso y enriquecido en roble en el sofocante Swan Valley. En el clima frío de Nueva Zelanda es más probable que se críe una buena Chenin, aunque el Collards Chenin Blanc de Nueva Zelanda tiene un extracto parecido al de Moondah Brook.

Estados Unidos

Una o dos bodegas de California han producido un varietal muy conseguido de Chenin seco, del que una parte se deja envejecer en roble. Los de Folie-à-Deux en el valle de Napa, y Hacienda en Sonoma, son bastante buenos, aunque la mayor parte del cultivo de Chenin se destina a la adición de acidez en los vinos blancos corrientes.

Viñas de Chenin Blanc plantadas con mucho espacio en el valle de Temecula, California, donde esta variedad se cultiva sólo para minorías.

GARNACHA

Reconocida como ingrediente vital en la maduración de algunos de los tintos más apreciados de España, la viajera y explotada Garnacha está estableciéndose poco a poco en una posición muy segura. Los perspicaces productores le reconocen su valor como varietal.

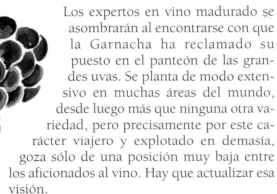

La Garnacha es una uva robusta que prospera en condiciones calurosas y secas. Produce un fruto pleno, alcohólico y especiado, que lo convierte en la base ideal de muchas mezclas y estilos de vino tinto.

Los expertos en vino madurado se asombrarán al encontrarse con que la Garnacha ha reclamado su puesto en el panteón de las grandes uvas. Se planta de modo extensivo en muchas áreas del mundo, desde luego más que ninguna otra variedad, pero precisamente por este carácter viajero y explotado en demasía, goza sólo de una posición muy baja entre los aficionados al vino. Hay que actualizar esa visión.

Como corresponde a una uva tan cosmopolita, la Garnacha puede adaptarse a casi cualquier estilo de vino tinto, desde los más sombríos y tormentosos de tanino, pasando por los jóvenes esbeltos, especiados, hasta los que expresan aroma a fresa de peso ligero con algo más que un toque de roble dulce. También puede ser un buen rosado afrutado.

Esta variedad es originaria de España, de donde pasó al sur de Francia (Grenache). Su papel predominante, en ambos países, es el de combinadora versátil, aunque su carácter destaca en cualquier combinación con otras uvas tintas.

Dos nombres con una tradición histórica, Rioja, y Châteauneuf-du-Pape, en el sur del Ródano, la primera *appellation contrôlée* de Francia, deben su prestigio a la Garnacha.

En España, combina con la célebre Tempranillo, otra uva nativa. Los experimentos que se han realizado con Tempranillo sin combinar se han venido abajo por carecer de la profundidad especiada del sabor que provoca la Garnacha. Las denominaciones de origen de Navarra, Penedès y La Mancha confían en la Garnacha para aumentar o disminuir la graduación alcohólica. En la Ribera del Duero se elabora un rosado acerezado.

La Garnacha se introdujo en el sur de Francia a principios del siglo XIV, cuando el reino de Aragón se extendió hasta el Rosellón, más allá de los Pirineos. Desde allí siguió avanzando hacia el nordeste en el Languedoc y más tarde al sur del valle del Ródano. Según iba viajando, la Garnacha se iba acomodando a las uvas tradicionales francesas como Syrah, Carignan (Cariñena), Cinsaut y Mourvèdre. Este conjunto representa ahora la base de los tintos elaborados en cualquier parte de Francia, desde Côtes de Rousillon hasta Fitou, Corbières y Minervois, el Hérault y en los rincones de la Côte du Rhône.

Los ejemplos más sobresalientes de Garnacha se dan en las denominaciones del Ródano, Châteauneuf-du-Pape y Gigondas. La mayor parte del vino Châteauneuf está compuesto de Garnacha más que otra cosa, y la gran variedad de estilos que se encuentran de un productor a otro es un claro indicativo de la adaptabilidad de la uva.

La razón menos importante de su ubicuidad en estos viñedos del sur no es desde luego que

ORIGEN
España.

**¿EN QUÉ OTROS
LUGARES SE CULTIVA?**
Francia, Estados Unidos
y Australia.

NOTAS DE SABOR
Normalmente casa bien con
los frutos rojos más ligeros:
grosella roja, fresa, frambuesa,
cereza o guinda, hasta un
especiado como de pimienta
negra o jengibre machacado.
A veces, una nota floral de
violeta. Sus manifestaciones
más expresivas, como en las
zonas más calurosas de
Australia, son alquitranadas,
achocolatadas, de regaliz,
apoyadas por un dulzor
distintivo, por lo que los vinos
imitan la estructura del
oporto de cosecha.

Viñas en Vilafranca del Penedès, en la denominación del mismo nombre. En esta DO, la Garnacha es uno de los cultivos tradicionales que se combinan con otras variedades.

gún esfuerzo el suficiente azúcar natural para alcanzar un alto contenido en alcohol: un 14 % es lo habitual en Gigondas. En vendimias especialmente maduras, también exhibe un aroma de pimienta negra que se asocia con la Syrah.

Bajando hacia el Midi, la Garnacha hace de las suyas en los *vins doux naturels* del Rosellón. Aquí se convierte en un tinto dulce mediante un método que se parece mucho al del oporto, es decir, detener la fermentación a medio camino, añadiendo alcohol. Con ello se incapacita a los fermentos y da como resultado un vino tinto fuerte, espeso, que conserva un cierto nivel de azúcar sin fermentar.

Rivesaltes, Maury y la denominación costera de Banyuls son las zonas donde se elaboran estos raros vinos; en Rasteau, al sur del Ródano se realiza algo similar.

Fuera de Europa, la Garnacha está ganado terreno a pasos agigantados como variedad combinable, en California, y como vino varietal con una concentración muy densa, en Australia.

responda a unas tórridas condiciones de crecimiento cuando cae muy poca lluvia. Madura sin preocupación, y puede conseguir sin nin-

Interior de una bodega de la DO Conca de Barberà. La Garnacha es una de las variedades tintas autorizadas por su Consejo Regulador.

Modernas instalaciones de la bodega de Álvaro Palacios en la DOC Priorat. Esta denominación ha dado renombre a la Garnacha gracias a sus vinos muy bien estructurados y con buen envejecimiento.

España

Autóctona de Aragón, la Garnacha crece en toda la mitad norte de España y en la llana y árida meseta. Se encuentra presente en diversas zonas vinícolas catalanas, como también en Toro, Valdepeñas, Méntrida, La Mancha, Utiel-Requena, Alicante, Jumilla y Yecla, entre otras DD.OO.

Suele emplearse para añadir profundidad a la uva Tempranillo, que es más refinada, en los tintos de la Rioja y Navarra. En la gran porción de tierra al sudeste de la Rioja, la denominada Rioja Baja, está muy extendida, hasta el punto de que aquí se embotella una Garnacha varietal. Produce vinos con mucho cuerpo, afrutados, de un rojo brillante. Es adecuada para la obtención de vinos jóvenes o para mezclar con otras variedades, como en Navarra, donde gran parte del vino que se comercializa es joven elaborado fundamentalmente con Garnacha (por lo demás, la variedad predominante en la denominación de origen) o con la combinación de Garnacha y Tempranillo. Los rosados se suelen elaborar en parte o en su totalidad con Garnacha, presentando los más jóvenes una frescura de fresas muy llamativa.

En Cariñena el mayor volumen de producción se obtiene de la variedad tinta Garnacha Negra, también conocida como Tinto Aragonés. En el Campo de Borja la Garnacha representa el 75% de la producción total. Se da asimismo en el Somontano.

En Calatayud la Garnacha Tinta es la variedad predominante (62% de la producción). En la DO Méntrida, la variedad Garnacha cubre el 85% del total de los viñedos. En el Baix Penedès produce vinos de mucho cuerpo y buena graduación, y se halla presente en rosados y afrutados. La bodega Torres elabora un tinto con base de Garnacha, el Gran Sangre de Toro, que es dúctil y opulento, y que en general se caracteriza por su sabor apetecible,

En España, los racimos de la Garnacha (arriba y abajo) suelen ser cónicos, anchos y bastante compactos, con granos de tamaño mediano, esféricos y de color violeta oscuro.
Al lado, la población de Laguardia, en la Rioja, denominación en la que esta variedad ha sido esencial para elaborar sus históricos tintos.

con sabor ligeramente a carne asada. También en Cataluña se da en Tarragona Terra Alta, Costers del Segre y Empordà-Costa Brava. En la cúspide de la cultura de la Garnacha española, sin embargo, se encuentran los vinos del Priorat, también en Cataluña. Los vinos de Scala Dei o el Cims de Porrera tienen una textura densa, muy estructurados, con un color intenso, y graduación alta de alcohol (las regulaciones estipulan un contenido mínimo de alcohol del 13,75%).

Francia

En la parte meridional del valle del Ródano, los suelos de los viñedos son pedregosos. Aquí, la Garnacha produce unos tintos de color carmesí que poseen un profundo sabor especiado.

Si viaja al sur de Francia, la primera vez que se encontrará con Garnacha será en las tierras meridionales del valle del Ródano, al sur de la localidad de Montélimar.

Châteuneuf-du-Pape, el nombre más conocido de estos lugares, es una denominación confusa que impide comprender el alcance de estos vinos. La mayoría del Châteauneuf no se elabora dentro del estilo que explican los libros de consulta. Recio, muy estructurado, con un alegre tanino que asegura su larga duración, esta es la teoría. De hecho, la mayor parte del vino está dentro de un estilo considerablemente más delicado que éste, con mucha fruta, ligereza de satén en su textura y una mínima extracción de tanino. Son vinos para beber con dos o tres años –mucho antes que los tintos del Ródano– y que pueden arruinarse si se les mantiene demasiado tiempo.

Domaine Père Caboche ofrece un ejemplo de manual con su estilo ligero y afrutado. Para los que prefieren un estilo más grande, pleno de riqueza carnosa, los vinos de Château Rayas, Chante-Cigale, Château de Beaucastel, Château St-André o Domaine du Grand Tinel son una buena opción.

Los vinos de Gigondas satisfarán a los partidarios de los tintos recios y estructurados. Son, casi invariablemente, muy alcohólicos y rígidos, con mucho tanino y parecen exigir un envejecimiento como el de Hermitage, aunque no se encuentra nada parecido en cuanto a su cantidad de fruta. Domaine de St-Gayan y Château de Montmirail son las grandes estrellas. Este último también elabora un espléndido Vacqueyras, una buena denominación que es una de las más recientes del sur del Ródano.

En Châteauneuf-du-Pape, los «galets», nombre con el que se conocen los grandes guijarros que cubren el suelo, conservan el calor durante la noche y permiten que la Garnacha madure por completo.

Lirac, en la ribera opuesta del Ródano hasta Châteauneuf, es una denominación injustamente pasada por alto que presenta unos tintos con casta del gusto de Domaine les Garrigues. Un poco más al sur está Tavel, que elabora solo vinos rosados, de nuevo con predominio de Garnacha. No piense en ellos como un refresco frívolo para el verano; tienen una tonalidad pálida (como la piel amarillenta de la cebolla) y una fuerte carga de alcohol. Tienen fama de envejecer bien, si lo que desean es un rosado viejo de diez años.

La preponderancia de la producción del sur del Ródano se justifica por los vinos de Côtes du Rhône, denominación general que abarca todo el valle del Ródano, de norte a sur. Incluye desde los tintos con predominio de Syrah procedentes del norte, hasta los célebres vinos embotellados por Guigal, o los estilos caseros de los pequeños cultivadores, tratantes y cooperativas. De las distintas zonas satélite, Côtes du Ventoux es una propuesta más acertada que Côtes du Rhône, con los vinos de Jaboulet y La Vieille Ferme como ejemplo de complejidad especiada en casi todas las cosechas.

En el Midi, la Garnacha domina en la mayoría de las denominaciones tradicionales. Corbières, Minervois, Fitou, Faugères, sinónimos de siempre de tinto tosco. La difusión de los avances en la tecnología vinícola han traído consigo una mejora de la calidad, que tiene como resultado que estos vinos, Corbières sobre todo, estén rivalizando con el mejor del Ródano por su carácter y potencial de envejecimiento.

La Voulte-Gasparets y Château Les Ollieux en Corbières, Ste-Eulalie en Minervois y Mont Tauch en Fitou son los nombres que convencen hasta a los más escépticos.

Australia

Al hablar de una Garnacha con estructura, algunos cultivadores australianos se están aprovechando de la disposición de la uva para dar mucho alcohol y color fuerte dentro en los climas cálidos. Así, se están elaborando algunos de los tintos varietales más dramáticos y recios que puede dar esta uva. Rockford y Charles Melton en Barossa producen algunos ejemplos espléndidos. El último le da a su mezcla con base Garnacha el nombre de «Nine Popes» (Nueve Papas), en homenaje a los Châteauneuf-du-Pape.

El caluroso clima del valle de Barossa, en Australia Meridional, es ideal para la producción de uno de los más poderosos vinos de Garnacha. Estas cepas se plantaron en el año 1936.

GEWÜRZTRAMINER

Única entre las variedades de uva blanca, Gewürztraminer es, sobre todo, una uva que gusta o no gusta. Una vez que se prueba, nunca se olvida; su carácter rico, perfumado y ostentoso la ha relacionado para siempre con Alsacia.

Las bodegas Gramona de la DO Penedès elaboran vino de hielo íntegramente con la variedad Gewürztraminer.

El color de la uva Gewürztraminer es inconfundible. Al contrario que otras variedades blancas, que suelen ser de color verde o dorado, Gewürztraminer se caracteriza por el color rosa oscuro de su piel, expresión externa de su carácter aromático.

Tanto si le gusta como si no, cuando prueba Gewürztraminer por primera vez seguro que le impresionará con su perfume categórico de otro mundo y un sabor que no va a encontrar en ninguna otra parte. Puede resultar tan extraño que una persona que se lo encuentre por sorpresa pensará que le han añadido algo.

Sus orígenes parecen estar en el norte de Italia, y en un principio se la conocía como Traminer. Su perfumado vástago, que se identificó en el siglo XIX, tomó el prefijo de la palabra alemana para «especiado». En esta época la uva había adquirido, mediante un proceso natural de maduración, una uva de color rosa oscuro, en vez de verde, y empezó a producir un jugo excepcionalmente perfumado. Muy famosa en Alemania, Gewürztraminer se ha plantado mucho en Alsacia, que formó parte de Alemania durante gran parte de su historia. Esta región francesa es ahora su principal productora. En un año en que se alcance una buena maduración, combina notas frutales como el lichi y el albaricoque, de musgo, jengibre, clavo, polvos de talco y todas las rosas, violetas y jazmines que se puedan hallar en una floristería. Suele ser bastante bajo en acidez, muy agradable cuando es joven, pero ha de tomarse con tiento, porque aunque entra bien tiene una alta graduación de alcohol.

El dilema acerca del momento de la recogida es un problema de categoría en Alsacia. En climas más cálidos, se convierte en un gran quebradero de cabeza. Si la recogen demasiado pronto, pierde esa concentración de sabores que el consumidor espera encontrar en las botellas etiquetadas como Gewürz; si se las deja mucho más tiempo, el sabor se descentra y resulta fangoso. Las dificultades que plantea el momento más apropiado para su recogida son las responsables de que hayan fracasado tantos intentos fuera de Alsacia de alcanzar la calidad de los mejores vinos que se producen en este pequeño enclave del nordeste de Francia.

Dicho esto, algunos viticultores alemanes están empezando a conseguir unos resultados muy convincentes con esta variedad, sobre todo, en las zonas más cálidas del Palatinado y Baden. Nueva Zelanda le está dando su mejor oportunidad, y se encuentran excelentes ejemplos aislados en Sudáfrica y en Chile.

Para una uva que parece estar diciéndole al productor que quiere ser dulce, no parece ser ninguna sorpresa que muchos cultivadores alemanes y alsacianos elaboren un Gewürztraminer de cosecha tardía, un Spätlese y Auslese delicadamente florido en Alemania, y un Vendange Tardive con aromas de melocotón en Alsacia.

Cuando las condiciones son propicias, la uva adquiere podredumbre noble, que origina un vino denominado Sélection de Grains Nobles en Alsacia. Son unos vinos de postre muy densos, opulentos, que saben a naranja y mermelada de jengibre, una gran experiencia de sabor.

ORIGEN
Posiblemente Francia (Alsacia). En cuanto a su casi homónina Traminer, aromatizada hasta la intoxicación, probablemente el sur del Tirol y el norte de Italia.

¿EN QUÉ OTROS LUGARES SE CULTIVA?
Aparte de la región francesa de la Alsacia, tiene bases importantes en Alemania y Austria, menor en España y Europa del Este. Plantaciones experimentales en el hemisferio Sur y también en Estados Unidos, sobre todo, en el área del Pacífico.

NOTAS DE SABOR
La lista es interminable. Los frutos son una imitación de una precisión misteriosa de los lichis maduros, junto con melocotón pasado o nectarina justo en el momento en que la carne está empezando a reblandecerse. Algunos entendidos discuten sobre la conexión con la especia que evoca la palabra alemana Gewürz, aunque casi siempre aparece una buena dosis de jengibre molido y canela, a veces clavos enteros y un poco de pimienta blanca. También hay una expresión floral –violetas y pétalos de rosa– y aquí aparece toda una gama de productos perfumados para el baño, sales de baño aromáticas, jabón perfumado, polvos de talco. La Gewürz de otras regiones fuera de Alsacia puede presentar unas características menos acentuadas que las que se han mencionado anteriormente, lo que puede significar un alivio para algunos.

Alsacia

Gewürztraminer (escrita sin el umlaut –los dos puntitos encima de la u– en Alsacia), cuenta con la quinta parte de las plantaciones de viñedos de esta región francesa. Se considera una de las cuatro variedades de oro (junto con Riesling, Pinot Gris y Muscat) que se pueden plantar en estas zonas designadas como *grand crus*. Aunque Riesling es una de las más apreciadas entre los cultivadores, Gewürz es apreciada por su carácter directo, que la ha asociado en la mente de los consumidores con esta región. Gewürztraminer, especiado y exótico, es el sabor de Alsacia.

Esta uva se porta de modo excepcional en los suelos arcillosos del Haut-Rhin de Alsacia. Su voluntad de maduración en las cosechas secas de esta región tan encerrada deja que brille su personalidad a través del vino terminado. En muchos sentidos, es la antítesis en Alsacia de la Riesling que ya hemos estudiado, aportando más alcohol y menos acidez, lo que resulta en un estilo más directo.

En los años más fríos, Gewürztraminer parece una pálida imitación de sí misma, tanto en términos de color como de sabor.

Viñedos de Clos Windsbuhl, en Hunawihr, propiedad de Zind-Humbrecht. Su Gewürztraminer es una de las muestras más exquisitas de lo que puede llegar a conseguir esta variedad en Alsacia.

La clasificación de las zonas de Alsacia como *grand crus* empezó en la década de 1980. Iniciada la controversia sobre lo que había que incluir y lo que no, lo que está claro es que la calidad de estas tierras es tan buena que se presupone que sus productores van a realizar el mayor de sus esfuerzos. Algunos de los mejores emplazamientos de la Gewürztraminer son Brand, Goldert, Hengst, Kessler, Sporen, Steinert y Zotzenberg, pero hay muchos más.

Los vinos que llevan este nombre en su etiqueta merecen, sin duda alguna, el precio extra que se paga por una botella de base Gewürztraminer. Muchos productores tienen la costumbre de etiquetar sus vinos como *Cuvée Réserve*, haciendo una supuesta referencia a una buena cosecha en particular, pero como este término no tiene vigencia legal, se abusa mucho de él, y algunos etiquetan sus productos de última fila como vinos de *Réserve*.

Las cooperativas son una parte importante del panorama vinícola alsaciano, y varían enormemente en cuanto a calidad. Una de las más importantes desde el punto de vista comercial, y que exporta enormes cantidades, es Caves de Turckheim. Su Gewürztraminer de categoría *grand cru* tiene una concentración muy intensa.

La lista de los grandes productores de Alsacia empieza invariablemente con el nombre de Zind-Humbrecht. Sus Gewürztraminer –en especial las botellas de Herrenweg y Clos Windsbuhl, y algunas de los vinos dulces de Vendange Tardive procedentes de las zonas *grand cru* como Hengst y Goldert– poseen unas esencias poderosas, exquisitas hasta un extremo que no se puede describir con palabras, que caracterizan a esta uva ostentosa. Otros buenos vinos proceden de Hugel, Kuentz-Bas, Trimbach, Ostertag y Schlumberger.

España

En España se localizan cepas en las denominaciones de origen Somontano, Penedès y Empordà-Costa Brava. Suele utilizarse combinada con otras variedades: por ejemplo, el Oliver Conti Blanc (Empordà-Costa Brava) lleva un 50% (el otro 50%, Sauvignon Blanc).

El Torres del Penedés, al nordeste de España, mezcla muy bien Gewürztraminer con Muscat para dar como fruto su Viña Esmeralda. Bodegas Pirineos, Enate y Viñas del Vero, todas ellas de Somontano, producen varietales excelentes de Gewürztraminer.

Alemania

Aunque el cultivo de esta uva en Alemania no es ni mucho menos extensivo, algunos productores alemanes han conseguido un éxito notable con ella, dentro de los estilos de textura ligera, bajos en alcohol, que caracterizan el país. Prospera mucho mejor en las regiones cálidas como Baden, en el sur, y el Palatinado, donde su mejor exponente es la finca Müller-Catoir, cuyos Gewürztraminer están repletos de una expresiva fruta madura.

Nueva Zelanda y Australia

El clima frío de Nueva Zelanda es en general mejor para la Gewürztraminer que el de Australia, donde la uva se ha empleado, sobre todo, como material de mezcla para el Riesling seco. Las regiones de Gisborne y Auckland, en la isla Norte, han producido unos intentos convincentes, en las bodegas de Villa Maria, Matua Valley y Morton Estate.

Instalaciones de la bodega Matua Valley, entre los viñedos de su propiedad, en la zona de Auckland, isla Norte. Matua Valley es uno de los productores más notables de Nueva Zelanda de Gewürztraminer con carácter.

REGIONES VINÍCOLAS DEL MUNDO

ESPAÑA

Una tradición vinícola notable y el compromiso de los productores con la calidad, sitúan a España en el grupo de los países europeos productores de vino más importantes. Frescos y afrutados son las expresiones que mejor definen ahora sus vinos.

Al mapa vinícola de España se han incorporado nuevas regiones productoras.
La extensa variedad de estilos de vino que se producen en nuestro país se debe a su gran diversidad geográfica y climática.

El cultivo de la viña en España es una actividad que se viene desarrollando desde la antigüedad, tal como sucede en otras áreas del sur de Europa. Se tienen pruebas de que la viña se ha estado cultivando en la península Ibérica desde el cuarto milenio antes de Cristo. Cuando los romanos y los cartagineses conquistaron y se establecieron en el territorio que actualmente corresponde a España, en los siglos III y II a.C., ya hacía tiempo que existía una cultura vinícola.

La actual España tiene más tierras plantadas con viñedos que cualquier otro país del mundo, aunque la media de su producción de vino anual se halla por detrás de Francia.

La industria vinícola ha evolucionado a lo largo de los últimos 20 años lentamente, pero con paso seguro, hasta alcanzar lo que se espera de un vino en el mercado actual.

La práctica, antes muy extendida, del envejecimiento en barrica tanto para los caldos

1. MONTERREI
2. RÍAS BAIXAS
3. RIBEIRO
4. RIBERA SACRA
5. VALDEORRAS
6. CHACOLÍ DE ÁLAVA
7. CHACOLÍ DE GUETARIA
8. CHACOLÍ DE VIZCAYA
9. NAVARRA
10. CALATAYUD
11. CAMPO DE BORJA
12. CARIÑENA
13. SOMONTANO
14. RIOJA
15. ALELLA
16. AMPURDÁN-COSTA BRAVA
17. CONCA DE BARBERÀ
18. COSTERS DEL SEGRE
19. MONTSANT
20. PENEDÉS
21. PLA DE BAGES
22. PRIORATO
23. TARRAGONA
24. TERRA ALTA
25. CIGALES
26. EL BIERZO
27. RIBERA DE DUERO
28. RUEDA
29. TORO
30. VINOS DE MADRID

31. ALICANTE
32. ALMANSA
33. BULLAS
34. JUMILLA
35. UTIEL REQUENA
36. VALENCIA
37. YECLA
38. BINISSALEM
39. PLA I LLEVANT
40. RIBERA DEL GUADIANA
41. LA MANCHA
42. MANCHUELA
43. MÉNTRIDA
44. MONDÉJAR
45. VALDEPEÑAS
46. CONDADO DE HUELVA
47. JEREZ
48. MÁLAGA
49. MONTILLA-MORILES
50. ABONA
51. EL HIERRO
52. GRAN CANARIA
53. LA PALMA
54. LANZAROTE
55. MONTE LENTISCAL
56. TACORONTE-ACENTEJO
57. VALLE DE GÜÍMAR
58. VALLE DE LA OROTAVA
59. YCODEN-DAUTE ISORA

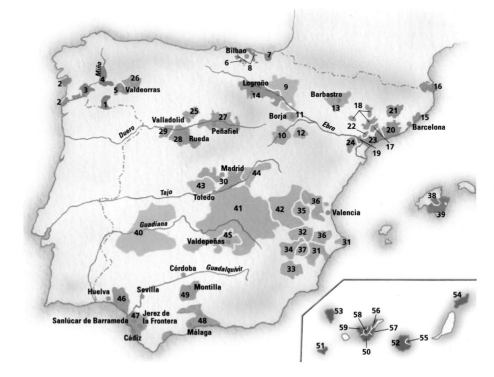

tintos como para los blancos, cuyo ejemplo más común era el exagerado aroma a roble de un vino de Rioja clásico, ha dado lugar gradualmente en muchas regiones a una nueva sensibilidad que destaca los aromas frutales y una vibrante juventud frente al gusto seco de la conservación durante años en madera.

Además, el sistema gubernamental que regula y ampara la calidad del vino, muy similar al que funciona en Italia, se sigue con más seriedad y rigor por parte de los productores españoles que en el caso italiano. A la tradicional designación DO, es decir, Denominación de Origen (similar a la *appellation contrôlée* francesa), se ha añadido una categoría superior, la DOCa, que equivale a Denominación de Origen Calificada, que se aplica a los vinos de excelente calidad. Rioja fue la primera región declarada DOCa en el año 1991. Por otro lado, por debajo de las Denominaciones de Origen, se ha creado la designación el *vino de la tierra*, similar a la categoría francesa *vin de pays*, para aquellos caldos de calidad que proceden de extensas pero específicas áreas geográficas. Otra subdivisión se identifica mediante la mención *vino de calidad de* seguida del nombre de la región, comarca, localidad o lugar determinado donde se produzca y elabore. La calidad, reputación o características se deben, en este caso, al medio geográfico, al factor humano o a ambos, en lo que se refiere a la producción de la uva, a la elaboración del vino o a su envejecimiento. Y por último, el más básico *vino de mesa*, cuando no hay indicación geográfica de su procedencia, o no se citan las variedades de uva con que se ha elaborado o una apreciación de sus características organolépticas.

Las Denominaciones de Origen (DO) son determinadas por las Comunidades Autónomas, bajo la coordinación del Instituto Nacional de Denominaciones de Origen, que depende del Ministerio de Agricultura, Pesca y Alimentación. Una vez reconocida, una DO cuenta con un Consejo Regulador en el que intervienen representantes de la Administración central, de la autonómica, de los productores vinícolas y de los comerciantes. Su tarea se ciñe a la comprobación de que la uva se ha cosechado en la zona de denominación; que las condiciones de cultivo y cuidados del viñedo, así como la producción máxima se han atenido a lo reglamentado; que tanto el rendimiento en mosto como en vino se mantienen dentro de los máximos establecidos; a la verificación de que la elaboración del vino tiene lugar en la zona de denominación y se mantienen la graduación alcohólica, las características organolépticas y las físico-químicas de la DO; la determinación de las variedades de uva que se pueden cultivar, y, por último, el registro de viñas, bodegas y marcas de vino amparadas por esa DO.

Además del rápido incremento de la calidad de los vinos tintos y blancos, España también puede alardear de producir uno de los mejores vinos generosos del mundo, el jerez, así como los menos conocidos montilla y málaga.

El empleo de algunas de las variedades de uva autóctonas más selectas, al frente de las cuales se halla la Tempranillo, muy extendida pero excelente, junto con todo lo demás conforman un escenario vitivinícola dinámico y repleto de un gran potencial.

El castillo de Peñafiel se yergue sobre los viñedos en la dinámica denominación de Ribera del Duero.

LA RIOJA
DOCa La Rioja

Durante años, casi todo el vino español que se exportaba procedía de la Rioja, una región que se extiende a lo largo del río Ebro en el nordeste de España. Entre las poblaciones de Haro y de Alfaro, ocupando casi una distancia de 100 km, la Rioja es, en la actualidad, una de las regiones vinícolas españolas con mayor

La DO Somontano es el paradigma de las pequeñas denominaciones, creativas y pujantes con vinos de calidad. En la imagen, un injerto de la variedad Merlot en la finca Las Carboneras de esa denominación aragonesa.

Las barricas de roble se apilan en el patio de las Bodegas López de Heredia, uno de los productores riojanos más conocidos.

Pámpano y racimo de la variedad Tempranillo. Los vinos riojanos, elaborados con predominio de esta uva, envejecen muy bien.

prestigio internacional. La cuenca del río Ebro ofrece unas condiciones excelentes para el cultivo de la variedad Tempranillo, la uva que más se emplea en la elaboración de los vinos de la región. El vino tinto en particular, con su textura típicamente aceitosa, sabor afrutado, y cremoso en el paladar debido a la crianza en barrica de roble, resultó un estilo muy apreciado en la década de los años 70. Todavía, en la actualidad, es el tinto español que más gusta entre los consumidores de vino.

Sólo esta Denominación, junto con la Denominación de Priorat, ostentan la supercategoría de Denominación de Origen Calificada (DOCa). Rioja recibió esta clasificación gracias a su larga trayectoria de gran nivel.

Aunque con anterioridad se tienen noticias, es en la época medieval cuando se puede constatar la implantación de los viñedos en la zona. En ese momento recibió un fuerte impulso debido a su posición estratégica en el Camino de Santiago. La necesidad de abastecer de vino a los hospitales, hospederías, cenobios y castillos que se encontraban a lo

largo de la ruta de peregrinación, supuso la plantación de las primeras cepas por parte de monjes cluniacienses. A finales del siglo XVIII, el clérigo benedictino Manuel Quintano introdujo las entonces revolucionarias técnicas vitivinícolas de elaboración y crianza que se utilizaban en la región francesa de Burdeos. Y a finales también del siglo XIX se produce la visita de Jean Pineau, célebre enólogo bordelés, que tuvo como consecuencia la primera exportación de vino reseñada. Por último, otro hito en la historia del vino riojana es la fecha 26 de octubre de 1926, cuando se aprobó la Denominación de Origen Rioja, que sería la primera en España, por orden dictada por Miguel Primo de Rivera siguiendo criterios más bien caciquiles.

Más adelante, sobre todo a partir de la década de los ochenta del siglo XX, las bodegas riojanas apostaron por la calidad, proceso que culminó en 1991 con la obtención de la máxima calificación, la de Denominación de Origen Calificada.

El resultado negativo más inmediato del ascenso de categoría fue el vertiginoso incremento de precio que experimentaron las uvas, lo que repercutió en la producción de los vinos jóvenes, que se encarecieron en proporción a la materia prima, por lo que resultaron poco competitivos en un mercado en el que la oferta aumenta velozmente. No obstante, pasado el tiempo, Rioja ha vuelto a colocarse al frente de la producción española, con alrededor de un 30% destinada a la exportación.

Se suelen llevar a cabo dos métodos de elaboración de vinos. Uno es autóctono y se practica en las bodegas pequeñas. Consiste en la fermentación espontánea de los racimos enteros, que producen caldos jóvenes, vinos primeros de marcada potencia aromática, muy apreciados en el País Vasco donde, casi en exclusiva, se consumen en el chateo, acompañando los típicos montaditos, aunque no desmerezcan en la mesa. En el paladar su sabor es astringente, fresco y con carácter. Estos vinos no evolucionan ni en la barrica ni en la botella. El otro método, procedente de Francia en el siglo XVIII y fundamentado en el estrujado de la uva, permite obtener un vino que envejece muy bien

en barrica. Con un bouquet excelente, un ligero sabor a madera y el característico color rojo rubí, alcanza su plenitud a partir del cuarto año. Cuando después es embotellado, el vino evoluciona de forma reductora hasta los 10 años, al que siguen 5 años más en que se estabiliza para comenzar, a continuación, una lenta decrepitud. Éste es el Rioja más conocido y exportado.

En la elaboración de los vinos, el Consejo Regulador especifica, cuando se trata de tintos, que la cantidad de Tempranillo, Garnacha, Graciano o Mazuela no sea inferior al 95%, cuando se obtiene a partir de uva desgranada, y del 85% cuando se elabora con uva entera. En el caso de los blancos, sólo permite el empleo de uvas Viura, Garnacha Blanca y Malvasía de Rioja, y en los rosados, prescribe un mínimo del 50% de las variedades Tempranillo, Garnacha Tinta, Mazuelo o Graciano.

La región se subdivide en tres áreas: Rioja Alavesa, Rioja Alta y Rioja Baja. Esta división obedece más bien a criterios administrativos que de microclima, vidueños o composición del suelo.

Rioja Alta

Al oeste de Logroño, esta área, generalmente, produce los vinos de mayor calidad. En la Rioja Alta, por tanto, la sub-

Contraetiquetas que emite el Consejo regulador de la DOCa Rioja. Vinos jóvenes (arriba) de uno o dos años; vinos de crianza, que tienen como mínimo tres años, y han pasado un año como mínimo en barrica; vinos de reserva, que han sido seleccionados de las mejores añadas y han envejecido durante tres años, y vinos de gran reserva, procedentes de añadas excepcionales, que han permanecido como mínimo dos años en barrica y tres en botella.

El actual viñedo riojano es el fruto tanto de la tradición que hunde sus raíces en la historia, como del esfuerzo de sus productores y la introducción de mejoras agrícolas y tecnológicas.

zona de más renombre, se encuentra Haro, el gran centro vinícola.

Dentro de una amplia variedad de composiciones, los suelos tienen en común la presencia de sales de hierro, difíciles de regar. Predominan los que combinan arcillas y calizas y, próximos a los ríos, los aluviales, estructurados en terrazas que se elevan en sus márgenes.

El éxito de sus caldos se debe a la acertada mezcla de las uvas tradicionales Tempranillo, Garnacha, Mazuela y Graciano.

El vino que se elabora, casi todo tinto, es de poco grado en comparación con otras zonas, debido a que se trata de una área ribereña y está sometida a una abundante pluviometría.

Además, los caldos, con una amplia gama cromática, desde el granate a un luminoso rubí, mantienen un gran equilibrio entre su acidez, la frutosidad, la madera y el tanino, propiedades que se fusionan a la perfección. Una característica de los vinos de crianza es el persistente sabor a vainilla, procedente de la vainillina que contiene el roble de los toneles. Por su parte, los blancos, desde el amarillo pajizo de los jóvenes hasta el dorado de los vinos de crianza, ofrecen aromas frutales, y en los sometidos a crianza, por la razón apuntada, adquieren también aromas de vainilla y sabor tostado.

En San Asensio, en cuyos suelos calizos predominan Garnacha y Viura, se obtienen unos vinos rosados poco alcohólicos, comúnmente denominados claretes.

En la Rioja Alta destacan la bodegas Amezola de la Mora, Berceo, Beronia, Carlos Serres, Federico Paternina, Bodegas Riojanas, Compañía Vinícola del Norte de España (CVNE) y Unión Vitivinícola.

Rioja Alavesa

Al sur de la provincia vasca de Álava, ocupa una estrecha y larga franja entre la sierra Cantábrica y la depresión del Ebro. Los suelos poco fértiles de la Rioja Alavesa son arcillosos y calcáreos, por lo que son muy apropiados para obtener uvas de calidad. Además, el territorio se halla orientado a mediodía, recibiendo una gran insolación. El clima está influido tanto por el océano Atlántico como por el mar Mediterráneo, con suaves temperaturas; la media anual de las precipitaciones no supera los 600 mm.

Sus vinos, elaborados con predominio de la variedad Tempranillo, envejecen muy bien y se conservan durante largo tiempo. Los tintos presentan una tonalidad púrpura, sobre todo los cosecheros, mientras que los de crianza intensifican su color, desde el cereza al rubí claro. Los caldos de maceración carbónica,

muy frutales y vivos, han de consumirse jóvenes. Los de crianza también ofrecen aromas que evocan la fruta, sabor avainillado, una estructura fina y equilibrada, buena acidez y corpulencia media.

En la Rioja Alavesa, entre otras bodegas, se encuentran: Berberana, Campillo, Faustino Martínez, Granja Nuestra Señora de Remelluri y Vinos de los Herederos del Marqués de Riscal.

Rioja Baja

Al sudeste de la ciudad de Logroño, la Rioja Baja se halla en el sector oriental de La Rioja y el sudoriental de Navarra, prolongándose hasta la Ribera navarra. Los suelos son arcillosos, ferrosos y de aluvión en los márgenes del río. La variedad predominante que se cultiva es Tempranillo que, junto con Garnacha, que prolifera en terrenos semiáridos, es la base

En el municipio de Laguardia, en la Rioja Alavesa, los viñedos y la sierra de Cantabria enmarcan la sinuosa silueta de la Bodega Ysios, un diseño del prestigioso arquitecto Santiago Calatrava.

Aunque la región vinícola de la Rioja constituye una unidad natural en la depresión del Ebro, las notables diferencias de sus viñedos en las características del terreno y en las climáticas se reflejan en las cosechas y en las cualidades de los vinos.

de sus vinos, más alcohólicos y con tendencia al añejamiento que en las anteriores subzonas.

Los vinos rosados son muy frutales y frescos, además de equilibrados, tal como suele suceder con los tintos obtenidos por maceración carbónica. Los caldos de crianza presentan un color de cereza madura que, al envejecer, se transforma en granate o rubí claro, momento en el que adquieren aromas a frutas en compota.

Entre otras bodegas de esta zona, destacan Campo Burgo, Hermanos Torres-Librada y Escudero.

nacha, Tempranillo, Mazuelo, Graciano, Cabernet Sauvignon y Merlot, y cuatro blancas: Viura, Moscatel de Grano Menudo, Malvasía y Chardonnay.

Navarra produce vino rosado en mucha mayor proporción que la Rioja. La fama que ha alcanzado este estilo merece una mención aparte. Se trata de un vino siempre joven, que se obtiene a partir de la variedad Garnacha, a veces la Cabernet Sauvignon, aplicando el sistema de sangrado. Se parte de un mosto conseguido por gravedad y macerado a continuación durante unas pocas horas con los hollejos.

NAVARRA
DO Navarra

En el nordeste de la Rioja, y en parte asociada a ella, pues en Navarra crecen las mismas variedades de uva que en la vecina denominación, sus vinos resultan completamente diferentes. Aunque la variedad tinta Garnacha predomina en los cultivos, la estructura de la región determina una variedad de áreas vitivinícolas que merecen ser reseñadas por separado. El Consejo Regulador reconoce seis variedades tintas: Gar-

En los viñedos de Navarra se cultivan variedades españolas de gran calidad, así como algunas de las más famosas variedades internacionales, como Cabernet Sauvignon, Merlot y Chardonnay.

Las zonas amparadas por la Denominación de Origen Navarra son la Ribera Alta, la Ribera Baja, Tierra Estella, Valdizarbe y Baja Montaña.

La Ribera Alta se encuentra al sur de Navarra, colindando con la Rioja, por encima de Calahorra, y abarca las comarcas de Lerín, Olite y Marcilla. Cerca de los ríos y en sus márgenes, los suelos suelen ser arcillosos, y en el resto del territorio, calizos.

Los vinos que se elaboran en Olite son los más equilibrados y resultan muy aromáticos. Predominan los caldos tintos, de color rojo rubí o rojo granate, y los caldos rosados, con tonos de color rojo cereza. La graduación oscila entre los 11,5 y los 15º.

La Ribera Baja ocupa un terreno semiárido, que se extiende en su mayor parte a lo largo del río Ebro, lo que le proporciona un clima de tipo mediterráneo. En esta zona, la más importante en extensión de viñedos, los suelos son pardos con calizas al norte, y aluviales en las cuencas fluviales. Se cultiva con preferencia la variedad Garnacha, uno de los vidueños más intensos y con un tanino muy maduro, por lo que los caldos son

de mayor graduación, de 12 a 16º. Dominan los vinos tintos, con mucho volumen y vigor, bajos en ácidos y en tanino, de un color granate. También se obtienen moscateles de calidad.

Algunos mostos, como el de Chardonnay, fermentan en barricas de roble.

Contraetiquetas que emite el Consejo Regulador de la DO Navarra. Los vinos de crianza envejecen durante dos años, uno de ellos en barrica de roble, para los vinos tintos, y seis meses, para los rosados y blancos. Los reserva tintos envejecen durante tres años en barrica de roble y botella, mientras que los rosados y blancos lo hacen dos años en barrica de roble y botella. Los gran reserva tintos envejecen dos años en barrica de roble, seguido de tres años en botella, y los rosados y blancos, cuatro años en barrica de roble y botella.

Los vinos rosados navarros se caracterizan por un tono picota teja, brillante, buena intensidad en nariz, gracias a sus aromas a frutas, notas herbáceas y especias, y en boca son ligeros, suaves, con acidez bien equilibrada y buena persistencia.

Tierra Estella, que linda también con la denominación de Rioja, en la parte occidental de Navarra, tiene un clima subhúmedo con precipitaciones que alcanzan los 600 mm anuales. Sus suelos son de tipo pardo-calizos y la variedad que predomina en sus cultivos es la Garnacha, aunque en compañía de muchas otras.

Los rosados son de gran calidad, limpios y brillantes, con un color que recuerda al de la grosella y sabor frutal. Los tintos ofrecen un color rojo rubí que llega en ocasiones al granate, y resultan pastosos y secos. La graduación oscila entre los 11 y los 14°.

Los viñedos de Valdizarbe se levantan en el centro de Navarra. Se trata de una zona de transición entre el norte húmedo de la región y el sur semiárido, por lo que goza de un clima seco subhúmedo, con una pluviometría media anual de 600 mm. La composición pardo-caliza de sus suelos es idónea para el cultivo de variedades como Chardonnay.

La Baja Montaña, en el nordeste de Navarra, es el sector con mayor pluviosidad de todas las subzonas de la denominación. Presenta unos suelos de grava y caliza, lo que no impide que se elaboren vinos con una elevada graduación, entre 12 y 15°. Los rosados que produce son los mejores de la región, apreciados sobre todo por su aroma a fruta, aunque su color sea poco definido. Los tintos, también afrutados, muestran un color rojo violeta, y consiguen su punto de maduración, en general, al cabo de un año.

Bodegueros navarros destacados son: Castillo de Monjardín, Bodegas Irache, Bodegas Guelbenzu, Vinícola

Navarra. Bodegas Julián Chivite, Bodegas Ochoa, Bodegas Príncipe de Viana y Señorío de Sarria.

CATALUÑA

Con una gran superficie de viñedos y producciones de altísima calidad, los vinos blancos y los cavas catalanes sobresalen tanto en los mercados nacionales como en los internacionales.

Cataluña es la comunidad autónoma con mayor número de Denominaciones de Origen. La introducción de nuevas cepas y la mejora del rendimiento de las tradicionales de la región ha sido uno de los factores que ha contribuido al éxito de la industria vinícola. Otro es la particular conjunción de un clima benigno gracias a la barrera que suponen las montañas de los Pirineos frente al frío que proviene del norte y la confluencia barométrica de borrascas atlánticas que llegan menguadas y las depresiones del golfo de León, lo que proporciona una pluviosidad suficiente. Además, hay que añadir la desigualdad del terreno, que favorece la existencia de microclimas, componiendo un panorama vitivinícola de una diversidad

Cataluña es una de las primeras regiones productoras de vinos del mundo. Sus viñas se extienden por miles de hectáreas y las once denominaciones de origen registradas controlan la calidad de los caldos.

como no se da en ninguna otra región dentro de España.

En la comarca costera del Maresme, que alberga la denominación Alella, se han encontrado referencias sobre la exportación de sus vinos a Roma, donde se empleaban en la confección de salsas y para condimentar guisos. Pero es en el siglo XVIII que el vino catalán, sobre todo el de la comarca del Penedès, cobra un importante auge, con exportaciones a América y a varios países de Europa. Sin embargo, en el siglo XIX, sucesivas plagas diezmaron las plantaciones, siendo la más dañina la de filoxera. La rápida intervención en la implantación de cepas americanas, inmunes al ataque del insecto, procuró, además de salvar la viticultura de la zona, la regeneración de las variedades de uva.

Fue en ese momento que Josep Raventós consiguió adaptar, en tierras de Sant Sadurní d'Anoia, las variedades blancas Xarel·lo, Perellada y Macabeo, que han pasado a integrar la base trinitaria de los cava.

Ya en el siglo XX, la evolución de la viña y de los métodos de elaboración siguieron lentos hasta mediados de la década de los setenta, cuando los cambios políticos que se dieron en el Estado español supusieron una reactivación de las actividades económicas y mercantiles. La modernización tecnológica en el sector del cultivo de la vid y la producción del vino fue rápida y profunda, así como la introducción de estrategias comerciales y la apertura de nuevos mercados.

117

Los viñedos de la DO Alella son de los más antiguos de Cataluña. La proximidad al mar, suelos ricos en minerales y un microclima muy favorable son las claves de los vinos excelentes de esta denominación.

La tradición enológica de Alella fundamentó su prestigio en los vinos blancos y dulces, pero ligeros, afrutados, muy delicados y elegantes, frente a otros del litoral mediterráneo demasiado alcohólicos y pesados.

DO Alella

Alella es una diminuta Denominación de Origen situada al norte de la ciudad de Barcelona que produce luminosos blancos con aromas vegetales. La más pequeña Denominación de Origen de España se encuentra, por su cercanía a la gran área metropolitana, en constante amenaza a causa de los intereses inmobiliarios. Aunque la orografía de los viñedos plantados es distinta según sea el lado noroeste del macizo montañoso, de formación arcillosa y calcárea, la vertiente orientada al mar, con suelos graníticos, y los valles con terrenos de sedimentación de arenisca, el clima es, en general, templado y con oscilaciones térmicas suaves entre el día y la noche. Las variedades de uva autorizadas por el Consejo Regulador de la DO son las blancas Pansa Blanca (versión litoral de Xarel·lo, de la que es muy parecida, aunque no idéntica), Garnacha Blanca, Chardonnay, Chenin Blanc, Picapoll, Malvasía y Pansa Rosada, y las tintas

Ull de Llebre y Garnacha, así como las internacionales Merlot y Cabernet Sauvignon, introducidas posteriormente y muy bien adaptadas.

El vino blanco es el de mayor tradición, con una graduación alcohólica entre 11,5 y 13°, de color pálido, aromático y afrutado.

DO Conca de Barberà

Considerada como la extensión occidental del Penedès, Conca de Barberà produce, a partir de variedades autóctona, algunos vinos blancos apreciados por su frescor. Además, de los viñedos de esta denominación, situada en el norte de la provincia de Tarragona, se obtienen sobre todo, espumosos destinados a la elaboración de cava. Ocupa terrenos ondulados en las cercanías de la Sierra de Prades, donde existen suelos pardo-calizos y poco arcillosos que resultan ideales para el cultivo de la vid. Los vidueños autorizados son Parellada y Macabeo para los blancos, caldos de gran delicadeza, finos y ácidos; mientras que los tintos proceden de Garnacha, Trepat y Ull de Llebre. Los rosados, algo más aromáticos que los primeros, son muy apreciados. La región se ha visto muy beneficiada con las grandes inversiones que ha llevado a cabo la compañia Miguel Torres.

DO Costers del Segre

Las noticias sobre esta denominación han traspasado las fronteras a pesar de haber surgido en una tierra desértica poco propicia. El esfuerzo se debe a la bodega Raimat que produce una serie de excelentes varietales, desde el aterciopelado Tempranillo hasta el más carnoso y denso Merlot. Creada en 1988 como Denominación de Origen, se divide en cuatro subzonas: Artesa, Vall de Riu Corb, con centro en Tárrega, Les Garrigues, cuyo centro es Borges Blanques y la mencionada Raimat, cuya finca se halla cercana a la provin-

cia de Huesca. En 1992 se añadió el Castell del Remei.

De clima continental y con un bajo régimen de lluvias, la superficie es apenas accidentada en el sector sur, siendo la composición del suelo parda, pobre en arcilla, pero con un elevado porcentaje de cal, y un buen drenaje. Las variedades que se cultivan son las blancas Macabeo, Xarel·lo, Parellada, Chardonnay y Garnacha Blanca, y las tintas Merlot, Monastrell, Cabernet Sauvignon, Ull de Llebre, Garnacha, Cariñena y Trepat.

Se elaboran diferentes estilos de vino: blancos, rosados, tintos, espumosos y de aguja.

Castillo de Milmanda, del siglo XI, propiedad de la familia Torres, en la DO Conca de Barberà.

Castillo de Raimat, del siglo XVII, propiedad de la familia Raventós, en la DO Costers del Segre.

DO Empordà-Costa Brava

Esta pequeña Denominación de Origen se halla situada en el lado opuesto de la frontera a la francesa Côtes du Roussillon, en el noreste de la península Ibérica. Así, lindando con los Pirineos, ocupa una franja que se extiende desde el mar hacia el interior con variaciones sensibles en la composición de sus suelos: los del interior poseen buen drenaje y son ligeramente limosos, mientras que en la costa predominan los de tipo granítico. Las precipitaciones de agua, casi 600 mm anuales, permiten la elaboración de vinos ligeros y con una acidez apta para la crianza.

Las cepas que ocupan mayor extensión son las de Garnacha y Cariñena, seguidas por las de Macabeo, Tempranillo, Cabernet Sauvignon y Merlot. Los vinos tintos caracterizados por un intenso color rubí, son aromáticos y de acidez equilibrada, por lo que, como ya se ha mencionado, envejecen bien. Los rosados, con un color que recuerda a la guinda y un sabor algo afrutado y fresco, son los más representativos. La Garnatxa d'Empordà es un vino dulce natural único en su estilo. También destaca el estilo *vi novell* o vino del año, similar al Beaujolais Nouveau, ligero y perfumado, que debe ser consumido rápidamente. Vinos blancos, vinos rancios y moscateles se encuentran entre su producción.

DO Montsant

Es la última de las denominaciones que se ha incorporado, en agosto de 2001, al panorama vinícola de Cataluña. Aunque abarca la zona

El castillo de Perelada alberga una de las bodegas más importantes de la DO Empordà-Costa Brava. Blanc Pescador y Cresta Rosa son dos de sus vinos más conocidos, aunque el Gran Claustre, un tinto de reserva, es su vino más interesante.

120

La bodega familiar Juvé i Camps comenzó a producir cavas y vinos en 1921.

de Falset, la denominación adoptó el nombre de la sierra, a petición de los demás municipios que la integran. Sus suelos presentan particularidades similares al famoso suelo de pizarra (*licorella*) que caracteriza la Denominación de Origen Priorat. En los terrenos algo escarpados de esta comarca y con un clima ligeramente continental se cultivan cepas de la que se obtienen caldos blancos, menos elegantes que los del Penedès, pero más secos y con más cuerpo.

Los vinos tintos también poseen mucho cuerpo, son de un color intenso, redondos, equilibrados y muy aptos para la crianza. Las dos variedades que más se cultivan de uva negra son Cariñena y Garnacha.

DO Penedès

Entre las provincias de Barcelona y Tarragona se extiende la zona productora más im-

portante de Cataluña, sobre todo de espumosos, de aguja y cavas, es decir, elaborados con doble fermentación. Desde el punto de vista orográfico se distinguen las zonas del Baix Penedès, que comprende una franja costera, y tiene como centros neurálgicos Vilanova i la Geltrú y Sitges, y el Alt Penedès, que ocupa un sector llano que se enmarca en la depresión prelitoral catalana y otro accidentado entre sierras y valles donde se localiza el importante centro vinícola, Sant Sadurní d'Anoia, y Foix con Vilafranca del Penedès, la capital comarcal y el otro gran enclave bodeguero de la comarca. La composición de los suelos es arcillosa con base caliza y tienen buena retención y permeabilidad. Predomina el clima mediterráneo, si bien, en las partes más altas, como en la sierra de Pontons, se da un clima casi continental favorable para el cultivo de la uva Parellada. En la parte central, en Sant Sadurní

Además de los tradicionales cavas, las bodegas del Penedès elaboran excelentes vinos blancos y tintos criados en roble, los primeros untuosos y aromáticos, y carnosos y delicados los segundos.

Sala de maduración en barrica en la bodega René Barbier, creada a finales del siglo XIX. Elaboran vinos blancos, rosados y negros. Kraliner es una de sus marcas más conocidas.

d'Anoia y Vilafranca del Penedès predominan las variedades Macabeo, Xarel·lo y Parellada. La primera, muy productiva y con un elevado porcentaje de azúcar, da lugar a vinos afrutados y de moderada acidez. La variedad Xarel·lo origina vinos con cuerpo, riqueza alcohólica y un cierto amargor. La Parellada da caldos blancos frescos, muy aromáticos, de moderada graduación y una delicada acidez afrutada. Se cultivan también las blancas Subirat Parent, Riesling, Gewürztraminer (estas dos últimas con un característico aroma pa-

recido) y Chenin Blanc, y las tintas Garnacha, Ull de Llebre, Samsó, Monastrell y Cabernet Sauvignon.

Los llamados vinos espumosos parten de un vino tranquilo, que produce gas carbónico durante su segunda fermentación. Entre ellos se encuentra el cava, para cuya segunda fermentación se sigue el método champenoise, y los vinos de aguja, cuya fermentación se hace en botella o en grandes envases. Además de los espumosos, hay caldos blancos, por lo general ligeros, pálidos, francos de paladar y delicados, con una graduación que oscila entre los 10,5 y los 11,5°. Los tintos, de 11,5 a 12,5°, son asimismo ligeros y aterciopelados, con un color rojo cereza y agradables sensaciones retronasales. Los rosados, por su parte, son de color fresa y limpios, con aromas que evocan la fruta y frescos en boca. La mayoría de los vinos que se elaboran son jóvenes.

DO Pla de Bages

Si bien la comarca del Bages tiene una larga tradición vinícola, que se remonta a la Edad Media y al monasterio de San Benet, su histórico centro agrícola, su producción no ha sido reconocida entre los vinos de calidad hasta tiempos muy recientes.

Concedida en 1995, esta Denominación de Origen cultiva para la elaboración de sus vi-

Masies d'Avinyó en la DO Pla del Bages. Esta denominación se encuentra en una zona montañosa, en la que se alternan pequeños valles y llanos que presentan diversos microclimas.

122

sis romana, y por las virtudes de estos tintos secos adquirió la Denominación de Origen Calificada.

Esta denominación está situada al noroeste de la provincia de Tarragona, en un terreno muy accidentado. Los suelos, en general, están compuestos por esquistos pizarrosos de color oscuro (*licorella*), lo que dificulta su erosión, y con sectores de cuarcitas que, al resquebrajarse, forman un estrato que evita la evaporación de la escasa agua de lluvia.

Las variedades Garnacha, Garnacha Peluda y Cariñena, sabiamente mezcladas, con alrededor de un 40% de las primeras y un 60% de la última, ha originado uno de los tintos más celebrados de cuantos se producen en España. Los caldos presentan un color profundo, muy oscuro, densidad elevada y sus aromas recuerdan a frutos secos y ciruelas. Los vidueños blancos son Garnacha Blanca, Macabeo y Pedro Ximénez. Con esta última se elaboran generosos dulces, semidulces y vinos rancios, de aroma singular, cuyo envejecimiento supera los 4 años.

Pupitres de fermentación de cavas en una bodega de la DO Pla del Bages. Tradicionalmente, los cavas absorbían la mayor parte de la producción; hoy, se elaboran también vinos tranquilos de calidad, blancos y tintos.

Las viñas de Garnacha y Cariñena han dado lugar a los recios y potentes tintos que han centrado la atención de los aficionados de todo el mundo en el Priorat, una pequeña DOCa catalana.

nos las variedades Tempranillo o Ull de Llebre, Cabernet Sauvignon, Merlot y Garnacha, en lo que se refiere a los tintos, y para los blancos Chardonnay, Parellada, Macabeo y, autóctona de la zona, Picapoll.

DOCa Priorat

Prácticamente una leyenda por derecho propio, Priorat elabora uno de los estilos de vino tinto más intransigentes de cualquier lugar de Europa. La producción de las viñas más viejas de la región es muy baja y la normativa especifica un mínimo alcohólico de 13,75° para que el vino sea considerado un verdadero Priorat. El resultado no es difícil de imaginar: un vino tremendamente concentrado, con un ligero punto de picante, y que envejece en botella durante muchos años. Estos caldos ya aparecen elogiados en textos de Plinio el Viejo, en tiempos de la Tarraconen-

DO Tarragona

Aunque Tarragona había disfrutado de una buena reputación por sus vinos dulces y generosos, ahora su limitada producción de vino de los tres colores, aunque sobresalen los blancos, no destaca especialmente. En general, los vinos se dedican al *coupage*, los tintos para vigorizar algunos vinos franceses y los blancos para el vino base de los cavas y otros espumosos catalanes. La comarca de Camp de Tarragona es una llanura ondulada que se prolonga hasta el litoral. El clima es de tipo mediterráneo, con escasa pluviometría, y los suelos de aluvión, con algunos horizontes rojizos.

Las variedades viníferas permitidas por su Consejo Regulador son, en cuanto a la uva blanca, Macabeo, Xarel·lo, Perellada y Garnacha Blanca, y Garnacha, Mazuela y Ull de Llebre, la uva tinta.

«Catedral del Vino» de Pinell de Brai en la DO Terra Alta. Con este nombre se conocen las más de cuarenta bodegas de estilo modernista que el arquitecto César Martinell construyó a principios del siglo XX.

DO Terra Alta

Como su nombre indica, Terra Alta es una región vinícola localizada a gran altura en la parte suroccidental de la provincia de Tarragona, cuyo enclave bodeguero es Gandesa. Consta de un terreno agreste con suelos calizos y arcillosos, un clima mediterráneo con influencia montañosa, que se hace patente sobre todo en invierno, cuando bajan sensiblemente las temperaturas, y una pluviometría media anual de 400 mm.

El vino blanco de color pajizo que se obtiene a partir de Garnacha Blanca, aunque resulte agradable al paladar, no es suficientemente apreciado, como sí lo son, merecidamente, los vinos generosos y añejos, aunque la tendencia es a mejorar la calidad de los primeros, de los que ya se están obteniendo algunos caldos secos y luminosos realmente excelentes. Variedades tintas que se cultivan son: Cariñena, Garnacha Tinta y Garnacha Peluda, que dan unos vinos robustos, con cuerpo, afrutados e intensos; destacan los criados en roble.

Los rosados presentan un color cereza y resultan aromáticos, frescos y afrutados.

Denominación Específica (DE) Cava

Tras la constitución en 1972 del Consejo Regulador de los Vinos Espumosos, equivalente al de las Denominaciones de Origen, el Registro correspondiente incluía, aparte de las ca-

Las variedades de uva que intervienen en la elaboración del cava son Xarel·lo, Parellada y Macabeo como principales, a las que luego se ha incorporado Chardonnay y Subirat o Malvasía Riojana. La uva tinta Monastrell se emplea en la elaboración del cava rosado, en la actualidad un estilo en retroceso. Otras variedades que empiezan a ser apreciadas son Chenin Blanc, Sauvignon Blanc y Muscat.

Entre otras muchas bodegas, destacan: Codorniu, Freixenet, Jean León, Juvé y Camps, Masía Bach, Parxet, Cavas Hill, Segura Viudas, Miguel Torres, Vallformosa, Pedro Rovira, Balada, Marqués de Monistrol, Raimat, Cadelamsa, De Muller, Álvaro Palacios, Scala Dei, Albert i Noya, Cellers Mas Comtal, Castell del Remei y Masía Serra.

En el proceso de elaboración del cava, el vino debe reposar (arriba, izquierda) un tiempo determinado –nueve meses, como mínimo, según la legislación vigente–, durante el cual, las levaduras y el azúcar producen una segunda fermentación.

talanas, otras zonas elaboradoras de espumosos y cavas en la Rioja, Zaragoza, Álava, Badajoz, Valencia, Navarra y Burgos. El ingreso de España en la Unión Europea determinó la adaptación a las normativas vigentes y se fijaron los límites de la elaboración de vinos espumosos de calidad producidos en región determinada (V.E.C.P.R.D). En 1991 se promulgó el nuevo Reglamento propio de la Denominación, y en 1993 se constituyó el primer Consejo Regulador del Cava de conformidad con el nuevo Reglamento y las disposiciones de la Unión Europea. Geográficamente las zonas vinícolas quedan dispersas y son distintas en cuanto a condiciones tanto climáticas como de suelo, pues comprende territorios de diferentes Comunidades Autónomas.

Estas diferencias determinan la variedad de los cavas, algunos de los cuales gozan de gran éxito tanto en el mercado nacional como internacional, gracias a sus rigurosos controles, así como el esfuerzo desarrollado por algunos bodegueros.

Xarel·lo, Macabeo y Parellada son las variedades de uva que dominan en los viñedos destinados a la elaboración de cava.

La DO Ribera del Duero alberga algunas bodegas cuyos vinos han alcanzado prestigio internacional. Se trata de explotaciones vinícolas que ya producían caldos de gran calidad antes de que se designara la denominación.

REGIÓN DEL DUERO

Fundamentados en una sólida tradición, los vinos de la Ribera del Duero constituyen unos de los principales puntales de la producción vinícola española. La extraordinaria evolución enológica experimentada en los últimos decenios ha contribuido a recuperar un puesto de importancia dentro de los vinos españoles, después de un largo período de estancamiento merced a diversas causas, tanto productivas como mercantiles.

A partir del siglo XVIII se testimonia ya la existencia de bodegas subterráneas, ya sea excavadas en las colinas, con sus peculiares respiraderos en forma de chimenea que caracterizan el paisaje de la Castilla septentrional, como en sótanos construidos en las viviendas. A semejanza de lo que sucedió en la Rioja, a mediados del si-

glo XIX se importaron a la zona plantones de vid y técnicas de elaboración procedentes de la región de Burdeos. Los rigores del clima continental de las campiñas y los páramos castellanos, demasiado extremos para el cultivo de la vid, recomendó la introducción de cepas con un proceso de maduración temprano, como es el caso de las variedades Cabernet Sauvignon, Malbec y Merlot. Tampoco esta región escapó a los devastadores efectos de la filoxera, que afectó en principio a la variedad Tinta Fina, o Tempranillo. Su reincorporación posterior ha permitido la recuperación del tinto que dio fama a los vinos de la zona.

DO Ribera del Duero

Para muchos esta región, que se caracteriza por un dinamismo progresivo, se halla en la actualidad a la cabeza del conjunto de las DO españolas. Sus caldos son cada vez mucho más seguros que los de la Rioja, y sus productores parecen haber captado mejor los gustos internacionales sobre el vino tinto.

De larga tradición en el cultivo y elaboración de vinos, fue en 1982 que obtuvo la calificación de Denominación de Origen. Ocupa un territorio de suaves ondulaciones y una altura media de 750 m protegida por el río Duero, lo que, junto con las frecuentes nieblas, atempera su extremado clima, caracterizado por las bajas temperaturas invernales.

Las precipitaciones se acercan a los 500 mm anuales y el suelo, poco fértil y suelto, está formado por arenas, margas y caliza. Las variedades autorizadas por el Consejo regulador

Viñas de la Bodega Vega Sicilia, un nombre famoso y legendario del panorama vinícola español. En sus viñedos se cultivan las variedades tintas Tinta del País, Cabernet Sauvignon, Malbec y Merlot, y la blanca Albillo.

son la Tinta del País, variante de la Tempranillo riojana, ideal para la crianza, que llega a copar la casi totalidad de los viñedos cultivados, y que otorga color, cuerpo y aroma a los tintos; otras uvas tintas permitidas son Garnacha, Cabernet Sauvignon, Merlot y Malbec, empleadas en pequeñas cantidades y como elemento distintivo de las bodegas. Los rosados, cuyo contenido alcohólico mínimo exigido es de 10,5°, se caracterizan por un color rosa, semejante a la piel de la cebolla, con ribetes anaranjados, afrutados y un toque vinoso al paladar. Los tintos jóvenes ostentan un color frambuesa y su sabor evoca las frutas silvestres.

Los tintos de crianza, reserva y gran reserva evolucionan del rojo guinda a tonos rubí, teja y ladrillo, con un gusto amplio y aterciopelado, untuoso y lleno de matices, próximos a los vinos de Burdeos. La uva blanca por excelencia es la Albillo. El jugo de esta variedad local se suele usar para suavizar la intensidad del vino tinto.

DO Rueda

Hoy en día, esta región se está labrando una reputación gracias a la producción de algunos de los vinos blancos más frescos, luminosos y agradables de España. La máxima concentra-

La crianza en barricas confiere al vino un peculiar aroma a vainilla. Según los expertos, la mejor madera para la crianza y maduración del vino procede del roble blanco americano y del roble común, también denominado francés.

ción de viñas se encuentra en el área de Medina del Campo, en la parte más meridional de la provincia de Valladolid, a 750 m de al-

127

titud media, en plena meseta castellana. Los suelos son pedregosos, sueltos y calizos, con buena aireación y drenaje, y de tipo aluvial en las cuencas de los ríos. El clima es continental, con influencia atlántica, lluvias escasas (no superan los 500 mm anuales) y una temperatura media de 11º, condiciones, todas ellas, que favorecen una maduración de las uvas excelente. Las variedades permitidas por su Consejo Regulador son todas blancas: Verdejo, considerada la principal, Viura, Palomino Fino (estas tres son las que más abundan) y Sauvignon Blanc, variedad que aporta a los caldos una intensidad aromática. El vino amparado por la Denominación de Origen es el blanco, con una graduación mínima de 11,5º, del que se reconocen cinco tipos: Rueda, elaborado con un mínimo de un 40% de Verdejo o Sauvignon Blanc, fresco y suave; Rueda Superior, con un mínimo del 75% de Verdejo y crianza de un año, de color amarillo pajizo, aromas frutales y matices de hinojo cuando ha superado los tres meses en bote-

Iglesia de Santa María la Mayor de Toro.
Esta población es el centro neurálgico de una región vinícola que se caracteriza por sus tintos robustos y sabrosos.

lla; Rueda Pálido y Rueda Dorado, vinos generosos y secos, obtenidos con Viura y Palomino, y Rueda Espumoso, con un mínimo del 75% de Verdejo y elaborado según el método tradicional de segunda fermentación en botella, de rasgos frutosos con notas almendradas. Entre los productores acogidos a esta denominación sobresale las bodegas del Marqués de Riscal.

DO Toro

Los caldos de Toro se elaboran en una de las zonas vinícolas más inhóspitas de España, pues goza de un clima continental, extremado y árido. Esta denominación, que alcanzó fama a finales del siglo XIX, se halla situada en el sudeste de la provincia de Zamora, con un pequeño sector en la provincia de Valladolid. Comprende la comarca de Tierra del Vino y las riberas del Duero, del Talanda y del Guareña. Sus suelos son los más bajos de la meseta, llanos y de color pardo, pedregosos, con arenisca y con tierra roja no caliza, por lo que están bien aireados. La influencia atlántica apenas se nota por lo que la pluviometría es muy baja, entre 300 y 400 mm, y la insolación ronda las 3.000 horas anuales, tiempo suficiente para que la uva adquiera una adecuada proporción de azúcar que se traducirá en la correspondiente graduación de alcohol.

Las cepas tintas predominantes en sus viñedos son la Tinta de Toro (una versión local de la variedad principal española, Tempranillo) y la Garnacha, y las blancas, Malvasía y Verdejo. Los caldos tintos son los que han dado fama a la zona. Son de color rojo oscuro, con un paladar denso y aroma afrutado que, al envejecer, se tornan suaves y sedosos. Los blancos son vinos jóvenes de intenso aroma y con una graduación entre 11 y 13º, mientras que los rosados, suaves y frescos, presentan un vivo color rojo e intensidad aromática. Entre los productores destaca Bodegas Fariña, cuyos vinos siempre tienen una gran aceptación.

DO Bierzo

Es una región vinícola que está empezando a explotar sus potenciales, sobre todo los caldos tintos que se elaboran con la uva local Mencía.

Esta comarca del noroeste de la provincia de León, se encuentra en una depresión entre las sierras de Caurel y de los Ancares que se abre, a través de la cuenca del río Sil, a los influjos atlánticos, lo que templa la temperatura. Los viñedos se levantan en las suaves laderas próximas a los ríos y, en menor medida, en terrazas formadas en lugares más escarpados. El suelo es pardo forestal, rico en humus y algo calizo. Tanto la altura, 500 m sobre el nivel del mar, como la pluviometría, 700 mm de media anual, son factores ideales para el cultivo de la vid. La máxima concentración de viñedos se encuentra en Villafranca y Ponferrada. Las variedades cultivadas son Mencía Tinta, principal de la DO, que ocupa un 65% del terreno y produce tintos y rosados, y Garnacha, que asimismo entra en la composición de los tintos. Para los blancos se emplean las variedades Palomino, Malvasía y, sobre todo, Godello y Doña Blanca. Los tintos evolucionan bien en barrica, alcanzando su madurez entre los 3 y 5 años. Los blancos son pálidos, con aroma floral y afrutados, mientras que los rosados, asimismo aromáticos y afrutados, tienen un punto de acidez y un color que abarca una rica gama que va desde el rosa al morado de piel de cebolla pasando por el naranja. Se elaboran con un mínimo del 50% de Mencía y el resto de Garnacha Tinta o Palomino, o ambas a la vez.

Los viñedos de la DO Bierzo se extienden en una depresión rodeada de formaciones montañosas y ligeramente abierta al valle del río Sil, a través del cual penetran las corrientes húmedas del Atlántico.

Los racimos de uva que se han recogido a mano son cargados para ser conducidos a la bodega. Los viñedos de la DO Cigales se hallan situados a unos 800 m sobre el nivel del mar, son llanos y sus suelos, poco fértiles, calizos y sueltos, facilitan el drenaje y la aireación.

DO Cigales

Al norte de la provincia de Valladolid y del río Duero se extiende esta comarca vinícola regada por el río Pisuerga que abarca parte del páramo de Torozos. No es muy conocida ni en los mercados nacionales y menos en los internacionales. Los viñedos se asientan sobre suelos calizos, de arena y sueltos, por tanto, bien drenados y aireados. El clima es continental con influencia atlántica, disfruta de una temperatura media anual de 12 °C, aunque con grandes oscilaciones térmicas entre el día y la noche, y los inviernos son crudos y los veranos secos. Las cepas autorizadas por el Consejo Regulador son Tinta del País, la principal variedad de la DO, que ocupa alrededor de la mitad de la superficie cultivable, Garnacha Tinta y Garnacha Roja, entre las tintas, y como variedades blancas, Verdejo, Albillo y Viura. Cigales produce sobre todo vinos rosados, con las categorías Rosado Cigales Nuevo, Rosado Cigales y Rosado Cigales Crianza, entre 11 y 13° de contenido alcohólico, además del Tinto Cigales, elabo-

130

rado a partir exclusivamente de las variedades Tinta del País y Garnacha Tinta. Los tintos tienen color rojo granate con matices morados, aroma frutal y a especias y una graduación entre 12 y 14°. Los caldos de crianza requieren un período de envejecimiento de 2 años como mínimo, con un año en barricas de roble.

Vinos de la tierra (VT)

VT Cebreros ocupa una comarca de accidentada orografía, clima continental, riguroso y con precipitaciones de lluvia de 600 mm anuales, en la que se cultiva de modo dominante la variedad Garnacha Tinta, que se emplea en la obtención de vinos tintos de alta graduación y cuerpo denso, y la Albillo, que sirve de base para los

ros, que produce vinos de aguja ligeros y frescos, y tintos aromáticos.

Entre las bodegas de la Región del Duero, destacan: Vega Sicilia, Dehesa de los Canónigos, Alejandro Fernández, Protos, Hermanos Pérez Pascuas, Arzuaga Navarro, Peñalba López, García y Cuesta, Cooperativa Nuestra Señora del Rosario, Cooperativa Virgen de la Vega, Boada y Monasterio y Marqués de Griñón.

ARAGÓN
DO Cariñena

Esta región aragonesa parece que está superando unos años de letargo, y están llegando al mercado vinos de excelente calidad procedentes de algunas de sus bodegas. En esos años de travesía por el desierto era más conocida por dar nombre a una de las variedades de uva más antiguas de Occidente, Cariñena, que se originó y floreció aquí. En la Rioja recibe el nombre de Mazuelo. Esta Denominación de Origen, la más antigua de Aragón, está situada en el extremo meridional de la provincia de Zaragoza, y limitada por las cuencas de los ríos Huerva y Jalón y las estribaciones del Sistema Ibérico. Se asienta sobre suelos predominantemente pardo-calizos y pedregosos, profundos y fértiles que retienen muy bien la humedad. Es una de las zonas más secas de España, con sólo unos 350 mm de lluvias anuales. El clima es continental, con la característica del cierzo, viento del norte que reseca el ambiente de modo notable.

La variedad de uva más cultivada es Garnacha Tinta, que destaca por su elevado contenido en azúcar, seguida de Viura Blanca y Tempranillo; en cambio, Cariñena, aunque originaria de esta comarca, apenas se la encuentra.

La producción corresponde mayoritariamente al vino tinto, de color rubí purpúreo y un sabor profundo, con mucho cuerpo, y sabor astringente cuando es joven. También se elaboran vinos blancos, rancios y mistelas.

Algunas bodegas destacables son: Cooperativa San Valero, Cooperativa San Esteban, Tosos Ecológica y Solar de Urbezo.

Cariñena fue la región vinícola en Aragón pionera en obtener, en la primera mitad del siglo XX, la calificación de Denominación de Origen.

Pámpano de Macabeo. Esta variedad de uva blanca está muy extendida en todas las regiones vinícolas aragonesas.

Pámpano de Malvasía. Esta variedad de uva blanca, autorizada en la DO Calatayud, proporciona vinos alcohólicos y aromáticos debido a su elevado contenido de azúcares.

DO Calatayud

Es una región dominada, sobre todo, por las empresas cooperativas, y sus estrategias comerciales no están enfocadas a los grandes mercados tanto nacionales como extranjeros.

La denominación de origen Calatayud se halla situada al sudoeste de la provincia de Zaragoza, entre los ríos Jalón, Jiloca y Mambles, sobre un terreno pardo-calizo, pedregoso y árido, se asienta esta zona enmarcada por el Moncayo, en la que los viñedos se cultivan a una altitud entre los 500 y 900 m. El clima continental extremo influye decisivamente en el equilibrio entre la acidez y el grado de alcohol de las vides. Entre las variedades tintas destacan Garnacha, Mazuelo y Tempranillo, y entre las blancas, Macabeo y Malvasía. Los vinos tintos son de color guinda, aspecto cristalino, con un aroma que recuerda al de los frutos silvestres, flojos y de agradable paladar, cuando son jóvenes. Los claretes también son muy afrutados y frescos, de color fresa brillante y olor a flores. Los blancos de color paja y aroma floral, a veces, afrutados, resultan secos y de acidez moderada. Los vinos de crianza mezclan el color de las cerezas con el de la teja, y su sabor incorpora el de la vainilla procedente del roble de las barricas.

Cabe citar las bodegas: Langa hermanos, Castillo de Maluenda, Cooperativa Virgen de la Sierra y Cooperativa de San Isidro.

DO Campo de Borja

El panorama empresarial de esta denominación es similar al de la DO Calatayud y, por tanto, predominan las cooperativas y la mayor parte del vino se vende en la zona o en mercados limítrofes. La comarca Campo de Borja está enclavada dentro de la provincia de Zaragoza, al sur de la Ribera de Navarra y al este del Moncayo. Regada por el río Huecha, los viñedos se asientan sobre terrenos pardo-calizos, pedregosos y pobres en materias orgánicas, aunque en la ladera del Moncayo predominan los arcillo-ferrosos.

Se trata de una región, aunque escasa en precipitaciones, propensa a las tormentas de pedrisco, lo que supone un serio inconveniente para el viñedo, que está plantado a unos 500 m sobre el nivel del mar. La temperatura media anual es de 12,5°. Las variedades autorizadas son, de las blancas, Macabeo o Viura y Moscatel, y de las tintas, Garnacha, Tempranillo, Cariñena y Cabernet Sauvignon. Sus vinos tintos alcanzan de 15 a 16° y presentan buen color, aromas frutales o florales, intensidad en boca y gran cuerpo, una particular acidez, astringentes y algo ásperos, que al envejecer se aterciopelan y equilibran. Los blancos son frescos y agradables, mientras que los rosados, de bello color y afrutados, son considerados por algunos expertos como unos de los mejores del país.

Algunas de las bodegas son: Aragonesas, Bordeje, Borsa-Borja y Santo Cristo.

DO Somontano

Con la combinación de cepas autóctonas y francesas, en Somontano se elaboran algunos de los mejores vinos del país, en cualquiera de los tres colores, negros, rosados y blancos. Son caldos de proyección internacional, que también satisfacen los paladares de aquí.

Ubicada en la provincia de Huesca, la comarca del Somontano, «bajo la montaña», posee suelos calcáreos, que parten de 250 m de altitud para ir gradualmente elevándose a medida que se acercan a los Pirineos, barrera que protege en parte a los viñedos de las inclemencias del clima del norte. La temperatura media anual es de 11 °C, con inviernos fríos

La sede del Consejo Regulador de la DO Somontano (al lado) acoge un particular Museo del Vino (abajo) donde se ofrece una visión innovadora de la relación del vino con el arte y la cultura.

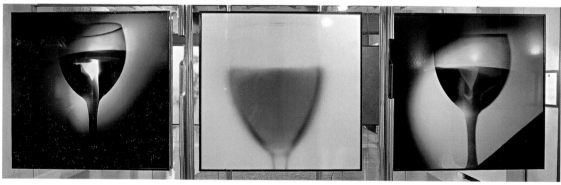

y veranos suaves, y con una pluviosidad que, en la zona más húmeda, alcanza los 500 mm al año. Las numerosas horas de sol al año contribuyen también a la buena maduración de las uvas.

Los viñedos se asientan en terrenos pardocalizos, con un idóneo nivel de calcio y suficiente permeabilidad. Las cepas que se cultivan son, en sus variedades blancas, Macabeo y Garnacha Blanca, y en las tintas, Tempranillo y la tradicional Moristel, a las que se han añadido otras más internacionales, como las tintas Cabernet Sauvignon y Merlot, y las blancas Chardonnay y Gewürztraminer.

Los vinos tintos destacan por su color rojo rubí, aroma afrutado y moderada graduación, además de tener una ligera acidez. Los blancos suelen tener un intenso aroma también afrutado sobre un discreto fondo mineral y un gusto limpio y fresco que desemboca en un punto ligeramente almibarado. Los caldos rosados presentan un bello color rosa fresa, sabor limpio y muy afrutado, ligeramente abocado y algunos con aguja.

Las mayores bodegas de la zona son: Enate, Pirineos y Viñas del Vero, aunque hay que destacar también la calidad de los caldos que consiguen las pequeñas bodegas, como Otto Bestué, Lalanne, Laus, Osca, Fábregas, Olvena.

GALICIA
DO Rías Baixas

Es la región vinícola del nordeste de España de la que más se ha hablado en los últimos tiempos, tanto en los mercados nacionales, como en los internacionales, debido fundamentalmente a la reputación de sus vinos blancos, siempre frescos y aromáticos.

Es la denominación gallega mejor considerada, y también la más emblemática, después de que el albariño, el estilo de vino característico de esta Denominación, superase la fama de vino flojo, tras la renovación de los procesos. Situada en la provincia de Pontevedra, la DO Rías Baixas debe su fama a la variedad de uva Albariño, cepa típica de la zona que posee una marcada personalidad y una excelente calidad. La denominación se distribuye en tres zonas: Val de Salnes, en la costa oeste; O Rosal, al sur de la provincia y lindando con Portugal, y el Condado de Tea, al nordeste. El suelo es granítico, de depósito aluvial, rico en materia orgánica, fresco y permeable, y el clima es húmedo y fresco debido a la influencia del Atlántico. Los caldos blancos presentan combinaciones diversas: albariño, si es monovarietal; blanco de Salnes, si contiene un mínimo del 70% de Albariño; blanco Condado de Tea, si también tiene un 70% mínimo de Albariño o de Treixadura, y blanco O Rosal

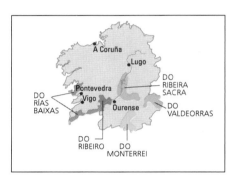

Sea como monovarietal o acompañada de otras variedades, la uva Albariño, produce vinos limpios, con aromas de frutas tropicales, equilibrados, frescos y sabrosos al paladar.

si el 70% como mínimo es de Albariño o de Loureira. Estos vinos, de color amarillo pajizo con tonalidad verdosa, aroma afrutado, a veces con el característico olor a melón, tienen una acidez y paladar idóneos para acompañar mariscos. Los caldos tintos, minoritarios todavía, tienen un color que recuerda al de las cerezas, aromas a frutas silvestres y una elevada acidez.

Cabe reseñar las siguientes bodegas: Granxa Fillaboa, Marqués de Vizhoja, Morgadío, Fefiñanes, Pazo de Señorans, Pazo de Barrantes, Terras Gauda y Vilariño-Cambados.

En los viñedos de la DO Rías Baixas se cultivan distintos tipos de uvas blancas —aunque destaca Albariño— que proporcionan vinos punteros por su calidad y presentación.

DO Ribeiro

El nombre de la región significa en la «ribera del río» y, efectivamente, las viñas de esta DO ocupan las tierras que bordean el río Miño. Como en la DO Rías Baixas, la elaboración principal es la del vino blanco que, en general, es agradablemente fresco y muy aromático.

La Denominación de Origen Ribeiro se halla fronteriza con Portugal, en la parte meridional de la Galicia interior, envolviendo a Ribadavia, entre los ríos Miño, Avia y Arnoia. La pluviometría es menor que la que recibe la costa y las temperaturas medias anuales oscilan entre los 11 y los 15°.

Las cepas se asientan en suelos pardos, húmedos, graníticos, ricos en materia orgánica y pobres en cal. Sin embargo, la desigual orografía dibuja un laberinto de microclimas que influye en la riqueza de calidad de las uvas. Las variedades blancas más cultivadas son la Treixadura, Jerez, Godello, Torrontés, Loureira, Albariño y Macabeo; las tintas que predominan son Caiño, Garnacha, Ferón, Sousón, Mencía, Brancellao y Tempranillo. Los vinos blancos destacan por su alta acidez, aroma fresco y afrutado y una graduación entre los 9 y los 12°; los tintos, asimismo muy ácidos, tienen un vivo color morado, son bastante cor-

Los vinos blancos de Ribeiro son limpios y elegantes, con aromas de frutas cítricas y florales, ligeros y frescos en boca.

En los viñedos de la DO Ribeiro que se extienden a lo largo del río Miño, se cultivan, entre otras, las variedades Treixadura, Loureira, Albariño, Macabeo y Torrontés, una uva que añade carácter a los vinos blancos.

pulentos y su graduación oscila entre los 9 y los 13º. Las cepas de Torrontés, que se han introducido más recientemente, añaden carácter a los caldos blancos. Es una uva con aromas florales, e intensas notas de flores de naranjo.

Algunas bodegas destacables son: Alemparte, Lapatena y Cooperativa Vitivinícola del Ribeiro.

DO Valdeorras

Esta pequeña área vinícola tiene en común con las otras regiones gallegas, su apuesta rotunda por obtener vinos con un carácter patente, que acaban, como no puede ser de otra manera, siendo apreciados por los aficionados del vino. Ha sido un proceso lento, pero que ha caminado con seguridad.

La comarca de Valdeorras, situada a 150 km de la costa, en la provincia de Ourense, disfruta de un clima continental, alcanzando una pluviosidad media anual de 1.000 mm por la influencia atlántica. Las viñas se elevan en suelos pardos, húmedos y ricos en materia orgánica. La mayoría de los viñedos de la predominante variedad Godello se encuentra en el valle del Sil. Esta variedad produce vinos blancos de color amarillo pajizo, afrutados y aromáticos. Se cultivan otras cepas, como la blanca Palomino y la tinta Men-

Un llameante tono rojizo indica que ha llegado el otoño a estas viñas de la DO Valdeorras, región vinícola en la que se producen vinos con carácter.

cía, que origina caldos de color púrpura, sabor y aroma frutal y persistencia en boca.

Las bodegas Joaquín Rebolledo, Godeval, Majlu y Senén Guitián, sobresalen entre otras.

DO Ribeira Sacra

Es una Denominación reciente, que recibió su calificación en 1997. Sus viñedos se extienden a lo largo del valle del río Sil hasta su desembocadura en el Miño, en las provincias de Lugo y de Ourense, donde se cultivaron, durante la antigüedad, las cepas de las que procedía el vino Amandi, que la leyenda dice que fue ya loado por los romanos. Dentro de la variedad en la composición de sus suelos, destaca su elevada acidez. El clima es de transición entre el continental y el atlántico. Las variedades más extendidas son las blancas Godello, Palomino, Albariño, Malvasía y Treixadura; y las tintas Mencía, Alicante, Gran Negro y Garnacha. Los vinos tintos son los más numerosos y destacados, sobre todo los de Amandi, una de las subzonas de viñedos que componen esta Denominación, las otras son Chantada, Quiroga-Bibei, Riberas do Miño y Riberas do Sil. Cabe citar las bodegas: Banallas, Adegas Moure y Rectoral de Amandi.

DO Monterrei

Esta zona vinícola toma su nombre de la fortaleza situada en la cima de la colina que todavía vigila los viñedos que se extienden por el valle de Monterrei, en el límite sudoriental de la provincia de Ourense, lindando con la frontera con Portugal. La recuperación tanto de las uvas autóctonas como de la elaboración de un estilo de vino, similar a otros caldos gallegos, ha dado lugar a vinos blan-

cos frescos y afrutados, que son cada día más apreciados. Los suelos fértiles y el clima húmedo, con una pluviosidad media de 650 mm y diferencias extremas de temperatura entre estaciones, permite la alta productividad de las variedades y unos rendimientos importantes. Los cultivos se encuentran en dos subzonas, la de Val de Monterrei y la de Ladeira de Monterrei. Los vidueños blancos son Doña Blanca, Verdello y Palomino, y los tintos, Mencía, Alicante, Gran Negro y Mouratón. Los vinos blancos poseen aromas que recuerdan a la manzana unos, y con notas herbáceas, otros. Destacan las bodegas Gargalo. La Denominación de Origen ha creado la etiqueta Monterrei Superior para los vinos elaborados con al menos un 85% de cualquier variedad de uva local.

Las bodegas de la DO Ribeira Sacra suelen ser de estructura familiar, y algunas elaboran varietales de Albariño y Mencía de notable calidad. En la misma línea trabajan las bodegas de la DO Monterrei, que cuentan con modernas instalaciones.

La DO Almansa es una región vinícola que se extiende en la zona de transición entre el Levante mediterráneo y la Meseta central. Con viñedos de altura —se halla a 700 m sobre el nivel del mar—, produce diferentes estilos de vino.

LA MANCHA

Esta zona de producción vinícola es, sin duda, la más extensa del mundo. Las escasas precipitaciones de lluvia, inferiores a los cuatrocientos litros anuales por metro cuadrado, y un clima continental extremado confiere a los viñedos unas características muy determinadas. La mayor parte de la producción de La Mancha, que corresponde aproximadamente a la mitad de la de España, está destinada a vinos comunes o de mesa, como ha sido tradicional desde antaño. No obstante, esta imagen ha cambiado gracias a los avances tecnológicos y, sobre todo, enológicos por parte de bodegueros emprendedores, que no han escatimado esfuerzos para acondicionar su industria. El resultado es un vino apreciado en la actualidad, con una excelente aceptación en el mercado nacional e internacional. Almansa, La Mancha, Manchuela, Méntrida, Mondéjar y Valdepeñas, son las Denominaciones de Origen concedidas en esta región.

DO Almansa

Los viñedos de esta zona vinícola se asemejan más a los levantinos que a los que se cultivan en otros pagos manchegos, puesto que se extiende por el sudeste de La Mancha, en la provincia de Albacete, en los límites con las provincias de Alicante y Valencia. Por su situación disfruta de un clima mediterráneo continental con una pluviometría que ronda los 500 mm. Los suelos son calizos y, en algunas partes, también arcillosos, y acogen las varieda-

Los suelos de los viñedos de Almansa son pobres en materias orgánicas, calizos con algunos sectores arcillosos, y muy permeables, lo que les hace muy aptos para el cultivo de la vid.

des Monastrell, Cencibel (Tempranillo) y Garnacha, de las que se obtienen tintos secos y suaves de color rubí y elevada graduación alcohólica; entre las viníferas blancas destaca la variedad Merseguera, propia de la DO Valencia, que mayoritariamente se mezcla con las tintas para elaborar rosados.

Destacan las bodegas Piqueras, un productor que intenta elevar la reputación de la Denominación con algunos tintos muy bien elaborados.

Los tintos reserva de Almansa, elaborados con las variedades Cencibel y Monastrell y envejecidos en barricas de roble, son de color rojo teja a cereza, limpios, intensos, sabrosos y con cuerpo.

DO La Mancha

Es la Denominación de Origen más grande, tanto de España como de Europa. La Mancha ocupa las tierras del centro de España, desde Madrid hasta Valdepeñas, que se caracterizan por ser sumamente secas, áridas y tórridas. Los viñedos ocupan una extensión aproximada de 480.000 ha que abarcan parte de las provincias de Toledo, Cuenca, Albacete y Ciudad Real. Sobresalen las subzonas de Campo de Calatrava, Campo de Montiel y, concretamente en Toledo, el término de Ocaña. El clima es muy uniforme, continental y seco, con una pluviometría que no rebasa los 450 mm y una temperatura media de 14 °C. Los suelos son calizos, sobre terrenos pardos con mezcla arcillosa, y en las estribaciones de Sierra Morena, aparecen rocas pizarrosas. La uva dominante es la blanca Airén, que produce el caldo blanco más característico de la región, ligeramente amarillento, afrutado y fresco, poco ácido y de paladar agradable, con una graduación entre 13 y 14,5°. Los vinos tintos que se elaboran (Cencibel es la variedad tinta más abundante)

suelen ser jóvenes del año, afrutados y sabrosos, con una graduación entre los 11 y los 13°, que al envejecer se redondean.

Los rosados son ligeros y presentan tonos brillantes y un aroma fresco y afrutado. Se puede citar entre otras, las bodegas: Ayuso, Cueva del Granero, Torres Filoso, Vinícola de Castilla, Centro Españolas, Fontana y Vinícola de Tomelloso. Muchos de los pequeños propietarios están dedicando sus empeños a obtener caldos de calidad, y buena prueba de ello es la introducción de cepas internacionales como Cabernet y Chardonnay, que ya empiezan a dar sus frutos.

DO Manchuela

Se trata de una Denominación joven que recibió su calificación en el año 2000. Las plantaciones de viñedos se asientan entre los ríos Júcar y Cabriel a una altitud me-

La mayor parte de las bodegas de la DO La Mancha producen vinos jóvenes, pero un grupo de bodegueros están consiguiendo caldos de crianza de gran calidad.

Los suelos pardos, algo calizos, y suavemente ondulados caracterizan los viñedos de la DO Méntrida, una región vinícola que produce, sobre todo, vinos tintos.

dia de entre 600 y 700 m. Su situación permite en el verano la llegada de los vientos mediterráneos frescos y húmedos. La diferencia térmica que provoca es idónea para el cultivo de las variedades tintas, entre las que predominan Bobal, Cabernet Sauvignon, Cencibel o Tempranillo, Garnacha, Merlot, Monastrell, Moravia dulce y Syrah. Los vinos tintos que originan alcanzan una graduación alcohólica del 12%.

Algunas bodegas destacables son Vinícola Manchuela y la Cooperativa San Antonio Abad.

Sus mejores caldos suelen quedar reservados para ser criados y envejecidos en barricas de roble americano y francés. Son tintos bien estructurados y equilibrados en taninos, con un intenso color rubí y aromas complejos con notas de grosellas, pimiento verde y maderas finas.

La fecha de la vendimia la establece el Consejo Regulador de la Denominación de Origen, en función de las condiciones climáticas, y del grado de acidez y graduación alcohólica de la uva.

DO Méntrida

Méntrida es una zona de gran producción vinícola cuyas plantaciones se enclavan al norte de la provincia de Toledo. La com-

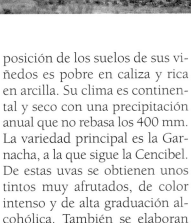

posición de los suelos de sus viñedos es pobre en caliza y rica en arcilla. Su clima es continental y seco con una precipitación anual que no rebasa los 400 mm. La variedad principal es la Garnacha, a la que sigue la Cencibel. De estas uvas se obtienen unos tintos muy afrutados, de color intenso y de alta graduación alcohólica. También se elaboran rosados jóvenes que son frescos y afrutados.

Algunas bodegas son Cooperativa Comarcal San Isidro, S.A.T. Barro y Valeoro.

DO Mondéjar

Se trata de una región vinícola que ha obtenido la calificación de Denominación de Origen muy recientemente. Sus dominios se hallan en los límites de la provincia de Guadalajara con la de Madrid. Entre las variedades que se cultivan hay que destacar la blanca Malvar y las tintas Cencibel y Cabernet Sauvignon, de las que se obtienen unos caldos tintos algo astringentes y de elevado color.

Sobresalen las Bodegas Mariscal, principal impulsor para la obtención de la Denominación de Origen de Vinos de Mondéjar, que ha significado el inicio de una nueva etapa en la que no faltarán oportunidades para los vinos de calidad de la zona.

DO Valdepeñas

Valdepeñas es el área vinícola más meridional de la región de La Mancha. Se trata de una dinámica Denominación, cuyos productores ya intervienen en el mercado de la exportación. Abarca el centro de la provincia de Ciudad Real, donde la meseta comienza su descenso hacia Andalucía y la altitud media es de 700 m. Su clima es continental y seco, gracias a las montañas que la rodean y la protegen de los vientos marinos, y su suelo, de caliza, asentado sobre arenas arcillosas de color rojizo amarillento. Predomina la cepa blanca Airén sobre las otras variedades que se cultivan, sobre todo, las tintas Cencibel, Garnacha y Cabernet Sauvignon. Sobresalen sus tintos de crianza y reserva. Los tintos jóvenes, en cambio, ofrecen frescura de aroma y sabor. Los blancos son vinos jóvenes con una graduación alcohólica de entre 11 y 12,5°, de color pálido y aroma algo afrutado.

Los rosados, de color frambuesa o salmón, tienen aroma más acusado que los blancos, y son frescos y con notas frutales. Algunas bodegas son: Casa de la Viña, Los Llanos,

Viña Albali, Félix Solís y Miguel Calatayud, productores de vinos tintos bien equilibrados en cuanto a su base ligeramente afrutada y el envejecimiento en roble.

EXTREMADURA
DO Ribera del Guadiana

Joven Denominación que lucha por definir su futuro. El sector vitivinícola ya contaba con una gran tradición en Tierra de Baños, subzona de la DO, aunque la Denominación ampara otras comarcas vitivinícolas de Extremadura: Cañamero, Montánchez, Ribera Alta, Ribera Baja, Matanegra y Tierra de Barros. Cañamero se encuentra al sudeste de la provincia de Cáceres, en la Sierra de Guadalupe. Sus viñedos se asientan en un terreno abrupto y pizarroso a una altitud que oscila entre los 600 y los 800 m. La zona disfruta de un microclima propio, sin los rigores continentales, y una pluviosidad media anual de 750 mm. Las cepas dominantes son las de las uvas blancas Palomino, Alarije y Airén, y también hay algo de la tinta Gar-

Racimos de la variedad blanca Airén, la cepa que predomina en las denominaciones de origen de La Mancha. Produce vinos blancos, que cuando se elaboran con esmero presentan un color pálido y aromas afrutados.

Los viñedos se extienden a los pies de la sierra Torremegía en la DO Ribera de Guadiana.

La sede del Consejo Regulador de la DO Ribera del Guadiana se halla en la población badajocense de Almendralejo.

nacha. Los vinos presentan un grato sabor y aroma.

Montánchez ocupa el extremo meridional de la provincia de Cáceres, a una altitud de 700 m de media. Los suelos son de tierra parda y, en menor medida, de tierra roja. El clima es continental, con lluvias que no alcanzan los 500 mm de media anual. Las variedades que se cultivan son las blancas Borba, Pedro Ximénez y Cayetana, y las tintas Garnacha, Bején y Monastrell.

La zona de la Tierra de Barros se halla en el centro de la provincia de Badajoz, con terrenos arcillosos oscuros que, a medida que se asciende, se aclaran con la aparición de la caliza. El clima resulta seco y cálido en exceso durante el verano, con unas precipitaciones que no alcanzan los 450 mm al año. La mayoría del viñedo es de la variedad Cayetana Blanca, pobre en azúcar, que da vinos de poca graduación, de color amarillento, y que resultan secos y neutros.

Los viñedos de la Ribera Alta ocupan las vegas del río Guadiana y los llanos de la Serena

y Campo de Castuera, de suelos arenosos. La Ribera Baja abarca las llamadas Vegas Bajas y posee un clima continental suavizado por la influencia atlántica.

La climatología de Matanegra es menos rigurosa y sus viñedos se asientan en terrenos menos fértiles y permeables.

De la producción total, los vinos tintos representan un 70%, mientras que los blancos que se elaboran suponen un 25%, restando un 5% para los rosados.

Destacan las bodegas: Sociedad Cooperativa San Marcos, Cooperativa Santa Marta Virgen, J. Silva, Romale, Antonia Ortiz Ciprián, Bodegas Puente Ajuda, Bodegas Castelar y Ventura de Vega.

MADRID
DO Vinos de Madrid

Esta Denominación de Origen, declarada en 1990, ha apostado por las varietales de calidad y las nuevas tecnologías en la elaboración, con una presencia de sus vinos cada vez más elevada, no sólo en los mercados locales, sino también en los de nivel nacional e incluso internacional. Se halla situada en la Comunidad de Madrid y goza de un clima en conjunto continental, extremo y seco. Vinos de Madrid agrupa tres subzonas muy diferenciadas y de gran tradición vitivinícola.

La zona de San Martín de Valdeiglesias, se halla al sudoeste de la Comunidad, y sus viñedos se asientan sobre suelos pardos, con te-

En los últimos años el Consejo Regulador de la DO Vinos de Madrid ha autorizado la incorporación de las variedades Syrah y Moscatel de grano menudo a sus plantaciones de viñas.

Los vinos finos envejecen en barricas apiladas de tres o cuatro hileras, denominadas «escalas». La escala próxima al suelo contiene el caldo más añejo y recibe el nombre de «solera». El vino joven se halla en las escalas superiores, denominadas «criaderas». En la imagen, sala de crianza de las bodegas González Byass.

rrenos graníticos y escasa caliza. Se cultivan las variedades Garnacha y Albillo, que producen unos vinos con mucho azúcar, astringentes y de color intenso, y dorados con destellos verde manzana los blancos. Los vinos dulces son dignos de atención.

Navalcarnero es la zona de mayor extensión. Sus suelos son pardos y poco calizos. La variedad preponderante es la Garnacha o Tinto de Navalcarnero. Los vinos se caracterizan por resultar algo astringentes

Arganda, en el sudeste, en la margen izquierda del río Jarama, presenta una orografía ondulada con parte de los suelos asentados sobre rocas blandas y yesíferas en algunas plantaciones, y sobre tierras calizas, en otras. Aquí dominan las variedades Tinto Madrid y Tempranillo, y las blancas Malvar y Jaén, que originan unos blancos muy significativos, de muy alta calidad, que presentan tonos pálidos, y son afrutados y suaves. Los tintos son predominantemente jóvenes y bastante aromáticos.

Entre otras, cabe mencionar las bodegas Orusco, Cuevas del Real Cortijo de San Isidro, Antonio Benito Peral, Castejón, Jesús Díaz y Tagonius.

ANDALUCÍA

Andalucía, cuna del vino generoso, es, sin lugar a duda, la región vitivinícola española que más se conoce en el mundo. Ello se debe a que, en su mayoría, los vinos generosos se han destinado tradicionalmente a la exportación. Antiguamente, este estilo de vino se producía en muchas otras regiones de España, pero las últimas tendencias en el consumo del vino a favor de los caldos de mesa más ligeros, ha significado el abandono de su ya reducida elaboración, que finalmente ha quedado circunscrita a Jerez y las zonas limítrofes.

DO Jerez-Xérès-Sherry y Manzanilla-Sanlúcar de Barrameda

A lo largo de la historia el jerez ha sido denominado con una larga lista de nombres (xera, cera, ceretum, ceret, seris, sheris, jerez, xerez o sherry), lo que demuestra el abolengo de un vino que desde los fenicios, pasando por los romanos, los mayoritariamente abstemios árabes hasta llegar a ingleses y alemanes, ha merecido laudatorios comentarios, incluido el de W. Shakespeare. Por sus características, este vino de trago lento se erige en bebida civilizada, como lo describió el también inglés Somerset Maugham. La etiqueta de vino único, que no acepta comparaciones con ningún otro que se elabora en el mundo, le viene en parte del asentamiento particular en que se cultiva la variedad de uva Palomino Fino, base principal de los vinos de Jerez, y, en proporción mucho menor, la de Pedro Ximénez y la de Moscatel, de las que se obtienen los caldos dulces. Para quedar amparada bajo la Denominación, la crianza de los vinos

Viña El Caballo, finca de las bodegas Osborne, cuyas cepas se asientan en los suelos blancos de albariza. Este tipo de terreno es calcáreo, con limos, arenas y arcillas, y no se compacta durante los meses de invierno, por lo que las raíces respiran bien a pesar del elevado calor de la zona.

tiene que llevarse a cabo en las bodegas que se encuentran en los términos de Jerez, Sanlúcar o Puerto de Santa María, aunque su producción se extienda a otros municipios. Las tierras calizas, denominadas albarizas (nombre que hace referencia a su blancura), absorben la escasa agua de lluvia e impiden la evaporación durante la dura y persistente insolación estival. La región goza de un clima meridional cálido, atemperado por las brisas que llegan del Atlántico: el viento de poniente proporciona a la uva la humedad marítima que la alivia de las altas temperaturas estivales.

Los caldos que se obtienen de estas uvas cubren una extensa gama de vinos: las delicadas manzanillas, de color pajizo claro, olor aromático y paladar seco y li-

gero con regusto amargo y salino, y una graduación entre los 15,5-17º; el fino, el tipo más conocido, elaborado sólo con Palomino Fino, muy seco, de aroma suave, algo almendrado y punzante, de color pajizo a dorado, cuya graduación se encuentra entre los 15,5-17º; el seco y persistente amontillado, de color ámbar y aroma complejo, suave y ligero al paladar, con una graduación entre los 17-18º; el oloroso, inicialmente seco, de color oro oscuro a caoba, con mucho cuerpo, paladar seco o ligeramente abocado o dulce que recuerda a la nuez, la almendra o especias de roble, y con una graduación que oscila entre los 18-20º. No hay que olvidar algunos vinos intermedios como la raya, de calidad inferior a los

Los estilos de los vinos de Jerez, entre ellos los manzanillas y los olorosos, son versátiles, por lo que armonizan bien con elaboraciones gastronómicas muy diversas.

Palomino es la variedad de uva que predomina en los viñedos de la región vinícola de Jerez y es la base de sus diferentes estilos de vino.

olorosos, pero de aroma más acusado que éstos, o los palos cortados, un estilo entre el amontillado, al que recuerdan por su aroma, y el oloroso, del que conservan su sabor y cuerpo, y que presentan una coloración caoba brillante, llegando a los dulces como el Pedro Ximénez, de color caoba oscuro, aroma afrutado, muy armonioso y profundo en boca, entre 17 y 29º y, por último, el cream, mezcla de oloroso y Pedro Ximénez, de los que conserva el sabor del segundo y el aroma del primero, con mu-

cho cuerpo y cuya graduación oscila entre los 17,5 y los 19º. Sobresalen, entre otras, las bodegas: Álvaro Domecq, Antonio Barbadillo, Bobadilla, Delgado Zuleta, Díez Mérito, Fernando A. de Terry, Garvey, González Byass, Grupo Garvey, Herederos del Marqués de Real Tesoro, Osborne, Pedro Domecq, Infantes Orleans-Borbón, John Harveys, Luis Caballero, Lustau, Palomino & Vergara, Sánchez Romate, Sandeman, Valdespino y Williams & Humbert.

La crianza de los vinos de Jerez tiene lugar a través de un laborioso proceso conocido como sistema de «criaderas y solera». Consiste en combinar los vinos más jóvenes con otros de mayor madurez. En las bodegas de la Denominación este proceso se repite metódicamente, año tras año.

Los vinos finos andaluces se asocian a la tradicional imagen del venenciador. El nombre proviene del artilugio, denominado venencia —antiguamente fabricada con barba de ballena—, que introducen con sumo cuidado en la barrica, para extraer vino limpio y sin flor.

DO Montilla-Moriles

Esta región del nordeste de Jerez de la Frontera elabora vinos generosos en un estilo similar al jerez. Montilla-Moriles, enclavada en el sur de la provincia de Córdoba, cuenta con la mayor extensión de viñedo en Andalucía. La producción de las viñas de la Sierra de Montilla y el Alto Moriles, que dan el vino de mejor calidad, se mezcla con la uva proveniente del llano, inferior en calidad, para obtener un caldo homogéneo. El suelo es rico en carbonato cálcico y el clima mediterráneo, aunque con aspectos continentales debido a su altitud, entre 200 y 600 m, y una pluviometría media anual de entre 500 y 1.000 mm. Pedro Ximénez es la variedad de uva que predomina; en menor proporción, se cultivan Airén, Baladí-Verdejo, Moscatel y Montepila.

Los tipos de vinos son: el fino, seco y algo amargo, fragante y de color amarillo pajizo, con una graduación entre 14-17,5°; el amontillado, suave, seco y de color oro viejo y ámbar, y entre 16-18° de alcohol; el oloroso, ligeramente abocado, o también, seco, de color caoba oscuro y con una graduación entre 16-18°, pudiendo llegar en los más viejos hasta los 20°. El Pedro Ximénez, dulce natural, con crianza, color rubí oscuro.

Algunas bodegas son: Alvear, Antonio Olivares, Pérez Barquero, Luque, Navisa, Conde de la Cortina, Robles, Toro Albalá y Vista Hermosa.

La variedad Pedro Ximénez es la base de los finos y otros vinos blancos que se elaboran en la DO Montilla-Moriles. Son caldos de color amarillo paja con aromas frutales y florales.

Arriba, a la derecha. Viñedo de la DO Montilla-Moriles, en cuyas bodegas (sobre estas líneas) todavía podemos encontrar barriles «bautizados».

Los viñedos de la DO Málaga se concentran fundamentalmente en las zonas de Estepona y la Axarquía, y en ellos predominan las plantaciones de Pedro Ximénez y Moscatel.

DO Málaga

En el siglo XIX el vino de Málaga fue muy venerado en el exterior, particularmente en Gran Bretaña, donde era conocido como *Mountain*, debido a la localización de los viñedos en las las colinas que se levantan frente al mar y enmarcan la ciudad de Málaga. Ampara dos zonas de cultivos bien diferenciadas, una al norte, en la que destacan las localidades de Antequera, Archidona y Molina, y otra al sur, con Borge, Vélez Málaga y Torrox como centros cosecheros destacados. Sin embargo, para que estén amparados por la Denominación, el Consejo Regulador exige que los vinos deben pasar todos por las soleras-criaderas del término de Málaga. En el norte, predominan los suelos arcillosos y de arena muy fina, con un clima suave y lluvia escasa en el litoral. En el sur, en el área de Vélez, los terrenos son aluviales con areniscas, mientras que en el resto son arcillosos, de marga y calcáreos, y el clima varía entre el elevado calor estival de la costa, suavizado por la brisa marina, y la dureza de las zonas de mayor altitud, que sufren heladas en invierno y en verano, las azota un nada

Los diferentes estilos de los vinos de Málaga se establecen en función del contenido de azúcares de la uva, el color de los caldos y la procedencia de los mostos.

beneficioso viento solano. La uva predominante en el norte es Pedro Ximénez, y en el sur, Moscatel. En menor cantidad, también se cultivan las variedades Lairé, Doradilla y Romé.

En el proceso de soleado de las uvas, la elevada concentración de azúcares impide que la fermentación sea completa, por lo que resta todavía una gran cantidad de esos azúcares, causa del peculiar dulzor de los vinos de Málaga. Según sea la cantidad de azúcar que contengan, los vinos se clasifican en: málaga lágrima, vino blanco, dulce y suave, con una graduación de 15,8°; málaga pedro ximénez, a partir de la variedad homónima, con un color que varía en función del tiempo de crianza; málaga moscatel, de la zona sur, que presenta un color, dependiendo de la edad, entre amarillo y ámbar, y una graduación de 15,1°; málaga dulce color, el más conocido de todos, al que se le añade arrope, lo que le brinda una

La región vinícola de Málaga presenta notables oscilaciones climáticas: los viñedos del sur, en la costa, gozan de un clima mediterráneo, suave y con escasas precipitaciones, mientras que los del norte, en el interior, tienen un clima mediterráneo continental, con estaciones más acusadas y heladas en el invierno.

tonalidad ámbar oscuro; málaga pajarete, semidulce, color también entre amarillo y ámbar, con un grado alcohólico de 16°; málaga seco, que se obtiene de la fermentación del mosto Pedro Ximénez, con un color entre amarillo y ámbar, y una graduación alta, que puede alcanzar los 20°.

Algunas bodegas son: Antigua Casa de Guardia, Hijos de Antonio Barceló, Quitapenas, Gomara, Larios, López Hnos., Príncipe Alfonso de Hohenlohe y Coto de la Viña San Jacinto.

DO Condado de Huelva

La mayoría de las bodegas de esta zona vinícola mantienen una estructura familiar, aunque también existen algunas cooperativas y bodegas de crianza, que están aumentando el nivel de producción, principalmente de blancos jóvenes. Las plantaciones de viñas se extienden entre la desembocadura del río Gua-

dalquivir y la ciudad de Huelva. Tiene en común con Jerez la característica de las bodegas, la crianza en soleras y el aroma de las barricas de roble. Los terrenos de los viñedos son aluviales, sobre todo, en la desembocadura del río. El clima es seco, con la doble influencia atlántico-mediterránea, unas precipitaciones en torno a los 700 mm anuales y muchas horas de sol al año. La uva blanca Zalema es la variedad predominante, aunque también se cultivan Palomino, Listán de Huelva, Garrido Fino, Moscatel y Pedro Ximénez. Los caldos blancos jóvenes, elaborados a partir de la uva Zalema, son pálidos, secos, frescos y algo afrutados, con un grado de alcohol entre 10-11°. Los generosos, por su parte, son los condado pálido, de 14 a 17°, color oro pálido, aroma almendrado, seco y acidez moderada; los condado viejo, entre 17 y 20°, color ambarino y muy aromáticos, pudiendo ser secos, semisecos, semidulces y dulces.

Entre otras, destacan las bodegas: Oliveros, Doñana, José y Miguel Martín, Juncales, Vinícola del Condado, Cooperativa Virgen de España y Cooperativa Santa María Salomé.

EL LEVANTE

El Levante ocupa un territorio que resigue la línea de la costa mediterránea y comprende zonas de las Comunidades de Valencia y Murcia, por lo que los vinos que se producen presentan características diferentes. Después de La Mancha, el Levante peninsular es el área de mayor producción vinícola española. La producción de la DO Valencia, se destina en buena parte a la exportación, como también es el caso de la DO Utiel-Requena, todo lo contrario que la DO Alicante, conocida por su fondillón y sus moscateles, herederos de los gustos árabes. En la DO Yecla se ha reducido la extensión de los viñedos en es-

tos últimos años, mientras que en la DO Jumilla se está reorientando la elaboración y la comercialización de los vinos bajo criterios de calidad.

DO Valencia

Esta región vinícola produce diferentes estilos de vinos blancos que van desde unos apagados vinos elaborados con la variedad local Merseguera, hasta el bien conocido y muy apreciado moscatel de Valencia. En cuanto a los vinos tintos, la uva Monastrell, que es la segunda más plantada en España, tras la Garnacha, ofrece caldos enérgicos y firmes.

Gracias a la privilegiada situación de esta Denominación y al disfrute de un clima típicamente mediterráneo, si bien éste se manifiesta menos en el interior, los vinos tintos adquieren un color intenso. Los suelos suelen ser pardorrojizos o calizos, y cuando predominan éstos, los habituales aguaceros ocasionan problemas de drenaje. Entre el amplio

En la cosecha manual de la uva el vendimiador corta el pedúnculo del racimo. Aunque las denominaciones de origen del Levante modernicen sus instalaciones para obtener vinos de calidad, algunos procesos se mantienen de forma tradicional.

150

territorio que abarca esta DO se encuentran tres subzonas bien diferenciadas: el Alto Turia, Clariano y Valentino. El Alto Turia, en el noroeste de la provincia, es la más montañosa, por lo que los viñedos están plantados entre barrancos y colinas, junto a matorrales y pinares, a una altura que supera los 400 m, y alcanza, en ocasiones, cotas de hasta 1.000 m. La uva dominante es la Merseguera, que da unos vinos blancos pálidos con reflejos verdosos, suaves y ligeramente ácidos. Clariano, colindante con la provincia de Alicante, es una zona de terrenos escarpados y ondulados, también

con viñedos por encima de los 400 m; produce fundamentalmente a partir de la uva Monastrell rosados y tintos jóvenes. Valentino, en el norte de la provincia, elabora el moscatel de Valencia a partir de las variedades Malvasía, Pedro Ximénez y Moscatel. También produce algunos blancos secos. Algunas bodegas son: Torrevellisca, Heretat de Taverners, Rafael Cambra, Cooperativa de Villar del Arzobispo. Vicente Gandía Pla y Bodegas Polo Monleón.

DO Utiel-Requena

La uva tinta Bobal es una variedad local de la Denominación de Oriegen Utiel-Requena que produce un buen vino corpulento, cuyo sabor se identifica con las uvas pasas. Los rosados, por su parte, están mejorando día a día y se obtienen caldos realmente muy refrescantes. Esta zona vinícola, que elabora unos vinos muy diferentes al resto de la región, ocupa el linde con Castilla-La Mancha, en el extremo occidental de la provincia de Valencia. El vi-

ñedo crece, a una altitud media de 750 m, en el área de Requena, mientras que en el resto las plantaciones se asientan sobre terrenos poco arcillosos y pardorrojizos, que más al sur se tornan calizos. El clima es continental, suavizado por la influencia del Mediterráneo, con una pluviometría media anual de 400 mm. La cepa principal es Bobal Tinta, que da rosados jóvenes, afrutados y frescos, y tintos jóvenes, corpulentos y muy consistentes. Garnacha tinta y Tempranillo se emplean en los tintos de crianza, que se caracterizan por su ligera acidez, y

Bobal Tinta, Garnacha y Tempranillo son algunas de las variedades autorizadas (izquierda) en la DO Valencia, región vinícola de clima mediterráneo con fuertes aguaceros en otoño, por lo que las vendimias (abajo) se realizan al final del verano.

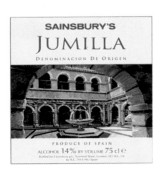

Sin una excesiva maduración de la uva y el control adecuado de la fermentación de los mostos, las bodegas de la DO Jumilla consiguen gustosos tintos jóvenes y aromáticos rosados.

una graduación alcohólica entre los 11 y 12°. De las variedades blancas, principalmente Macabeo, Planta Nova, Merseguera y Chardonnay, se obtienen vinos blancos de aromas afrutados.

Entre otras, sobresalen las bodegas: Vicente Gandía, Cavas Murviedro-G. Schenk, A. y M. Beltrán, Levantinas-Españolas y Cía., Bodegas Iranzo, Bodegas Coviñas, Latorre Agrovinícola, Vinícola del Campo de Requena y Cañada Honda.

DO Alicante

El panorama vinícola de esta Denominación se caracteriza por la elaboración de un vino dulce generoso, el fondillón, caldo de color caoba, en cuya elaboración se sigue el mismo método de envejecimiento natural que en el jerez, lo cual le confiere un intenso aroma de crianza y sabor muy especial, rancio y almendrado.

Los vinos de la DO Alicante se incluían tradicionalmente entre los de tipo mediterráneo: vinos de mucho cuerpo y color que sirven, mediante coupage, para colorear y robustecer otros, lo que les llevó a alcanzar cierto renombre incluso fuera de España.

Esta área vinícola se extiende en forma de abanico hacia las provincias de Murcia, Albacete y Valencia, sobre suelos calizos y escasa acumulación de arcilla. El clima es continental suavizado por las brisas marinas y con una pluviometría muy baja. Entre las variedades tintas sobresalen Monastrell, Garnacha Tintorera, aquí llamada Alicante, y Bobal. Se cultivan las uvas

blancas Forcayat, Merseguera y Verdel que producen unos vinos blancos pálidos, algo afrutados y con una graduación alcohólica de 13°. Con la variedad blanca Moscatel Romana, uva grande muy dulce, se elabora un vino moscatel, suave y frutal. Cabe citar las bodegas: Gutiérrez de la Vega, Primitivo Quiles, BOCOPA, Cooperativa Valenciana Virgen Pobre de Xaló, Heretat de Cesilia, Brotons y Juan Fullana Monllor.

DO Jumilla

A pesar de que en la zona se está produciendo mucho vino que se destina a robustecer otros caldos, las mejoras y los avances está ganando terreno, sobre todo entre los vinos tintos. Bodegas como Casa de la Ermita, o la histórica Cooperativa San Isidro con más de 20.000 hectáreas de viñedo plantado, han introducido modernas instalaciones, con depósitos de acero inoxidable y barricas de roble americano y francés.

Los vinos de Jumilla tienen un origen milenario, como testimonian los restos de vasijas de cerámica de época romana encontradas en la zona. Como Denominación de Origen comprende parte de las provincias de Albacete y Murcia, una área montañosa con muchos barrancos. Los suelos, pardo-calizos y pardo-rojizos calizos, pedregosos y sueltos, ofrecen unas buenas condiciones para el cultivo del viñedo. Los vientos de Levante suavizan el clima continental con aguaceros ocasionales. La variedad Monastrell, apta para soportar las rigurosidades de la zona, ocupa al-

rededor del 90% de los viñedos. Se elaboran dos tipos de vino, el seco y el Jumilla-Monastrell. Éste, que se obtiene mediante crianza en roble a partir de la uva que le da nombre, es de elevada graduación (17°), redondo, con una tonalidad cereza y sedoso. El Jumilla seco es un vino menos graduado y con una tonalidad púrpura peculiar. Los blancos se caracterizan por sus tonalidades luminosas y aromas frescos.

Otras variedades tintas son Garnacha Tinta y Cencibel; en cuanto a las blancas, se cultiva Merseguera, Airén y Pedro Ximénez. Hay que reseñar, además de las bodegas citadas: Viñedos Agapito Rico, Julia Roch e Hijos, Josefa Abellán Fernández, Josefa Gilar Lila, Rosario Vera Candela, Viña Elena y Vitivino.

DO Yecla

Se trata de una zona vitivinícola, que como las regiones vecinas, produce grandes cantidades de vino que se destinan a mezlar con otras variedades a fin de añadirles cuerpo y sabor. Sin embargo, hay productores al frente de empresas familiares, como las Bodegas Castaño, con alrededor de 350 hectáreas de viñedos, que han conseguido dar a la región vitivinícola de Yecla una merecida reputación de calidad. Yecla se ubica en la parte más septentrional de la Comunidad murciana. Gracias a la alta proporción de caliza de sus suelos, poca arcilla y buena permeabilidad, es una excelente zona de viñedos, cuyo clima se caracteriza por el duro contraste entre veranos muy calurosos e inviernos extremados,

con precipitaciones que no alcanzan los 350 mm al año. La uva tinta predominante es la Monastrell, que da unos caldos de escaso tanino, por lo que resultan muy suaves, seguida de Garnacha, Merlot, Tintorera, Syrah, Cabernet Sauvignon y Cencibel; entre las varieda-

La variedad predominante en los viñedos de la región vinícola de Jumilla es la uva Monastrell, cuyos racimos (abajo) son alargados y muy compactos. Produce vinos aromáticos, carnosos y muy tánicos.

des blancas, Merseguera y Verdil son las más cultivadas. Los tintos tienen un elegante color granate rubí, aroma seco y escasa acidez, y su graduación oscila entre 12,5 y 13,5°. Los vinos blancos, de color amarillo pajizo, son afrutados y de intenso aroma. Los rosados resultan afrutados y frescos. Algunas otras bodegas que destacan son: Antonio Candela e Hijos, Cooperativa Casa de las Especias y Cooperativa La Purísima.

DO Bullas

La pequeña Denominación de Bullas ocupa el oeste de la comunidad murciana. Las condiciones climáticas y la composición del suelo son similares a las de la DO Yecla. Se cultiva mayoritariamente la variedad tinta Monastrell, seguida por Tempranillo. En menor cantidad, también existen viñedos de las uvas blancas Airén y Macabeo. Los vinos que se elaboran son, principalmente, rosados y tintos con características parecidas, una vez más, a los de Yecla. Las bodegas Carrascalejo es uno de los centros productores más sobresalientes. También merecen ser citadas las bodegas: García Noguero, Balcona, Fernando Carreño Peñalver, Madroñal y M. Pilar Quesada Gil.

BALEARES
DO Binissalem

En una fecha tan temprana como el siglo I a.C. ya se puede hablar del cultivo de la vid en las islas, pues Plinio habla de los vinos baleáricos, comparándolos con los mejores de Italia.

Tras la anexión de las islas a la Corona de Aragón, así como después cuando dependieron de la corte castellana, se favoreció mediante un régimen de licencias de plantación, la expansión del cultivo de la vid. La región vitivinícola de Binissalem se encuentra situada en el centro de la isla de Mallorca, en la que predominan las variedades tintas autóctonas Manto Negro, Callet y, en menor medida, Fogoneu, asimismo originaria de la isla, y la variedad blanca Moll. Los suelos en los que se asientan los viñedos son pardorrojizos y algo arcillosos, y su clima, mediterráneo, con una pluviometría que ronda los 600 mm anuales. La cepa Manto Negro da unos vinos de excelente aroma y acusada personalidad, con una graduación alcohólica situada entre los 14 y 16°, que admiten

Con una larga tradición vitivinícola, la DO Binissalem se halla situada en la zona central de la isla de Mallorca, que goza de un microclima benigno muy apto para el cultivo de la viña.

crianza en roble. Los rosados ofrecen un aroma y sabor a fruta madura. Los blancos y espumosos, elaborados a partir de la variedad Moll, que debe participar con un mínimo del 70%, son sabrosos y ligeros.

Destacan los siguientes productores: Antonio Nadal, José Luis Ferrer, Celler Jaume de Puntiró, Vins Nadal, Macià Batle, Casa Padrina, Can Ramis, Vinya Taujana, Binigrau, Jaume Benàsser, Binigual, Ramanyà y Son Prim.

DO Pla i Llevant

Es una de las Denominaciones más jóvenes de España, aunque la zona cuenta con una gran tradición vitivinícola, pues ya se cultivaba la viña en la época romana. Tal como dice su nombre, esta Denominación vinícola comprende dos comarcas del levante de Mallorca, el Pla y el Llevant, abarcando numerosos mu-

nicipios en torno al término de Felanitx. Goza del clima mediterráneo más típico, con inviernos ligeramente frescos y húmedos y estíos calurosos y secos, aunque atemperados por los vientos marinos, que se dejan sentir, en especial, en los viñedos próximos al litoral. Las vides se cultivan en terrenos formados por rocas calcáreas, con una alta composición en óxido de hierro. Las variedades tintas Fogoneu, típica de la zona, y Callet son las uvas predominantes. De la primera se obtienen unos vinos, por lo general rosados, de baja graduación, entre 9 y 11°, suaves y de poco color. Los caldos blancos que se obtienen a partir de Prensal Blanc, Macabeo, Parellada y Chardonnay tienen cuerpo y son afrutados, pero los mejores son los que dan las uvas Moscatel de Alejandría.

Algunas bodegas de la isla son: Can Majoral, Miquel Oliver, Armero Adrover, Galmés y

Parellada es una de las variedades blancas autorizadas por la DO Pla i Llevant. Combinada con otras variedades, como Prensal Blanc y Macabeo, produce vinos con aromas frutales aptos para crianza.

Ferrer, Pere Seda, Antoni Gelabert, Miquel Gelabert y Jaume Mesquida.

La Malvasía —a la derecha, imagen de un racimo— es una de las variedades que predominan en los viñedos tinerfeños. Su perfume, intenso y profundo, con un punto de amargor, produce vinos elegantes y distinguidos.

CANARIAS

Los viñedos fueron introducidos en Canarias en el siglo XV, dando comienzo a una producción vitivinícola que en los siglos siguientes llegaría a alcanzar prestigio mundial.

Los vinos canarios se exportaban a Europa y a las colonias de América y África, mereciendo grandes elogios que han llegado hasta nosotros a través de muchas referencias que de ellos hicieron los historiadores y escritores de la época, como W. Shakespeare que celebró con entusiasmo la excelencia de la malvasía canaria. Tenerife, la isla más grande del archipiélago canario, es la que cuenta con una mayor extensión de terreno destinado al cultivo de viñedos, abarcando una superficie de más de ocho mil hectáreas de cultivos. Además, alberga cinco comarcas productoras de vino que han recibido la Denominación de Origen, de las diez que posee Canarias. La Palma, El Hierro, Lanzarote y Gran Canaria son las otras islas que también albergan viñedos regulados por una Denominación de Origen. Otras zonas vinícolas que no están amparadas por una DO son Anaga, en la isla de Tenerife, que produce vinos rosados y en la que se elaboran monovarietales de Gaul, Malvasía, Torronés y Verdello, y la isla de Gomera, donde las cepas se asientan en pequeños bancales sobre terrenos accidentados. Las islas Canarias disfrutan de un clima suave, afectado por el anticiclón de las Azores, que se encarga de enviar los vientos alisios, lo que confiere una gran estabilidad atmosférica.

DO Abona

Las condiciones orográficas y climáticas facilitan el cultivo de uvas con un mayor grado alcohólico, así sus viñedos, en la vertiente sur de la isla, se cultivan sobre unos terrenos que van desde los 200 m hasta los 1.500 m de altitud. Las variedades dominantes son Listán Blanca, Pedro Ximénez, Malvasía y Listán Negra. Se obtienen sobre todo vinos blancos, de color amarillo pálido, con aromas florales, secos y equilibrados, y rosados ligeros y equilibrados. Bodegas: Cumbres de Abona, Chiñama, La Ortigosa, Juana Sánchez Hernández, Pedro Hernández Tejera, Tomás Frías González y Juan Morales García.

DO Tacoronte-Acentejo

Situada en la vertiente norte de la isla, y con un clima benigno constante, esta región vitivinícola ocupa una extensión longitudinal de 23 kilómetros y un área cultivada de más de dos mil hectáreas de viñedos. Las viñas se asientan entre los 100 y los 1.000 m sobre el nivel del mar y aprovechan bien el sol y el suelo volcánico rico en minerales y muy fértil.

En esta región se cultivan las cepas Listán Negra, Negramoll y Listán Blanca; también algunas variedades autóctonas, como Gual, Tintillo y Malcuria, aunque en menor cantidad. Los caldos son en general jóvenes y secos. Los vinos tintos poseen un color rojo cereza y granate, con aromas intensamente afrutados; los blancos son amarillo pajizos con tonos verdosos, mientras que los rosados tienen color salmón y aromas varietales. Entre otras, cabe destacar las siguientes bodegas: Aires del Atlántico, Caldos de Anaga, C. B. Guayonge, Cándido Hernández Pío, El Mocanero, Insulares de Tenerife, Juan Reyes García, La Isleta, Lágrimas de Baco, Tagoror y Zaira Nasser Eddin.

DO Valle de Güímar

Los viñedos de esta zona vinícola, situada en la costa sudeste de la isla de Tenerife, obtuvieron la calificación de Denominación de Origen en 1996. Sus vides se extienden sobre las pendientes del Teide, convirtiéndose en una de las zonas de cultivo de mayor altitud de Europa. Sin embargo, para obtener una buena calidad de las producciones, en las plantaciones que se hallan por encima de los 800 metros, el viñedo se cultiva en parral bajo, en suelos que son de naturaleza volcánica, muy fértiles y permeables. La denominación toma su nombre de Güímar, uno de los tres municipios (Güímar, Arafo y Candelaria) que constituyen la DO. Se cultivan las mismas variedades que en la DO Abona: Listán Blanca, Malvasía, Pedro Ximénez y Listán Negra. En las plantaciones a menor altitud sus tierras son negras, y se obtiene una calidad superior de las que se encuentran a mayor altitud. Los vinos blancos, jóvenes y muy aromáticos, presentan un color amarillo pálido, tienen aroma afrutado y son amplios y persistentes. Los rosados, obtenidos a partir de las variedades Listán Negro y Negramoll, a las que se somete a un suave prensado y ligera maceración, tienen un vivo color rosa, y son ligeros y frescos. Los tintos son jóvenes, de color cereza con tonos violáceos y sabor afrutado. Bodega Comarcal Valle de Güímar, que elabora todos los colores, tintos, blancos y rosados, y Viticultores Comarca de Güímar son los productores de esta Denominación.

DO Valle de La Orotava

Es una región vinícola muy fértil situada en la parte noroccidental de la isla de Tenerife. Los viñedos se levantan en laderas y vaguadas, en parrales colocados en forma de cordones trenzados muy característicos, a pie del Teide, se extienden a lo largo de La Orotava y descienden en dirección al Puerto de la Cruz, en la costa. En la actualidad, gracias a una fuerte demanda local procedente del elevado número de turistas que visitan la isla, la producción está creciendo y su calidad ha mejorado. Las variedades dominantes son Listán Negra, Listán Blanca, Malvasía y Forastera, que dan unos vinos blancos pajizos de aromas intensos y afrutados, bien estructurados. Los tintos, obtenidos a partir de los vidueños Negramoll y Malvasía Rosada, de color rubí, de aromas ligeros y paladar agradable, se elaboran mayoritariamente en la parte central y oriental del Valle. Entre los productores sobresalen: Bodega El Calvario, Bodega Valle-oro, Bodega Montijo, Bodega La Sierra, Bodega El Ratiño, Bodega Piñera, Bodega Casa Miranda y Bodega Marzagana.

Los viñedos de la DO Tacoronte-Acentejo se asientan sobre suelos volcánicos cercanos al mar y gozan de un clima benigno y estable.

DO Ycoden-Daute-Isora

Esta tradicional comarca vinícola, en el extremo occidental de Tenerife, fue declarada Denominación de Origen en 1994. Las plantaciones de viñedos son pequeñas y se levantan en abruptos y escarpados terrenos. Actualmente, es una zona de bodegas pequeñas con nuevos planteamientos en la elaboración del vino y especialmente conocidas por sus excelentes vinos blancos. La zona comprende los términos de las tres poblaciones que dan nombre a la DO. Los suelos son volcánicos de carácter arenoso, muy adecuados para el cultivo de la vid. Sus viñedos corresponden en su mayor parte a las variedades Listán Blanca y Listán Negra. Los caldos blancos, muy aromáticos pero poco afrutados, consiguen una graduación alcohólica entre los 11 y los 13°; se elaboran como secos, semisecos, dulces, e incluso se ha experimentado la fermentación en barrica. Los rosados resultan herbáceos y frutales. Los tintos, de color cereza granate, son afrutados y frescos. Bodegas Viñátigo, Bodegas Bilma y Francisco Javier Pimentel son los productores de la Denominación.

DO La Palma

La isla de La Palma presenta una naturaleza volcánica, con suelos profundos y fértiles, ricos en minerales y recia textura. La Denominación de Origen se extiende por gran parte del contorno insular en altitudes comprendidas entre los 200 y 1.200 m. El clima, muy benigno, participa de los beneficios de su condición atlántica y de los húmedos vientos alisios. Se pueden distinguir cuatro subzonas.

Hoyo de Mazo, en el este de la isla, donde los viñedos se cultivan en laderas formando

balcones. Las variedades mayoritarias son Negramoll y Listán Blanca. Los vinos más característicos son los tintos de color rojo granate y aromas frutales y florales, los blancos y otros de mezcla.

Fuencaliente se halla en el sur de la isla. Sus viñas se arrastran por las laderas sobre un suelo formado por escorias y cenizas volcánicas, denominado picón. Las variedades cultivadas son Malvasía Candia, Listán Blanca, Bujariego, Gual, Verdello y Negramoll. Los vinos son en su mayoría blancos, por lo común varietales, y malvasías, tanto dulces como secos.

Las Manchas es una comarca localizada al sudoeste de la isla. Las cepas ocupan terrenos pedregosos en laderas con pronunciadas pendientes, sobre todo, de las variedades Listán Blanca, Negramoll y Bujariego. Los vinos suelen ser blancos y rosados.

Norte-Vinos de Tea. Las variedades más frecuentes que se cultivan son Negramoll, Listán Blanca, Albillo y Verdello. Los peculiares vinos de tea son llamados así por su característico sabor a resina, adquirido después de fermentar en barricas construidas con madera de pino canario.

Bodegas de esta Denominación son: Cooperativa Virgen del Pino, Melquiades Camacho Hernández, El Níspero, Castro y Mogán, Tamanca, Onésima Rodríguez, Las Toscas, El Hoyo, Llanovid, Carlos Fernández y Carballo.

DO El Hierro

El terreno de la isla de El Hierro, de reciente vulcanismo, es muy poroso, lo que impide la formación de arroyos y manantiales por lo que, a pesar de la influencia de los vientos húmedos alisios, El Hierro tiene fama de

En la DO La Palma se elaboran vinos de estilos diferentes. La mayor parte de la producción corresponde a vinos jóvenes. En la zona Hoyo de Mazo sobresalen los vinos tintos, mientras que en la de Fuencaliente se produce casi todo el vino blanco de la isla, principalmente con uva Malvasía.

seca y árida. Sin embargo, la isla alberga pastizales y masas forestales. El viñedo, por su parte, se ha adaptado bien desde que se introdujo, ya en los primeros tiempos de la colonización hispana y la vid ocupa, en la actualidad, más de 200 hectáreas de la superficie insular.

El Hierro es la más occidental de las islas canarias y la que presenta una orografía más accidentada. Las cepas se cultivan hasta los 700 m de altura en un suelo muy abrupto, a veces cubierto con picón, en terrenos acondicionados en bancales. Las variedades blancas más frecuentes son Vijariego, Listán Blanca, Bremajuelo, Gual, Pedro Ximénez y Verdello. Entre las tintas destacan Listán Negra, Negramoll, Vijariego Negro y Mulata. Los vinos blancos, de color amarillo pajizo que se vuelve ambarino durante la crianza, ofrecen un aroma pronunciado, mientras que los rosados, con características parecidas, adquieren tonos anaranjados, son frescos, afrutados y consistentes. Los tintos, elaborados por maceración clásica, de color rojo granate, son corpulentos y tienen un sabor intenso.

Algunas bodegas son: Juan Ávila Padrón, Central Vinícola Insular, Diego S. Acosta Padrón, Kathrin & Bernd Schumann, Uwe Urbach y Fleitas.

DO Lanzarote

La Denominación de Origen Lanzarote se extiende por toda la isla del mismo nombre, que se halla en el nordeste de las Canarias.

En la DO Lanzarote las viñas se cultivan sobre el fértil terreno volcánico, mediante una técnica de cultivo tradicional denominada «lapilli». Un pequeño muro de piedra salvaguarda las plantas del tórrido viento del sur.

De naturaleza volcánica, la isla presenta una fisonomía suavemente ondulada, salpicada por numerosos conos volcánicos de escasa altitud. El clima se caracteriza por su extremada escasez de lluvias, gran luminosidad y suavidad térmica constante, excepto cuando aparece el viento procedente del vecino continente africano. El sistema de cultivo en esta isla, la más oriental del archipiélago, resulta único en el mundo, debido a la lava, a la escasez de agua y al fuerte viento que la azota. Los cultivos se localizan en el centro-sur: La Geria y comarcas vecinas. Consisten, después de retirar la lava para dejar al descubierto la tierra subyacente, en un hoyo excavado de unos dos metros de profundidad y forma de embudo, con el terreno acolchado con una capa de picón, que evita la evaporación de la humedad retenida en el subsuelo. Todo ello se protege con un murete cortavientos de forma semicircular. De las variedades cultivadas, la mayor parte es Malvasía, Listán Blanca, Listán Negra y Moscatel Diego. Los vinos son principalmente blancos, de color amarillo paja y tonos dorados, con aromas frutales y una elevada graduación alcohólica, entre los que se distinguen: malvasía clásico, malvasía joven, malvasía semiseco y diego, que toma el nombre de la variedad con la que se elabora. Los tintos tienen color rojo picota, bastante cuerpo, son astringentes y bien estructurados. Los rosados son frescos y afrutados, ácidos y de color rosa-grosella.

Entre otras, destacan las bodegas: El Grifo, Barreto, Castillo de Guanapay, Mozaga, Finca Las Quemadas, Vega de Yuco, La Geria, Reymar, Tinache, Timanfaya, Montserrat Umpierez y Germán López Figuera.

DO Monte Lentiscal

Esta denominación de la isla de Gran Canaria, asienta su territorio en la comarca de la que recibe el nombre. Los sistemas de cultivo, igual que en la DO Gran Canaria son los tradicionales. La densidad máxima de plantación que permite su Consejo Regulador es de cuatro mil cepas por hectárea, independientemente del sistema de cultivo. Además, dispone también que la graduación alcohólica natural mínima tiene que ser de 10° para las variedades blancas, de 11° para las tintas y de 12° para las que se destinen a elaborar vino de licor. Sus viñas cultivadas en vaguadas y laderas, producen, a partir de las variedades tintas Negra Común o Listán Negra y Negramoll, vinos rosados de color fresa, afrutados y de paladar intenso y tintos de color rojo cereza, muy aromáticos y bien equilibrados. Los blancos, cristalinos y brillantes, se elaboran a partir de Listán Blanca, Malvasía y Moscatel. Hay seis bodegas que están inscritas en la denominación que elaboran básicamente vinos tintos destinados al mercado local.

DO Gran Canaria

Abarca el 90% del territorio insular. Aprobada en el año 2000, los viñedos de esta Denominación se encuentran por toda la isla, excepto en la comarca de Monte Lentiscal. La densidad máxima de plantación que permite el Consejo Regulador es de cinco mil cepas por hectárea, independientemente del sistema de cultivo.

Sus vinos tintos jóvenes, de sabores y aromas afrutados se elaboran a partir de las variedades Negra Común o Listán Negra, Negramoll, Tintilla y Moscatel Negra. En los vinos blancos, de color amarillo pálido, vivos y con aromas florales, intervienen Malvasía, Gual, Pedro Ximénez, Marmajuelo, Vijariego, Albillo y Moscatel.

Las bodegas inscritas en la denominación son: Ansite, El Rincón, Bodeguilla El Solapón, Mogaren, Vinos de Juan Inglés, Viña Tabaiba, Bentayga, Hoya Chiquita, Frontón de Oro, Tigayga, Viña Angoa, Viña Talayón. El Eucalipto, La Montaña, La Orilla, Vino El Caserío, Viña Centro, El Cardón y Las Carboneras.

LA REGIÓN CANTÁBRICA
DO Txakolí de Getaria

Esta zona se encuentra cerca del litoral cantábrico y a pocos kilómetros de San Sebastián. Gracias a su orientación, cara al mar, tiene un clima suave con temperaturas medias bastante elevadas y unas lluvias frecuentes que influyen en la baja graduación de los caldos.

Las vides se cultivan en las laderas orientadas al sur y bien ventiladas, sobre suelos pardos húmedos calizos. Las cepas mayoritarias son la blanca Zuria (Hondarribi Zuri), que se cree silvestre de la zona, y la Hondarribi Beltza, tinta de escasa coloración. Algunas bodegas de esta Denominación son: Txomin Etxaniz, Ameztoi, Aizpurua, Akarregi Txiki, Agerre, Basa-Lore, Eikzaguirre, Etxetxo, Gaintza, Arregi y Zudugarai.

DO Txakolí de Vizcaya

Ocupa las comarcas de Balmaseda y Baquio. Las variedades que autoriza la Denominación de Origen son las blancas Hondarribi Zuri y Folle Blanche, y la tinta Hondarribi Beltza. Aunque los caldos más elaborados sean los blancos, también se obtienen tintos y rosados, estos últimos conocidos con el nombre popular de «ojo de gallo.»

Entre otras, cabe mencionar las bodegas: Erdikoetxe Landetxea, Gure Ahaleginak, Itsasmendi, Iturrialde, Mendraka Txacolina, Virgen de Lorea, Isasi Arrieta, Antón Aramburu, Torreko Txacolina y Anton Onaindia Laka.

DO Txacolí de Álava

Se trata de una Denominación de Origen reciente, que fue aprobada en el año 2002 por el Ministerio de Agricultura y presentada en el 2003. Sus viñedos se extienden por la comarca Cantábrica Alavesa, en los términos de Amurrio, Ayala, Artziniega, Llodio y Okondo. La Denominación actualmente abarca unas 50 hectáreas y son poco más de treinta los productores que están acogidos a ella. Las variedades autorizadas por su Consejo regulador son Hondarribi Zuri (la blanca Zuria, que es la principal), Hondarribi Beltza, Petit Manseng, Petit Corbu y Gross Mansen. Se elaboran vinos de los tres colores: tintos, blancos y rosados.

Debido a las duras condiciones climáticas, las viñas de las denominaciones de origen del País Vasco se emparran altas para favorecer la insolación y el secado de las plantas tras las pertinaces lluvias.

FRANCIA

La historia vinícola de Francia sigue siendo el modelo para la producción de vino de primera calidad, ya que cultivadores y productores intentan obtener grandes vinos, que sean la expresión tanto de su entorno como de las pasiones y filosofías personales.

Regiones francesas con *apellation contrôlée*.

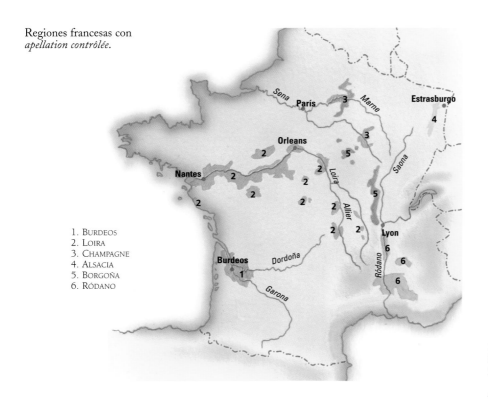

1. BURDEOS
2. LOIRA
3. CHAMPAGNE
4. ALSACIA
5. BORGOÑA
6. RÓDANO

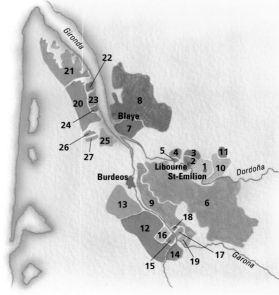

1. ST-EMILION	BORDEAUX	18. CADILLAC
2. POMEROL	10. CÔTES DE	19. STE-CROIX-DU-
3. LALANDE-DE-	CASTILLON	MONT
POMEROL	11. CÔTES DE	20. HAUT-MÉDOC
4. FRONSAC	FRANCS	21. MÉDOC
5. CANON-FRONSAC	12. GRAVES	22. ST-ESTÈPHE
6. ENTRE-DEUX-	13. PESSAC-	23. PAUILLAC
MERS	LÉOGNAN	24. ST-JULIEN
7. CÔTES DE BOURG	14. SAUTERNES	25. MARGAUX
8. CÔTES DE BLAYE	15. BARSAC	26. LISTRAC-
9. PREMIÈRES	16. CÉRONS	MÉDOC
CÔTES DE	17. LOUPIAC	27. MOULIS

La región de Burdeos (mapa derecho) se extiende por el departamento de Gironda. El Médoc es una franja estrecha de tierra que se sitúa en la orilla izquierda del estuario del Gironda. Remontando el curso, el río Garona proporciona el clima húmedo adecuado para los vinos con botrytis de Sauternes.

BURDEOS

Los que siguen a continuación suelen ser los mejores Burdeos tintos. No llevan calificación porque su calidad está en proporción directa con la de los *grand vins*. El nombre del château aparece entre paréntesis.

Les Forts de Latour (Latour), Carruades de Lafite (Lafite-Rothschild), Pavillon Rouge du Château Margaux (Margaux), Bahans Haut-Brion (Haut-Brion), Clos du Marquis (Léoville-Las Cases), Réserve de la Comtesse (Pichon-Longueville Comtesse de Lalande). Marbuzet (Cos d'Estournel), La Dame de Montrose (Montrose), Sarget de Gruaud-Larose (Gruaud-Larose), Lady Langoa (Langoa-Barton), Réserve du Général (Palmer), Haut-Bages-Avérous (Lynch-Bages), La Parde de Haut-Bailly (Haut-Bailly), Grangeneuve de Figeac (Figeac), La Gravette de Certan (Vieux-Château-Certan), La Petite Eglise (l'Eglise-Clinet).

Graves Esta extensa subregión, que yace en su mayor parte al sur de la propia ciudad, en la orilla izquierda del río Garona, debe su nombre al suelo de grava que allí predomina. Muchos catadores insisten en que el sabor de sus tintos también posee un gusto terroso, de grava, y es cierto que suelen llevar una vestimenta más austera que las lujosas galas de los vinos del Médoc. Sin embargo, tienen la misma capacidad de envejecimiento, aparte del hecho de que muchos châteaux estén intentando elaborar un estilo de tinto más fácil, y que se pueda beber pronto.

Los Graves entró por fin en la clasificación en el año 1959, tanto por sus vinos blancos como por sus tintos. Sea o no sea un château de Graves *cru classé*; así de sencillo. Una franja superior de tierra en el norte de este región fue demarcada independientemente como Pessac-Léognan en el año 1987, entrando dentro de esta denominación todas las cosechas clasificadas en 1959. (Château Haut-Brion es la única propiedad que también aparece en la clasificación de 1855). En cuanto a los tintos, son:

Bouscaut, Haut-Bailly, Carbonieux, Domaine de Chevalier, Domaine de Fieuzal, Domaine d'Olivier, Malartic-Lagravière, La Tous-Martillac, Smith-Haut-Lafitte, Haut-Brion, La Mission-Haut-Brion, Pape-Clément, La Tour-Haut-Brion.

St-Emilion Situado en el margen izquierdo del río Dordoña, es dominio sobre todo de las uvas Merlot, aunque ni mucho menos hasta el mismo punto que Pomerol, en el norte. Los

Recogida de uvas Cabernet Sauvignon maduras para los vinos *premier cru* de Château Latour, en Pauillac.

Muchos de los *châteaux* de Burdeos presentan unas características arquitectónicas similares, como la torreta apuntada de la que recibe su nombre el Château la Tour-de-By.

nos goza de esta distinción –muchas propiedades son culpables de superproducción– aunque los nombres más importantes merecen el premio.

La clasificación de los tintos de St-Emilion se dictó en 1955, aunque está sujeta a revisión cada década. Abajo del todo está el *grand cru* que ya conocemos. Un peldaño más arriba está *grand cru classée* con unas cinco docenas de propiedades (entre las cuales l'Angélus y Troplong-Mondot destacan con un merecido cuatro estrellas) y arriba del todo está *premier grand cru classée*, que se subdivide entre A y B. La clase A consiste en solo dos propiedades: Ausone y Cheval Blanc.

La clase B contenía nueve en el momento de la revisión anterior en 1955:

Beauséjour (Duffau-Lagarrosse), Belair, Canon, Clos Fourtet, Figeac, La Gaffelière, Magdelaine, Pavie, Trottevieille.

Pomerol Inmediatamente al norte de St-Emilion, y el único de la división superior de los distritos de Burdeos que nunca se ha visto sujeto a la indignidad de una clasificación, los tintos de Pomerol son tan próximos al Merlot varietal como el Burdeos. Muchos sólo necesitan la maduración de Cabernet Franc para alcanzar una austeridad digna de envejecer a lo que en esencia se trata de una opulencia aterciopelada, el dulzor de las ciruelas envueltas en chocolate amargo, y con una cremosidad espléndida que permanece en la boca durante largo tiempo.

Quien vaya a practicar la clasificación de Pomerol como juego de mesa, tendrá que empezar por el monumental Pétrus, en primer lugar, probablemente seguido de cerca por Lafleur. En el siguiente rango, vendrían Bon Pasteur, Certan de May, Clinet, la Conseillance, la Croix de Gay, l'Eglise-Clinet, l'Evangile, la Fleur de Gay, la Fleur-Pétrus, le Gay, Latour à Pomerol, Petit-Village, le Pin, Trotanoy y Vieux-Château-Certan.

Crus Bourgeois Inmediatamente por debajo de los cinco estratos de *crus classés* de Médoc

tintos se complementan con Cabernet Franc, con solo una cucharada de Cabernet Sauvignon. Por ello, este estilo de vino es más ligero que el Médoc dominado por Cabernet, pero agudizado con un toque grasiento de Cabernet Franc. Por lo general ninguno de estos vi-

el nombre de *Botrytis cinerea*, más conocida como podredumbre noble. La podredumbre se suele desarrollar en las uvas cuando el tiempo previo a la recogida se presenta húmedo. Esta plaga gris es de una suerte innoble, y en particular en el caso de las uvas tintas, puede echar por tierra cualquier esperanza de conseguir un buen vino. La botrytis, por otra parte, aparece en condiciones de humedad, no de chaparrones fuertes.

A causa de su proximidad al océano Atlántico, Burdeos vive unas mañanas húmedas y neblinosas, que se van acentuando más a medida que avanza el otoño, a las que suceden unos atardeceres soleados. Este lento proceso de humedecimiento y secado es el modelo ideal para que prospere la botrytis.

Los vinos dulces más célebres de la tierra proceden de los municipios meridionales de Burdeos, Sauternes y Barsac. Aunque esta téc-

La agotadora tarea de transportar barriles en una *chai* –nombre que reciben en la región de Burdeos, las bodegas de envejecimiento en barricas– del *premier cru* del Château Margaux.

La región de Sauternes, en Burdeos, alberga terrenos excelentes, muy aptos para la producción de vinos dulces, pero ninguno de ellos tanto como en el Château d'Yquem.

se encuentra un grupo de vinos conocidos, como una resonancia de la estratificación del siglo XVIII como los crus bourgeois. A propósito de esta categoría, hay que mencionar no sólo Haut-Médoc sino la zona del Médoc al norte de St-Estèphe. Muchas de estas propiedades, si se reconsiderase el documento de 1855, tendrían que ser incluidas entre la aristocracia, junto con otros menos conocidos del municipio de Moulis.

Durante la última década se han forjado una reputación consistente: d'Angludet (M), Chasse-Spleen (Moulis), la Gurgue (M), Haut-Marbuzet (S-E), Gressier-Grand-Poujeaux (Moulis), Labégorce-Zédé (M), Lanessan (H-M), Maucaillou (Moulis), Meyney (S-E), Monbrison (M), de Pez (S-E), Pontesac (Médoc), Poujeaux (Moulis) y Sociando-Mallet (H-M).

Burdeos-blanco dulce Uno de los vinos de postre más exquisitos se elabora con uvas infectadas por una plaga de hongos que recibe

nando a mano, extrayendo sólo los frutos que estén completamente arrugados y dejando en la viña los que no lo están del todo para otro momento más adecuado. Hay que hacer varios turnos (o *tries*, como le dicen los franceses) para conseguir la mayor concentración posible de un vino. Esto, junto con el largo período de maduración en cubierta de roble que normalmente reciben los vinos, explica los precios de muerte a los que se vende un Sauternes clásico. Es un vino que conlleva mucho trabajo.

Un grupo de cinco localidades al sur de Graves, famosas por sus vinos de botrytis son: Sauternes, Barsac, Bommes, Preignac y Fargues, todas ellas se incluyeron en la clasificación de 1855. Juntas constituyen la denominación de Sauternes, aunque Barsac puede llevar su propia denominación, si así lo decide una propiedad. (También puede ser AC Sauternes-Barsac si desea ser lo mejor de los dos mundos).

En la cima de la clasificación, y con una gran categoría, está el legendario Château d'Yquem, para muchos el máximo logro en vinos de botrytis. Caro hasta el susto y fabulosamente rico, sus mejores cosechas duran literalmente siglos.

Viñedos en otoño resplandeciendo bajo un límpido cielo azul en el Château Rieussec en el que se elabora uno de los mejores *premier cru* de Sauternes.

nica puede decirse que se descubrió en Alemania –por accidente, por supuesto, como muchos de sus mejores inventos– ha sido allí donde se ha llevado hasta su uso más ilustre. No en todas las cosechas se producen las condiciones adecuadas.

La calidad depende de la minuciosidad con que se efectúe la laboriosa selección, exclusivamente a partir de las uvas completamente secas. En muchos casos, los propietarios han determinado que la mejor manera de hacerlo es seleccio-

EL VALLE DEL LOIRA

Si no fuera por la presencia unificadora del río, sería muy difícil ver con claridad los distintos distritos vinícolas que hacen del valle del Loira una sola región. El Loira es el río más largo de Francia, que remonta ligeramente más o menos hacia el centro del país y luego se deja caer en su desembocadura hacia el océano Atlántico, al oeste de Nantes. Para hacernos una idea coherente de esta zona como región vinícola, sería razonable subdividirla en

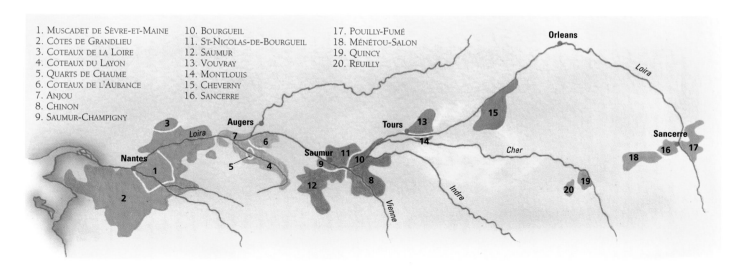

1. MUSCADET DE SÈVRE-ET-MAINE
2. CÔTES DE GRANDLIEU
3. COTEAUX DE LA LOIRE
4. COTEAUX DU LAYON
5. QUARTS DE CHAUME
6. COTEAUX DE L'AUBANCE
7. ANJOU
8. CHINON
9. SAUMUR-CHAMPIGNY
10. BOURGUEIL
11. ST-NICOLAS-DE-BOURGUEIL
12. SAUMUR
13. VOUVRAY
14. MONTLOUIS
15. CHEVERNY
16. SANCERRE
17. POUILLY-FUMÉ
18. MÉNÉTOU-SALON
19. QUINCY
20. REUILLY

cinco áreas. De oeste a este son: el Pays Nantais, Anjou, Saumur, Touraine y el Alto Loira (a este último se hace referencia como los Viñedos Centrales, ya que se sitúan en el centro de Francia).

Pays Nantais El principal foco de atención de la zona que rodea a la ciudad de Nantes es Muscadet, el vino más exportado de Francia. Epítome de los vinos blancos extrasecos, frescos, de gusto neutro, Muscadet no parecía tener muchos amigos en la era de la «Chardonnaymanía», de envejecimiento en roble, y sin embargo continúa encontrando clientes para la exportación de la mitad de su producción anual.

Existen cuatro AC. Muscadet de Sèvre-et-Maine, en el centro de la región, produce un 80% de toda la Muscadet y se la considera por regla general la mejor en términos de carácter. Son de destacar los cultivadores que viven en las localidades de St-Fiacre y Vallet. Muscadet Côtes de Granlieu es la denominación más moderna, creada en 1994. Su centro está en un gran lago, el distrito está compuesto de un suelo muy arenoso, que se piensa es parte de la personalidad de los vinos. Corcoués/Logne y St. Philbert de Bouaine

son un par de direcciones que hay que buscar en las etiquetas.

PRODUCTORES: Sauvion, Métaireau, Donatien Bahuaud, Luneau, Bossard.

Anjou La zona al sur de Angers es el comienzo del país del Chenin Blanc, y es aquí donde se elaboran los grandes vinos dulces del Loira. Incluso en los años en los que se consigue una menor concentración de podredumbre noble, y los vinos resultantes poseen mucha menos intensidad de dulzor, éstos siguen mereciendo consideración.

PRODUCTORES: Château du Breuil, Château de la Roulerie, Domaine de la Soucherie.

Dentro de la denominación de Coteaux du Layon se encuentra un pequeño enclave que responde al nombre de Bonnezeaux, en otro tiempo olvidado pero que ahora está recobrando su reputación de vino dulce, alcohólico y concentrado, merecedor de la mejor consideración.

PRODUCTORES: Château de Fesles, Angeli.

Al noroeste de Coteaux du Layon, e incluida dentro de este área, se encuentra otra pequeña AC que puntúa bien alto en la clasificación de calidad, Quarts de Chaume. Los cultivadores de esta tierra tienden a elaborar el vino sólo

Las cinco regiones vinícolas del valle del Loira se extienden a lo largo de las riberas del río Loira.

El Château de Nozet se levanta en el curso alto del Loira, donde se produce *Pouilly-Fumé*.

167

Los álamos se recortan en el horizonte en los viñedos cercanos a Vallet, en Muscadet de Sèvre-et-Maine.

Recogida de Muscadet en Clisson, en la AC Sèvre-et-Maine.

cuando la botrytis está muy extendida, de manera que no haya necesidad de emplear uvas que no se hayan llegado a secar. El resultado es un Chenin dulce de una intensidad casi insoportable, con toda la majestad de un Sauternes de altos vuelos a un precio considerablemente inferior.

PRODUCTORES: Baumard y Château de Belle-rive.

Anjou es también la localización de Savennières, el Chenin de larga duración, frágil y extraseco que consigue alcanzar una pureza mineral en las mejores cosechas, y que siempre tiene un precio muy alto. De todos modos, tenga en cuenta que los vinos exigen un cierto envejecimiento, y que no hay que tocarlos por lo menos en unos siete u ocho años.

PRODUCTORES: Domaine de la Bizolière, Baumard.

Dentro de la denominación, hay dos enclaves superfinos con su propia AC - La Roche-aux-Moines (Soulez hace un buen vino) y Coulée de Serrant, propiedad exclusiva de una sola familia.

La AC Anjou Blanc Sec es el blanco seco casero de uso diario. Se puede mezclar algo de Chardonnay y/o Sauvignon con Chenin, y los mejores productores han aprovechado esta oportunidad.

En cuanto a los tintos, se pueden usar las dos Cabernet —Sauvignon y Franc— en la denominación pasable de Anjou-Villages. El Rouge de Anjou básico es seco como la tierra y agradable cuando está hecho de Cabernet, o ligero y simple cuando lo es a partir de Gamay de Beaujolais. (Las variedades aparecerán escritas en la etiqueta).

Saumur En Saumur encontramos dos clases importantes de vino: tintos y espumosos. El valle del Loira produce una especialidad a partir de la variedad de Cabernet Franc, uno de los jugadores de segunda fila entre los tintos de Burdeos; a las diversas denominaciones de tintos de Saumur sólo se les permite esa uva. En las cosechas más calurosas estos vinos poseen un afrutamiento a grosella negra muy agradable, una sensación de ligereza en la boca (aunque ni mucho menos comparable, por ejemplo, a la del Beaujolais) y suave tanino. Pueden madurar placenteramente durante varios años. En los años en que la cosecha está menos madura, sin embargo, son deprimentes por su alto contenido en tanino como de pimiento verde amargo y fuertes ácidos.

Las dos mejores denominaciones en cuanto a vinos tintos son Chinon y Saumur-Champigny. En su mejor momento, son atractivos, afrutados, sus sabores directos de frutos de verano apoyados por una buena estructura. En los buenos años, merece la pena que envejezcan.

PRODUCTORES: Couly-Dutheil, Domaine de la Tour, Raymond Raffault, Jean Baudry (Chinon); Fillitreau, Domaine des Roches Neuves, Sauzay-Legrand (Saumur-Champigny). Filliatreau también hace los mejores vinos del área menos distinguida que rodea a Saumur-Champigny, que reciben la designación de AC Saumur Rouge.

El Saumur espumoso se realiza siguiendo el mismo método que el *champagne*, y consta principalmente, pero no exclusivamente, de Chenin Blanc. El de los buenos productores como Gratien et Meyer (que también elabora un rosado espumoso de Cabernet Franc) o Bouvet-Ladubay, tienen una frescura agria pero muy apropiada para apagar la sed, que lo convierte en una buena opción como aperitivo de verano.

Algunos productores crean un AC Saumur sencillo, aún blanco, a partir de Chenin Blanc, que guarda un inesperado parecido con las versiones de solo-Chenin del Anjou Blanc Sec.

Turena Chenin continúa adentrándose en la región este de Tours, donde su lugar predilecto es Vouvray. Vouvray engloba prácticamente todas las manifestaciones estilísticas que puede adoptar un vino blanco: seco, semiseco, semidulce, botrytis y espumoso. Resulta confuso el que algunos productores no se inclinen a especificar en sus etiquetas el estilo, por lo que lo que se piensa que es un blanco extraseco puede que contenga un asombroso grado de azúcar residual en su interior. Sin embargo, el panorama está cambiando poco a poco, y Vouvray —aunque es muy sensible a las condiciones de la cosecha a la que pertenece— es capaz de dar como fruto uno de los vinos más apetecibles del Loira.

Cuando aparecen todos los detalles en la etiqueta, las designaciones son: *sec, demi-sec, moelleux (suave)* y *«Sélection»*, para las *cuvées* afectados de botrytis.

Los elevados torreones del Château Saumur se yerguen sobre el río Loira a su paso por Saumur.

169

Botellas de rosado espumoso, elaborado a partir de Cabernet Franc, descansan en los pupitres de las bodegas Gratien et Meyer, en Saumur.

PRODUCTORES: Fouquet (Domaine des Aubuisières), Brédif, Champalou, Château Moncontour, Prince Poniatowski. Huët elabora un espumoso mucho mejor que el Vouvray, un caldo tan rico y complejo como el *champagne*.

Alto Loira Después de describir un meandro hacia el norte, el río Loira empieza a recorrer su camino al sur y Sauvignon Blanc entra en juego dentro de las AC más conocidas de toda la región. Las dos denominaciones más laureadas de Sauvignon son Sancerre y Pouilly-Fumé, que se miran cara a cara desde el margen izquierdo y el derecho del río respectivamente. Las dos son capaces de producir algunos de los Sauvignon más fascinantes del mundo –llenos de sabores verdes intensos como la manzana y el espárrago, ortiga y perejil, así como bocanadas de humo engañoso– aunque de lo que sí están faltos es de grandeza, a juzgar por el precio que a menudo se exige por ellos.

PRODUCTORES: Gitton, Mellot, Roger, Vatan, Crochet, Bougeois (Sancerre); Didier Dagueneau, Châtelain, de Ladoucette, Château de Tracy (Pouilly-Fumé).

CHAMPAGNE

En el cuartel general del productor más grande y más famoso de champaña, Moët et Chandon, en Epernay, se levanta una adusta estatua en el patio de entrada. Se realizó en conmemoración de Dom Pérignon, lo mismo que el vino cumbre de la gama de Moët, al que se bautizó con su nombre. Pérignon era un monje benedictino que, en 1668, fue nombrado tesorero de la abadía de Hautvillers, cerca de la ciudad de Epernay, que actualmente es el centro neurálgico de la región.

Las tareas del hermano Pérignon incluían el mantenimiento de las bodegas y la elaboración

Las cuatro zonas vinícolas de la región de Champagne incluyen el cálido valle meridional del Aube.

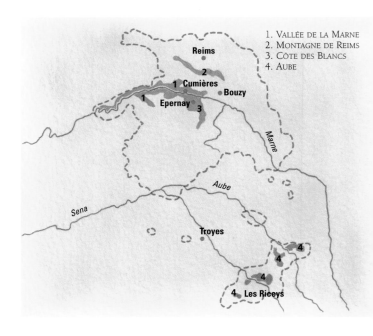

Una capa de nieve cubre el viñedo de Clos du Meanil, propiedad de Krug. Está plantado exclusivamente con uvas Chardonnay destinadas al *blanc de blancs* de Krug.

del vino, que era una parte importante de la vida monástica durante este período. Entre sus formidables logros se encuentra el perfeccionamiento de la técnica de elaboración de un vino blanco exclusivamente a base de uvas tintas, el refinamiento del arte de mezclar vinos de diferentes viñedos de la región para la obtención de un producto de la mejor calidad posible a partir de los recursos disponibles, y los avances en el tratamiento de clarificación para conseguir un vino más transparente que la turbia norma de la época.

Dom Pérignon también dedicaba un gran esfuerzo a la investigación, para evitar la temida refermentación que daba como resultado tantos vinos turbulentos. El lugar que ocupa en la historia de la región lo tiene incuestionablemente merecido, pero no como el inventor del *champagne* espumoso.

Cuando se racionalizó el proceso de elaboración de vinos espumosos, la inducción de la segunda fermentación en la botella se conseguía con la adición de una solución de azúcar al vino ya fermentado por completo. Esto

daba a los fermentos supervivientes un poco de alimento. La contrapartida de ello era que el sedimento de la levadura muerta se quedaba atrapado en el vino y le daba mucha nubosidad, sobre la que Dom Pérignon trabajó ardientemente con el objeto de poder evitarla. La casa de Veuve Clicquot, fundada en 1772, tomó la batuta en la tarea de solucionar este pegajoso problema.

Nicole-Barbe Clicquot-Ponsardin asumió las riendas del negocio después de que su marido –hijo del fundador– la dejara viuda con 20 años. Su formidable talento y su voluntad de innovación la hubieran hecho por sí solos una de las figuras clave de la historia del *champagne*, pero fue la aplicación bajo su tutela de la técnica de *remuage* lo que la instaló para siempre en el pabellón de la fama de esta región.

Mediante este método, las botellas se colocaban en las ranuras de un artilugio de madera parecido en su forma a las antiguas tablas de anuncio que portaban los «hombres-sandwich». Transcurridas varias semanas, los tra-

171

Viñas de Pinot Noir en las laderas de Montagne de Reims. La columna de humo que se eleva a lo lejos procede de la quema de las ramas podadas.

Barriles con mosto de uva sin mezclar. Las marcas indican la zona de la que proceden las uvas, por ejemplo, VZY equivale a Verzenay, en Montagne de Reims.

bajadores de la bodega las giraban sobre sí y las agitaban un poco con regularidad, y al hacer esto iban ajustando el ángulo de introducción en la ranura, hasta que más o menos acababan boca abajo. Al recibir los pequeños movimientos, el sedimento se iba bajando hacia el cuello de la botella, hasta que terminaba siendo recogido en la cápsula.

Llegado el momento, la manera de extraer el depósito acumulado era hundir el cuello de las botellas en una salmuera congelante hasta que la porción de vino que contiene el sedimento se hiela. Cuando se extrae la cápsula de metal, sale también con ella el depósito, y luego se la encorcha. Todo este proceso se realiza de modo automático actualmente, incluyendo la vuelta de botellas, que se realiza mediante unas máquinas programadas por ordenador, y luego introducen las botellas en los embalajes. Algunas casas aún se jactan de realizar todo este proceso a mano. Si con esto se consigue alguna diferencia entre los vinos es algo muy discutible.

La importancia del champagne como el rey de los vinos espumosos se estableció a finales del siglo XVIII, aunque la mayoría de las casas famosas que hoy conocemos se fundaron en la primera mitad del siglo XIX.

Cuando llegó la prosperidad tras la Segunda Guerra Mundial, el champagne empezó muy poco a poco a adentrarse en la escala social y a convertirse poco menos que en un lujo.

La producción de *champagne* está dominada por los miembros del Club des Grandes Marques, las grandes casas como Moët et Chandon, Bollinger, Mumm, Taittinger, Veuve Clicquot y Pol Roger. Además, hay muchas cooperativas importantes en la región que elaboran *cham-*

pagne con etiqueta propia para las cadenas de supermercados y los mercados de exportación. Y también surgen cada vez más cultivadores independientes que producen sus propios vinos a una menor escala.

La región se divide en cuatro grandes zonas, Vallée de la Marne, a lo largo del río en el corazón de Champagne, Montagne de Reims, una inmensa colina que se levanta sobre la ciudad, y donde se planta mucho Pinot Noir, Côte des Blancs, donde se encuentra la mayor concentración de Chardonnay y –bastante distante del resto hacia el sur– el valle Aube, con sus rústicos vinos. Por toda esta región, los suelos calcáreos dotan al *champagne* de gran parte de su refinamiento.

Non-vintage El estilo de referencia de champagne, y el distintivo por el que dan la vida las distintas casas, es la mezcla non-vintage. Todos los años se mantiene en reserva una cierta cantidad de vino básico y pequeñas cantidades de su vino más maduro y antiguo, conocido como vin de réserve, que se emplean para dar un toque más suave y un sabor más complejo a lo que de otro modo sería un vino muy áspero y acidrado. Cuando ha habido una sucesión de buenas cosechas, como ocurrió en el período de 1988-90, la calidad de non-vintage (o NV) es muy significativa. Los estilos varían enormemente según los productores, pero las ridículas fluctuaciones de calidad que se convirtieron en la norma de los años 1980 parecen haber sido borradas del mapa, afortunadamente.

Productores: Charles Heidsieck, Billecart-Salmon, Bollinger, Henriot, Pol Roger, Mailly Grand Cru, Devaux, Bouché, Georges Gardet.

Vintage Este es el producto de un año de cosecha, cuyo año aparece indicado en la etiqueta. El período mínimo de envejecimiento que debe dejar transcurrir sobre su propio sedimento en la bodega es de tres años, aunque las mejores casas lo dejan un poco más. Al igual que el oporto, el champagne de vintage sólo debería elaborarse en los mejores años, unas tres o como mucho cuatro veces por década.

Como media, los vinos de cosecha o vintage se comercializan transcurridos unos cinco años, aunque no lleguen a estar plenamente completos hasta los ocho o diez años. En 1995, por ejemplo, estaba claro que la excepcional cosecha del 88, que ya estaba en el mercado desde hacía bastante tiempo,

todavía necesitaba por lo menos otros tres años. Lleve esto en mente cuando vaya a adquirirlos: estos vinos son demasiado caros como para beberlos cuando aún no están del todo maduros.

El *champagne* durante el proceso de *remuage* en los tradicionales pupitres. Las botellas se giran a mano a lo largo de muchas semanas.

Verano en Verzenay, en Montagne de Reims. Las soleadas laderas están cubiertas casi totalmente de Pinot Noir.

A principios de marzo se podan las cepas, cuyos recortes se queman en una estufa portátil.

PRODUCTORES: Billecart-Salmon, Bollinger, Pol Roger, Henriot, Ruinart, Veuve Clicquot, Mailly Grand Cru, Mercier, Perrier-Jouët, de Venoge.

Rosé El champagne rosado sufre de algo que podríamos describir como una innecesaria frivolidad. Muchos se benefician, no obstante, de esta imagen, ya que en general no resultan tan atractivos como nos sugiere su apariencia. La mayor parte del vino se elabora mediante la adición de un poco de vino tinto del lugar sin burbujas al champagne blanco. Una reducida cantidad de éste (Laurent-Perrier es el ejemplo más famoso), se realiza tiñendo el jugo blanco con las pieles de las uvas, que se dejan remojadas en él durante un

breve intervalo de tiempo. Los champagne rosados pueden llegar a alcanzar un afrutamiento estimulante a fresa o melocotón que los convierte en una gloriosa bebida de verano.

PRODUCTORES: Pol Roger, Billecart-Salmon, Lanson, Laurent-Perrier, Jacquart y Krug y Roederer Cristal.

Blanc de blancs Es el champagne que sólo utiliza uva Chardonnay. Son los vinos más ligeros y elegantes de toda la gama. Es cierto que muchos de ellos parece que llenan menos el paladar que los champagnes con mezcla, aunque los ejemplos de vintage que están envejecidos adquieren una riqueza tostada que ensombrece el argumento de la ligereza.

Paisaje otoñal de la región de Champagne, con los dorados viñedos salpicando las colinas.

PRODUCTORES: Billecart-Salmon, Drappier, Pol Roger, Dom Ruinart, Salon, Taittinger Comtes de Champagne, Krug Clos de Mesnil.

Blanc de Noirs El champagne blanco elaborado a partir de uvas tintas, Pinot Noir y Pinot Meunier, con un tono normalmente más oscuro aunque nunca se confunde con el rosado. No es un vino que resulte atractivo de inmediato, ciertamente no es un champagne para principiantes, ya que suelen tener un sabor fangoso y plomizo. Cuando es un vino bueno, no obstante, la riqueza de su estilo llega a impresionar.

PRODUCTORES: Bollinger Vieilles Vignes, de Venoge, Billiot.

Prestige Cuvée Casi todas las grandes casas tienen algunas botellas de colección. Normalmente, aunque no siempre, son vinos de vintage, que se producen exclusivamente para demostrar la calidad real que pueden llegar a alcanzar. Se les suele dejar envejecer más tiempo que un vintage normal, o suelen proceder de alguna parcela más privilegiada. Los embalajes y etiquetados resultan muy divertidos, como muestra el Belle Époque de Perrier-Jouët, con una flor pintada en la botella, o el efecto refractario del cristal de los Palmes d'Or de Nicolas Feuillatte. Algo más que meros vinos de cosecha, estos champagnes tienen que envejecer convenientemente. Si le cuesta un dineral, es porque merece la pena.

PRODUCTORES: Bollinger RD, Roederer Cristal, Pol Roger Cuvée, Belle Époque de Perrier-Jouët, Gosset Grande Réserve, La Grande Dame de Veuve Clicquot, Mumm René Lalou, Cuvée Louise de Pommery y Cuvée Palmes d'Or de Nicolas Feuillatte.

ALSACIA

Una región vinícola superdotada que merece el mayor reconocimiento, Alsacia es una mezcla única de lo mejor de la cultura y las variedades de uva alemana y francesa, y ofrece unos de los estilos de vino más idiosincráticos de Francia. Casi todo el vino alsaciano es blanco varietal semiseco, elaborado a partir de alguna de las variedades de uva que a continuación se mencionan, y etiquetados como tal. Los cuatro primeros de la lista se consideran los más nobles, y son los únicos que se permiten en las zonas de viñedos designadas como *grand cru*.

Gewürztraminer Es la variedad que asociamos automáticamente con los vinos de la región. De aroma intenso, con una gama de esencias de almizcle, florales, salpicadas de

Alsacia, bordeada por las montañas de los Vosgos y el río Rin, está amparada por AC general, con viñedos específicos de *grand cru*. Las bodegas de los productores más afamados de la región se hallan en las ciudades que aparecen indicadas en el mapa.

La localidad alsaciana de Hunawihr, con su iglesia del siglo XV, y el viñedo de *grand cru* de Rosacker al fondo.

Hausseren-les-Châteaux, es una típica población de Alsacia rodeada de viñedos, con los restos de una fortaleza que coronan la colina que se eleva a sus espaldas.

fruta madura y especia dulce. Gewürztraminer es un vino con bastante color, baja acidez y un nivel rumboso de alcohol. A pesar de su fuerte personalidad, es un compañero simpático de muchas comidas, pero quizá de las que más, de los sabrosos pâtés y terrinas tan famosos de la cocina alsaciana. Los vinos se benefician de algún tiempo de envejecimiento en botella, aunque en cosechas muy maduras, como la del 1989, el nivel de acidez del vino acabado era un poco bajo como para iniciar un envejecimiento prolongado, que lo hubiera vuelto blando.

PRODUCTORES: Zind-Humbrecht, Hugel, Trimbach, Kuentz-Bas, Willm.

Riesling Los Riesling secos más resueltos y descarados del mundo proceden de Alsacia. En su juventud son dolorosamente austeros, y en casi todos sus ejemplos es obligatorio un período de envejecimiento en botella. Los sabores frutales son de piel de lima ácida y uva, corriendo paralelos a unos niveles de acidez metálica ejemplares y un porcentaje de alcohol notablemente más alto que los Riesling alemanes más secos. Trocken tiende a conseguirlo. Realiza un acompañamiento muy apetecible a los platos sencillos de pescado. En su madurez pueden verse invadidos de un humo fresco de gasolina recién bombeada y tierra mojada, pero nunca llega a perderse de su línea general de nerviosa acidez. La palabra clave para ellos es «raciales».

PRODUCTORES: Schlumberger, Louis Sipp, Trimbach, Hugel Cuvée Tradition, Zind-Humbrecht, Blanck.

Pinot Gris En otro momento recibía el nombre de Tokay-Pinot Gris en su etiqueta, siguiendo la leyenda del soldado que traía vinos de la región húngara de Tokaji (donde no existe Pinot Gris), esta es una variedad que se confunde mucho. En los productos de algunos expertos contiene la especia picante de la Gewurztraminer, con la fruta un poco más aguda, naranja quizá más que melocotón blando. Luego, de nuevo, posee una textura

gruesa, mantecosa y una capa de miel que la asemeja curiosamente al Chardonnay. Al igual que la Gewürztraminer, la acidez es por regla general bastante baja, lo que hay que tener en cuenta a la hora de decidir sobre el tiempo de envejecimiento de Pinot Gris.

PRODUCTORES: Zind-Humbrecht, Beyer, Schlumberger, Kreydenweiss, Albrecht.

Muscat Muscat es el nombre de una de las variedades de uva más antiguas que se conocen, de hecho se trata de una familia numerosa y no de una variedad sencilla. En Alsacia están presentes dos de sus ramas, una de ellas conocida, no es de extrañar, como Muscat d'Alsace y la otra como Muscat Ottonel. En sus etiquetas no se hace ninguna distinción entre ellas. Muscat es una de las uvas para vino dulce más importantes, la única que huele y sabe a verdadera uva. Si se vinifica al estilo seco, resulta muy agria, y de textura mucho menos consistente que las tres que se han mencionado anteriormente. En comparación con las demás, hay muy pocos ejemplares plantados, si bien durante los buenos años, las de las viñas de baja producción llegan a producir un vino blanco agudo, refrescante con algo de especia almizclera que gusta mucho en la región.

PRODUCTORES: Trimbach, Weinbach, Rolly-Gassmann, Schleret.

Pinot Blanc No es una uva especialmente aromática, pero sí que se la infravalorado. Pinot Blanc da como fruto un vino cremoso, ligeramente amanzanado que sirve de introducción a los iniciados ansiosos de adentrarse en las profundidades de Gewurz. A veces posee un sabor de fruta tropical o guayaba. Si se bebe joven, tiene mucho más carácter que muchos otros blancos secos sin roble. No es adecuado para un prolongado envejecimiento. (Una minoría de cultivadores insiste en denominar a sus vinos Klevner o Clevner).

PRODUCTORES: Rolly-Gassman, Hugel, Mann, Zind-Humbrecht, Weinbach.

Sylvaner La especialidad de uva en Franken, Alemania occidental, que produce en Alsacia un vino con un fuerte sabor vegetal, de repollo. No es el sabor más atractivo del mundo, aunque algunos ejemplares llegan a poseer una cualidad melosa y una riqueza inesperada que merece la pena degustar.

PRODUCTORES: Zind-Humbrecht, Becker, Weinbach, Domaine Ostertag, Seltz.

Crémant d'Alsace Alsacia elabora uno de los vinos espumosos más impresionantes de Francia, fuera de la región de Champagne, por regla general de más calidad que los Crémant de Borgoña o el del Loira. La uva principal es la Pinot Noir, si bien los reducidos cultivos de Chardonnay que se encuentran en esta región intervienen también en la elaboración de sus espumosos. El método es el mismo que el que se emplea para el champagne, con una segunda fermentación provocada en la botella. El resultado son unos vinos con un toque atractivo de nuez, llenos de sabor y considerable profundidad.

PRODUCTORES: Wolfberger, Dopff au Moulin, Dopff & Irion, la cooperativa Turckheim.

Vendange Tardive Este es el vino más pobre de los dos estilos dulces de Alsacia. Su nombre indica «cosecha tardía», con el que se especifica que se han dejado uvas en las viñas para que maduren más de la cuenta y así conseguir unos niveles de acidez y de azúcar natural más altos. La denominación se aplica sólo a la primera de las cuatro uvas nobles citadas con anterioridad. Pueden resultar deliciosos hasta la adicción, con un equilibrio perfecto entre las frutas maduras y un ligero roce de si-

Los viñedos de *grand cru* de Rangen se extienden en empinadas laderas en la localidad de Thann. Se trata del *grand cru* más meridional de Alsacia.

177

Tradicional construcción alsaciana con entramado de madera, que alberga las bodegas Hugel, en Riquewihr.

La ciudad de Riquewihr, dominada por la aguja de su iglesia, vista desde las viñas de *grand cru* de Schoenenburg.

rope picante. En las grandes cosechas de 1989 y de 1990, fueron muy ricos, melosos y de cremosidad decadente. En años más pobres, se aproximan mucho a los vinos secos, aunque con un poco más de cuerpo.

Séléction de Grains Nobles Lo de «noble» se refiere dentro de esta categoría a la podredumbre noble, botrytis, que ataca a las viñas en algunos años, y que permite a sus cultivadores conseguir uno de los vinos más untuosos y ricos de Alsacia. Tienen un fuerte contenido alcohólico y bastante dulzor, y en teoría deberían envejecer de maravilla. El único factor contaminante es que, en particular con respecto a Gewurz y Pinot Gris, la acidez –lo suficientemente baja en los vinos secos– cae en picado cuando se han dejado los frutos en la viña durante demasiado tiempo. De nuevo, sólo pueden emplearse las cuatro grandes uvas, siendo la Muscat la que se encuentra con mayor frecuencia.

Grand Crus Desde el año 1983, lleva vigente un sistema de *grand cru* en Alsacia, cubriendo los más prestigiosos viñedos de la región. A mediados de 1990, aún se seguía trabajando y negociando con ardor, pero con toda certeza en el momento en que quede finalizado habrá entre 50 y 60 nombres en la lista. Las cosechas que se permitían como crus en el punto de partida se habían fijado muy alto, y tendrá que ser reducida esta consideración si se quiere aplicar la denominación de grand cru. Sin embargo, los vinos procedentes de los viñedos así denominados deberán empezar a justificar el merecimiento de esta consideración, así también los cultivadores de grand cru que actualmente piensan que no tienen ninguna necesidad de demostrar nada. Riesling, Gewurztraminer, Pinot Gris y Muscat son el cuarteto de uvas más privilegiado de estos lugares específicos, y dado que los viñedos particulares son muy distintos los unos de los otros en términos de suelo, exposición y microclima, los vinos de grand cru nos ofrecen una visión engañosa de la indiscutible versatilidad que Alsacia puede llegar a tener.

BORGOÑA

Los amantes del gran Pinot Noir y el Chardonnay clásico pronuncian este nombre con reverencia. La historia vinícola de Borgoña se remonta a unos siglos atrás, enredada entre la división de la tierra y el papel del «négociant». Es la región que levanta las controversias más apasionadas sobre el vino francés. En tiempos pasados, los conocedores del vino francés se dividían amigablemente entre los devotos de Burdeos y los de Borgoña, el uno visto tradicionalmente como un vino cerebral, contemplativo, el otro como el producto de la sensualidad hedonista.

Chablis Los viñedos de Chablis, en el noroeste de la región principal de Borgoña están

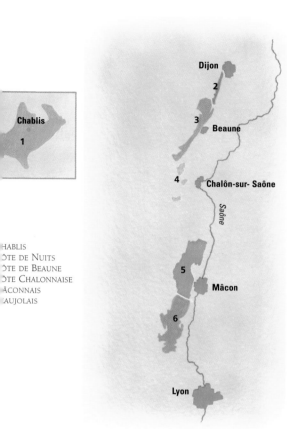

Chablis

1

CHABLIS
ÔTE DE NUITS
ÔTE DE BEAUNE
ÔTE CHALONNAISE
ÂCONNAIS
AUJOLAIS

Dijon

2

3 Beauné

4 Chalôn-sur- Saône

Saône

5 Mâcon

6

Lyon

jerarquía se complementa con una categoría de base denominada Petit Chablis. Ésta cubre a todos aquellos vinos de la tierra que han quedado fuera de la denominación principal, y los vinos procedentes de viñedos que no han alcanzado aún la edad mínima para dar un buen Chablis.

Hay siete *grand crus* todos ellos situados en la misma ladera orientada al sur, justo al norte de la ciudad de Chablis. Son: Blanchots, Les Clos, Grenouilles, Les Preuses, Valmur y Vaudésir. Estos Chablis son los más ricos y con más cuerpo. Hay que dejar que transcurran por lo menos cinco años antes de consumirlos, y muchos de ellos se verán favorecidos por el envejecimiento en roble. Si desea un Chablis, decántese por un grand cru.

Hay aproximadamente unos 40 viñedos con la especificación de *premier cru*, aunque muchos de ellos se ocultan bajo nombres colectivos. Los que encontramos con más frecuencia son: Fourchaume, Beauroy, Vaillons, Montée de Tonerre, Montmains y Côte de Léchet. Las cifras de *premiers crus* se han ido incrementando con firmeza a medida que los consorcios de cultivadores de viñas que hasta ahora estaban bajo la AC Chablis han ido persuadiendo a las autoridades de que aumentasen su categoría en la escala. En demasiados casos, todo hay que decirlo, este ascenso se debía a cuestiones de vecindad o no tenían ninguna justificación.

La denominación básica, chablis, ocupa la zona de viñedos más extensa del to-

Los grandes nombres de Borgoña se concentran en la línea norte-sur (izquierda, mapa) que se dibuja entre las ciudades de Dijon y Lyon; Chablis se sitúa más alejada en el norte.

Cuatro de los siete viñedos de *grand cru* de Chablis, en primer término Grenouilles, Vaudésir, Preuses y Bougros al fondo.

más cerca, desde el punto de vista geográfico, del extremo sur de Champagne que de la Côte d'Or. Considerando este punto, representa uno de los emplazamientos más septentrionales del Chardonnay sin burbujas de todo el mundo. No nos sorprende, por tanto, que el estilo que se ha llegado a asociar con esta zona sea el de un vino de textura ligera con una acidez feroz, y con un uso muy restringido o completamente nulo del roble.

La estructura de clase de los vinos de Chablis es muy parecida a la del resto de Borgoña. El emplazamiento de los grandes viñedos recibe el nombre de *grand cru*, la siguiente clasificación es *premier cru* y luego vienen los vinos con denominación básica. En Chablis esta

El Château de Gevrey-Chambertin, la denominación (AC) más importante del gran borgoña tinto en la Côte de Nuits.

tal. En su plena forma es ligeramente amanzanado, a veces un vino con un atractivo vegetal, con la acidez del limón fresco y un nivel de alcohol poderoso, aunque no aplastante, la esencia del Chardonnay sin roble. Es un estilo muy imitado en todos los lugares, en el que se recoge la uva temprano para evitar que suba el nivel de acidez, si bien el buen Chablis nunca debe resultar amargo o inmaduro. De hecho, en su centro, subyace una suavidad paradójica. A medida que envejece va asumiendo una calidad más rica y melosa, como si hubiera estado algún tiempo envejeciendo en barriles durante el paso de la viña a la botella, aunque en realidad no sea así.

PRODUCTORES: René Dauvissat, François & Jean-Marie Raveneau, Denis Race, Daniel Defaix, Robert Vocoret, Louis Michel, Jean Durup, la cooperativa de la Chablisienne. Diríjase a Wi-

lliam Fèvre si quiere degustar el mejor Chablis con influencia de roble.

Côte de Nuits La mitad septentrional de la Côte d'Or, que comienza justo al sur de Dijon, es la Côte de Nuits. Esta zona destaca en particular por sus vinos tintos, aunque se produce una pequeña cantidad de blanco en algunas denominaciones. Para muchos aspirantes a vinateros de tinto de todo el mundo, Côte de Nuits es la auténtica cuna de Pinot Noir. La majestuosa intensidad (y escasez) de sus vinos los convierte en los más grandes entre su clase —los legendarios *grands crus*— entre los más buscados y los más valorados tintos del planeta.

Esta guía de denominaciones recorre de norte a sur el mapa de la región. Algunas ciudades poseen terrenos de viñedos con designación individual dentro de sus respectivas denominaciones, *premiers crus* y *grands crus*.

Marsannay, Fixin, Gevrey Chambertin, Morey-St-Denis, Chambolle-Musigny, Vougeot, Vosné-Romanée, Nuits-St-Georges, Hautes-Côtes-de-Nuits y Côtes de Nuits-Villages.

Côte de Beaune Esta es la extensión meridional de la *Côte d'Or*, una zona que goza de una fama en particular por sus vinos blancos, aunque también hay muy buenos tintos. Los Chardonnay enroblecidos que gozan de mayor celebridad en Borgoña proceden del extremo sur de Côte de Beaune. De nuevo, esta es una relación norte-sur de las denominaciones: Pernand-Vergelesses, Ladoix, Aloxe-Corton, Savigny-lès-Beaune, Chorey-lès-Beaune, Beaune, Pommard, Volnay, Monthélie, St-Romain, Auxey-Duresses, Meursault, Puligny-

Montrachet, St-Aubin, Chassagne-Montrachet, Santenay, Maranges, Hautes-Côtes-de-Beaune, Côte de Beaune-Villages y Côte de Beaune.

Côte Chalonnaise La extensa zona de enorme producción que se sitúa al sur de Borgoña, el Mâconnais, está separada de la punta sur de la *Côte d'Or* por una franja de viñedos que recibe el nombre de Côte Chalonnaise. Toma su nombre de la ciudad de Chalonsur-Saône, en las riberas del río Saône, hacia el este.

Maconnais La región más meridional de Borgoña es el Mâconnais, al otro lado de la ciudad de Mâcon, que es, en muchos sentidos, el eje comercial de la región. La mayoría de las cooperativas de Borgoña se encuentran en Mâconnais y, más al sur, en Beaujolais. Se trata predominantemente de vinos blancos de mesa, de una o dos estrellas, encauzándose la mayor parte de la producción a los mercados internacionales, y se ve ensombrecida en muchos casos por el Chardonnay de cualquier parte del mundo.

BEAUJOLAIS

La región vinícola más meridional de Borgoña, las elevadas tierras de Beaujolais se dedican a la uva tinta Gamay y es uno de los estilos de vino tinto más individual del mundo vinícola.

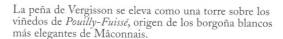
La peña de Vergisson se eleva como una torre sobre los viñedos de *Pouilly-Fuissé*, origen de los borgoña blancos más elegantes de Mâconnais.

Uvas Chardonnay a su llegada a la cooperativa de las Caves de Buxy, en la AC Montagny, en la Côte Chalonnaise.

Los colores otoñales del viñedo de Charmes, en Gevrey-Chambertin, Côte de Nuits.

El famoso Hôtel de Dieu, visto desde la entrada a los Hospices de Beaune en la ciudad de Beaune.

La región montañosa de Beaujolais, la más meridional de todas las zonas vinícolas de la Borgoña.

Viñas de Gamay envueltas en la niebla otoñal en la localidad de Juliénas, una de las villas de Beaujolais *cru* más septentrionales.

Los productores ofrecen aquí mucho más que «Noveau».

Es un vino de un peso tan ligero que muy pocos se molestan en envejecerlo, y de hecho en la mayoría de las ventas al por menor sólo se venden las dos últimas cosechas. Esto significa que el placer ocasional que puede suponer un Beaujolais maduro de carne asada, o de textura firme como la carne del salmón, le es denegado a la inmensa mayoría. De nuevo, el hecho de que la industria regional venda su producción anual prácticamente recién salida de la prensa como Beaujolais Noveau no indica precisamente que merezca la pena conservar este vino.

Hay una cierta tendencia a dar a los vinos *cru* más cuerpo y poder cambiando el método de vinificación (tradicionalmente, la *mácera-*

tion carbonique), para dejar algo de tanino en los vinos. Los que estén acostumbrados a los ligeros tintos frescos de verano puede que piensen que esto supone un golpe para el sistema. Lo mismo les puede pasar también a los que contemplan a Beaujolais como una zona que no utiliza el roble, cuando prueben los vinos madurados en barrica de un productor como Guy Depardon, en Fleurie.

En general, no obstante, Beaujolais sigue siendo eminentemente una bebida alcohólica de verano, elaborada con facilidad y embotellada temprano. A la luz de esto es duro comprobar el precio tan prohibitivo que le han puesto, sobre todo ahora que tiene unos rivales estilísticos muy definidos en cualquier parte de Europa.

Cuanto más básica sea su calidad y cuanto más joven sea, más frío hay que beberlo. Los mejores vinos *cru*, sin embargo, cuando envejecen unos seis o siete años, llegan a conseguir una complejidad característica de Borgoña. Los *négociants* dominan la escena de Beaujolais (en especial el excelente Georges Duboeuf), pero también hay otros cultivadores pequeños que merece la pena considerar.

Los vinos más superiores, a los que se conoce como *cru* Beaujolais, proceden de las diez villas que reúnen los terrenos más adecuados para viñedos. De norte a sur, éstas son: St-Amour, Juliénas, Chénas, Moulin-à-Vent, Fleurie, Chiroubles, Morgon, Régnié, Brouilly y Côte de Brouilly.

En cuanto a *Noveau*, es el vino de la nueva cosecha, que se comercializa en el mercado el tercer miércoles del mes de noviembre. Algunos años, puede ser bueno, pero lo más normal es que el hedor de su fermentación le provoque más de un ardor de estómago.

EL VALLE DEL RÓDANO

A la sombra durante siglos de Burdeos y Borgoña, el valle del Ródano es sin duda alguna la fuente de unos tintos ricos, muy especiados, y de unos blancos intrigantes procedentes de sus dos diferentes áreas, el norte, dominado por Syrah, y la cultura mixta del sur. Las denominaciones del norte del ródano (de norte a sur) son:

Côte-Rotie Lo que distingue a los tintos del norte de los del sur es que están elaborados a partir de puro Syrah, mientras que los vinos del sur son una mezcla en la que Syrah suele ser el compañero menos aventajado de la misma.

El nombre de la denominación, la «ladera asada», se refiere a su posición en colina mirando al sudeste sobre la orilla izquierda del río, donde los vinos se protegen de las condiciones meteorológicas adversas, y gozan de pequeños baños de sol. En los años más calurosos, Côte-Rotie es un vino con una con-

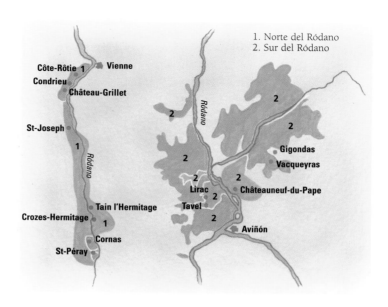

1. Norte del Ródano
2. Sur del Ródano

centración poco común, lleno de grosella y tanino, pero con capas de especia y chocolate, esperando que su maduración dure unos diez años. Tiene sentido que en la actualidad hayan alcanzado un precio mucho más caro que el Hermitage, con la inevitable consecuencia de que los precios de los vinos de los mejores cultivadores se han disparado por las nubes. En el pináculo de la ambición están los vinos de Marcel Guigal.

PRODUCTORES: Jasmin, Jamet, Delas (especialmente el Seigneur de Maugiron), Rostaing, Gentaz-Dervieux.

Condrieu La única uva que interviene en esta denominación de vino blanco es Viognier, que se puso de moda repentinamente en estos últimos años, cuando el mundo vinícola buscaba una variedad que pueda reemplazar la textura gruesa del buen Chardonnay con una personalidad aromática distintiva. Condrieu es su verdadero hogar. Sus vinos en principio parecen pesados y cremosos al olfato, pero luego sucede un aroma maravilloso de melocotones maduros, seguido de un sutil especiado que a menudo supone una remi-

El río Ródano da su nombre a la larga franja de la región vinícola del valle del Ródano, dividida en dos distritos bien diferenciados: norte y sur del Ródano.

Recogida de uvas Viognier en la AC de cuatro hectáreas del Château-Grillet, un único viñedo dentro de Condrieu con denominación propia.

Viñedos de la Côte-Rôtie –«ladera asada»–, la soleada ribera izquierda del Ródano, que se eleva por encima de la población de Ampuis.

niscencia de la cocina india –cardamomo, palos de canela, raíz de jengibre– todo ello rodeado de una sensación espesa y cremosa. Hay que decir, sin embargo, que muchos productores consiguen esto recurriendo al roble. La opinión tiende a dividirse sobre el mejor momento de beber estos vinos. Yo los prefiero cuando son muy jóvenes, unos dos años.

PRODUCTORES: Côte-Chéry, Vernay, Guigal, Dumazet, Cuilleron, C. du Rozay.

Château-Grillet Enclave individual de viñedos de cuatro hectáreas dentro de Condrieu, propiedad exclusiva de la familia Neyret-Gachet, merece una denominación propia. El vino envejece en roble y se elabora con la intención de que su vida sea más larga que la de Condrieu.

St-Joseph Vinos tintos y blancos. Puede que los tintos no sean tan distinguidos como los Côte-Rotie o Hermitage, pero sí tienen una inmediatez afrutada de frambuesa y un cierto potencial de envejecimiento. Algunos productores hacen un tinto ligero gemelo del Beaujolais, pero ni los más pesados llegan a ser tan densos como otros tintos del norte del Ródano. Los blancos se elaboran a partir de un par de uvas que suelen encontrarse juntas en estas zonas, Marsanne y Roussanne. St. Joseph no produce mucho, pero lo que hace se incluye dentro de un estilo fornido y seco como el nogal.

PRODUCTORES: Chave, Grippat, Trollat, Le Grand Pompée de Jaboulet (una de las empresas más importantes del Ródano).

Crozes-Hermitage La producción más extensa, sobre todo de vinos tintos, de la zona norte proviene de esta denominación. Siempre se la ha considerado el último peldaño de la calidad, pero lo cierto es que sus vinos están muy bien elaborados, incluso a nivel de cooperativa, y pueden representar un valor destacado. Apimentado, plomizo y de textura firme, capaces de envejecer durante algunos años. Se puede añadir hasta un 15% de uvas blancas (Marsanne y Roussanne), aunque es muy raro. Los vinos blancos son bastante pesados y poco inspirados.

PRODUCTORES: Graillot, Dom. du Thalabert de Jaboulet, Ferraton, Less Meysoniers de Chapoutier, Cave des Clairmonts.

Hermitage La inmensa colina de Hermitage se levanta en medio de la denominación de Crozes, lo mismo que sus viñedos en escarpada pendiente, pertenecientes a la AC de Hermitage. Suelen estar entre los tintos de proporciones más ma-

jestuosas que Francia produce, son grandes, de concentración poderosa, llenos de Syrah, con tanino y extracto para dar y tomar, y les lleva casi toda una década empezar a desarrollarse. Cuando lo consiguen, sale a la luz una de las causas del éxito de estos vinos: su fruta permanece vibrando tan fresca como el día en que se embotelló, por eso hasta uno de 12 años rebosa zarzamoras y frambuesas en abundancia, respaldadas por el chocolate amargo y las hierbas más sabrosas, tomillo y romero. Los blancos, mezcla de Marsanne y Roussanne, son ricos y fuertes, con sabor de avellanas tostadas y regaliz.

PRODUCTORES: Guigal, Hermitage La Chapelle de Jaboulet, Delas, Sorrel, Ferraton, Vidal-Fleury, La Sizeranne de Chapoutier.

Cornas Enigmática denominación para unos tintos a base de Syrah de textura densa y mucho tanino, que nunca parece que vaya a abrirse en las glorias frutales del Hermitage. Cuando se cata al azar, sin saber de qué vino se trata, se parece a las versiones fuertes del Châteauneuf-du-Pape con mezcla, por sus aromas de carne asada y pimienta negra.

PRODUCTORES: Clape, Dom. des Ruchets de Colombo, Verset, Voge, Jaboulet.

St. Péray Conocido sobre todo por ser un vino espumoso bastante áspero, elaborado a partir de uvas blancas Hermitage (y otra variedad más rara, Roussette), empleando el método de *champagne*, pero sin su elegancia. También se elabora un blanco sin burbujas con un raro gusto a queso, pero agradable.

PRODUCTORES: Clape, Grippat, Juge.

Las denominaciones del sur del Ródano son:

Châteauneuf-du-Pape Es el vino tinto más famoso del sur del Ródano, recibe su nombre de un palacio construido para uno de los papas de Aviñón en el siglo XIV y bombardeado por los alemanes durante la guerra, Châteauneuf se reconoce por el símbolo de las dos llaves cruzadas que lleva grabado en la botella. Abraza una amplia gama de estilos, desde la ligereza del Beaujolais hasta los más pesados,

aunque hoy en día no tiene ya nada que ver con el peso pesado que se describía en los libros. Principalmente Grenache, aunque puede escoger entre 13 variedades, si bien la mayoría de los productores recurren a tres o cuatro. También madura muy rápido, y es perfectamente potable a los tres años, edad en la que sorprende por su contenido en tanino parecido al del joven Hermitage. Los vinos blancos proceden de un grupo de variedades liderado por unas estrellas como Picpoul, Bourboulenc, Clairette y la versión blanca de Grenache. Tienden a poseer un aroma bastante neutro, pero se puede apreciar bien en el paladar su grosor, estructura y alcohol. Algunas excepciones, entre las que cabe destacar C. de Beaucastel, tienen un auténtico carácter y es mejor guardarlos unos tres o cuatro años. De Beaucastel también hace unos buenos tintos.

OTROS PRODUCTORES: Chante-Cigale, Dom. du Mont-Redon, Clos du Mont-Olivet, C. Rayas,

Viñedos de Châteauneuf-du-Pape origen del vino tinto más famoso del sur del Ródano.

185

Uvas Muscat recién vendimiadas son transportadas a la cooperativa local de Beaumes-de-Venise. Con ellas se elabora un vino dulce rico y voluptuoso, que lleva su mismo nombre.

Dom. du Vieux Télégraphe, La Bernardine de Chapoutier.

Gigondas Considerado como el suplente del Châteuneuf, aunque más fiero y de corazón negro, con mucho contenido de tanino y un alcohol que se sube a la cabeza. Necesita mucho tiempo para suavizarse, pero muchos de los vinos son demasiado austeros como para que merezca la pena esperar.

PRODUCTORES: Dom. du St. Gayan, Clos des Cazaux, Dom. Raspail, Jaboulet.

Lirac En la orilla opuesta del Ródano en relación a Châteauneuf, esta AC injustamente ignorada produce vinos de los tres colores, y todos ellos muy de confianza. Los tintos tienen buena fruta y una sustancia considerable, los rosados son maduros, elegantes y muy agradables y los blancos son fuertes y muy llenos de sabor. Buena oferta.

PRODUCTORES: Dom. les Garrigues, Dom. de la Tour, Maby.

Tavel Una AC, cosa rara, solamente para vinos rosados. Éstos suelen ser más bien de color beige en vez de rosa y tienen mucho alcohol, pero rebosan precisamente fruta. Muchos caen demasiado fuertes al paladar, por lo que no es apropiado clasificarlos como una bebida refrescante de verano. Pruébelo acompañando platos de marisco con mucha salsa.

PRODUCTORES: Dom. de la Ginestière, C. d'Aquéria.

Vacqueyras Desgajado de la masa de Côtes du Rhône-Villages en 1990 para recibir su propia denominación, Vacqueyras puede ser tinto, blanco o rosado, aunque los blancos dan muy poco de que hablar. Los tintos son muy especiados, de jengibre, con un cierto encanto de apariencia áspera.

PRODUCTORES: Dom. des Tours, Clos des Cazaux, Vidal-Fleury.

Côtes du Rhône-Villages Toda una franja de pueblos, desde Ardèche y el Drôme en el centro del valle del Ródano descendiendo hacia la sección sur, recibe esta denominación. De todas ellas, 16 pueden añadir su nombre a la designación básica, entre ellas están Cairanne, Séguret, Sablet, Chusclun y Vinsobres. Hay muchos productores que trabajan de un modo concienzudo, por lo que la calidad es bastante buena, y el precio adecuado.

Côtes du Rhône Esta es la AC básica que cubre todas las demás villas, incluyendo las del norte del Ródano. Los estilos varían desde los tintos ligeros y afrutados con mucho tanino, pasando por algún delicioso rosado, hasta una cantidad escasa de blancos lechosos. La calidad también está presente, pero por lo menos los vinos no son tan caros. Los tintos que hay que buscar son Côtes du Rhône de Guigal, Dom. de Fonsalette y cualquier vino etiquetado con el nombre de la localidad de Brézème, del área entre las zonas norte y sur, pero que está enteramente elaborada a partir de Syrah.

186

ITALIA

En la antigüedad, los griegos ya le llamaron «Oenotria», la tierra del vino. Italia ha seguido siendo una fértil tierra de vides y, en la actualidad, es uno de los países del mundo que más vino produce.

En los tiempos de esplendor del Imperio romano, ya estaba extendido el cultivo del vino. Algunos textos clave para la interpretación de este período hacen referencia a unas cosechas muy buenas y se habla de cómo los vinos de ciertas regiones, como el Lacio, cerca de la propia Roma, Toscana, al norte y Campania, con centro en Nápoles al sur, llegaron a ser muy apreciados.

La expansión del Imperio romano en Europa occidental abrió rutas comerciales muy fecundas, que no sólo mantuvieron ocupado al ejército invasor sino que facilitaron la extensión de la práctica de la viticultura en puestos tan destacados como Hispania y la Galia. Incluso Britania (provincia romana que ocupaba parte del territorio de la actual Gran Bretaña), con el clima aparentemente benevolente del que gozaba en aquellos tiempos, aprendió de los romanos cómo ocuparse de las viñas y hacer vino. Éste fue un hábito que no habrían de perder los británicos hasta la época de la disolución de los monasterios.

Hoy en día, en términos de volumen, Italia sigue siendo la mayoría de los años uno de los principales productores de vino del mundo, junto con España y Francia. El vino forma parte importante de la vida cotidiana mucho más incluso que en Francia. La familia media italiana consume vino en todas las comidas, siendo un elemento esencial de la cocina tradicional.

Mientras que en Francia hay franjas enteras de tierras –sobre todo en zonas del norte, como Bretaña y Normandía– que climáticamente no son adecuadas para la producción de vino, no hay un lugar en Italia que no sea propicio para el cultivo de la vid. Desde la frontera alpina con Suiza hasta la región tiro-

La principal actividad agrícola de Italia es la producción de uva. Por todo el país se plantan viñas, desde la frontera norte hasta el «tacón de la bota».

1. PIAMONTE
2. VALLE DE AOSTA
3. LIGURIA
4. LOMBARDÍA
5. TRENTINO-ALTO ADIGIO
6. VÉNETO
7. FRIULI
8. EMILIA-ROMAÑA
9. TOSCANA
10. LAS MARCAS
11. UMBRÍA
12. LACIO
13. ABRUZOS
14. MOLISE
15. PUGLIA
16. CAMPANIA
17. BASILICATA
18. CALABRIA
19. SICILIA
20. CERDEÑA

La DO Barbaresco, en el Piamonte, en las estribaciones de los Alpes.

Segando amapolas durante la primavera en Barolo.

lesa lindante con Austria, siguiendo hacia abajo hasta llegar a la punta de la bota en Calabria –por no mencionar las islas de Sicilia y Cerdeña– la agricultura italiana se basa principal y básicamente en la producción de vino.

Lo que mantiene un poco atrasado a este país es la carencia de un sistema de calidad coherente que todo el mundo respete. El equivalente de la Denominación de Origen (DO) española es la *DOC* (*denominazione de origine controllata*); su subdivisión superior es la *DOCG* (*denominazione de origine controllata e garantita*). Se crearon estas designaciones en los años 60, pero se aplicaban más bien al azar entre los vinos que tenían un cierto valor comercial en esta época. En consecuencia, como una indicación general de calidad, eran, en el mejor de los casos, inútiles y en el peor, rotundamente engañosos.

Desde 1992, ha habido una campaña muy dura y laboriosa para rediseñar el sistema, conocido como *Ley Goria*, en honor del Ministro de Agricultura que la concibió. Con ella, en teoría, debería ser más riguroso el control de calidad dentro de las regiones DOC y DOCG, al someter a todos sus vinos a la aprobación general de un jurado profesional.

La *Ley Goria* también disponía una clasificación de los mejores vinos regionales mediante un término análogo al francés *vin de pays*: IGT (*indicazione geografica tipica*). Todo lo demás era *vino da tavola* ('vino de mesa'), aunque también hay que decir que algunos de los vinos más exquisitos de Italia se han elaborado bajo una violación flagrante de las regulaciones referentes a sus áreas. Estos vinos se etiquetan con todo descaro como humildes *VdT*, del mismo modo que el monumental Mas de Daumas Gassac, del sur de Francia, se enorgullece de llevar la etiqueta Vin de Pays de l'Hérault.

PIAMONTE

La región noroccidental de Piamonte, en las estribaciones de los Alpes, es uno de los mejores distritos vinícolas de Italia. Los estilos pueden variar desde los blancos más ligeros, pasando por espumosos dulces hasta los tintos extraordinarios de gran longevidad. A continuación aparecen listados por orden alfabético.

Arneis DOC desde el año 1989 para los vinos blancos elaborados a partir de la uva del mismo nombre. Su constitución es mucho más austera que la de muchos blancos italianos, con un afrutamiento que recuerda a la pera ácida, mezclada frecuentemente con un perceptible perfume de almendras. Crece en las colinas de Langhe que rodean a Alba, y también en Roero, al noroeste de la ciudad. PRODUCTORES: Castello di Neive, Voerzio, Giacosa, Vietti.

Asti Conocido antiguamente como Asti Spumante, el famoso espumoso dulce que se elabora en la zona de Asti es uno de los estilos clásicos italianos. Tiene una baja graduación (normalmente alrededor de un 7%) y está lleno de sabores de uvas verdes maduras y almendras dulces. Es uno de los vinos espumosos más asequibles del mundo. Su calidad está asegurada, aunque se ha visto dañada por una cierta imagen de vulgaridad, presumiblemente consecuencia de su dulzor.

PRODUCTORES: Fontanafredda, Martini, Sandro, la mayoría de las etiquetas propias de supermercado.

Barbaresco Este tipo y Barolo *(véase a continuación)* son los dos tintos más importantes que produce la brillante uva Nebbiolo. Con centro en la ciudad del mismo nombre, la DOCG de Barbaresco tiene fama de ofrecer unos Nebbiolos un poco más elegantes que su hermana Barolo, establecida desde hace más tiempo, aunque la diferencia es muy sutil. Éstos son vinos inmensos, tánicos, perfumados de modo exótico, increíblemente ásperos en su juventud aunque envejecen bien hacia una madurez sabrosa y achocolatada.

PRODUCTORES: Gaja, Giacosa, Pio Cesare, Marchesi di Gresy, Scarpa.

Barbera d'Alba/d'Asti/del Monferrato La variedad de uva Barbera, seguida por el nombre de cualquiera de estas regiones del Piamonte, produce un tinto de aguda acidez, aunque agradablemente afrutado a cereza, que por regla general es bastante ligero de cuerpo y graduación. Es mejor beberlo joven y fresco; su innegable potencial es lo que ha hecho que ciertos cultivadores de California se atrevan con él.

PRODUCTORES: Viticoltori dell'Acquese, Guasti, Conterno, Borgogno.

Barolo Rey de los tintos del Piamonte, Barolo es uno de los vinos más viajeros de todas las DOCG de Italia. Sus seguidores están entre los más dedicados y es que, a menudo, resulta difícil saber cuándo está en su mejor momento. En su juventud es rígido en grado extremo por su tanino, aunque el color empieza a aclararse con una rapidez pasmosa. Entonces empieza a adquirir una gama extraordinaria de sabores entre los que se incluyen las violetas, las ciruelas, el chocolate amargo y las hierbas silvestres, pero aunque tenga 20 años (momento en el que ya se ha vuelto bastante marrón), se niega obstinadamente a perder la fuerza de su tanino. Sus cultivadores han rechazado el compromiso de adaptarse a los gustos modernos, por lo que Barolo sigue siendo uno de los tintos no reconstruidos más gloriosos del mundo. Los mejores viñedos se especifican en la etiqueta.

PRODUCTORES: Aldo Conterno, Giuseppe Mascarello, Prunotto, Ceretto, Voerzio, Altare, Cavallotto.

Brachetto d'Acqui Vino rosado poco convencional, normalmente algo espumoso, procedente de la aromática uva Brachetto.

Carema Diminuta DOC para los tintos ligeros de uva Nebbiolo, en el norte. Busque los vinos de Ferrando.

Dolcetto Siete DOC en el Piamonte elaboran vino tinto a base de la variedad Dolcetto. Son: Dolcetto d'Alba (la mejor), Diano d'Alba, Dogliani, Dolcetto d'Acqui, Dolcetto d'Asti, Ovada y Langhe Monregalesi. Este vino es un producto púrpura brillante, ligero de cuerpo, exuberantemente fresco, para beberlo joven y abarrotado de un fuerte sabor frutal de arándanos. En comparación con el Beaujolais, el Dolcetto joven es casi siempre una alternativa más atractiva y de un precio más agradable para el bolsillo.

PRODUCTORES: Mascarello, Clerico, Vajra, Ratti, Viticoltori dell'Acquese.

Erbaluce di Caluso Vinos de postre blancos ligeros y un poco secos, así como conocidos pero poco frecuentes (Caluso Passito), elaborados a partir de la uva Erbaluce, que no es especialmente notable.

PRODUCTORES: Boratto, Ferrando.

Favorita Variedad blanca que produce un vino varietal agradablemente alimonado en las riberas del río Tanaro. Su mejor cultivador es Malvira.

Freisa d'Asti/di Chieri Un par de DOC, la última muy cerca de Turín, para un tinto floral, intensamente perfumado, de atractiva ligereza, a partir de la uva del mismo nombre.

Gattinara La más importante de las DOC menos conocidas para vino tinto basado en Nebbiolo. Los vinos de Gattinara son intensos y con un prolongado potencial de vida.

PRODUCTORES: Brugo, Travaglini.

En las elevadas estribaciones alpinas del valle de Aosta, todavía se suele sujetar las viñas con unos tradicionales entramados.

Gavi/Cortese di Gavi Blancos secos con un precio ambicioso elaborados a partir de la uva herbácea Cortese. Gavi (en particular su manifestación más ilustre, Gavi di Gavi) está muy considerada a nivel local, lo que ayuda a explicar su precio astronómico.
PRODUCTORES: Delletto, Chiarlo, Arione.
Grignolino Tinto varietal ligero, bebible a grandes tragos, elaborado cerca de Asti y sólo un poco menos afrutado que el Dolcetto.
Moscato d'Asti Elaborado en la misma región y a partir de la misma uva que Asti, pero mucho menos espumoso que su primo más conocido. Moscato d'Asti destaca por su apetecible frescura cítrica.
PRODUCTORES: Chiarlo, Ascheri, Vietti, Gatti.
Ruchè Pequeña DOC que elabora tintos plenos aromatizados con hierbas, en la región de Monferrato. No se encuentran con facilidad.
Spanna Sinónimo muy empleado para la uva Nebbiolo. Lo encontramos a menudo en los tintos de rica textura del Piamonte. Travaglini produce un buen ejemplo.

VALLE DE AOSTA

La esquina noroccidental más alejada de Italia está ocupada por un pequeño valle fluvial que limita con Francia y Suiza. Los vinos que allí se elaboran están hechos a base de las uvas nativas, respaldadas por la adición de Nebbiolo y Moscato, así como cultivos de las variedades de Borgoña y Alsacia. Casi todo se consume dentro de la misma zona.

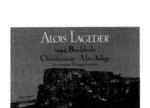

Aunque la recuperación de las cepas autóctonas está cobrando un gran auge en casi todas las denominaciones italianas, el éxito de las variedades internacionales continúa, destacando algunas como la blanca Chardonnay.

TRENTINO-ALTO ADIGIO

Cerca de la frontera con Austria está la región vinícola más septentrional de Italia. Los austríacos, así como los muchos italianos que hablan alemán en estas tierras, conocen el Alto Adigio como *Südtirol* o Tirol del sur. La mitad inferior toma su nombre de la ciudad de Trento.

En el último par de décadas, los productores han ganado un nombre para la región mediante la elaboración de algunos vinos ligeros e impresionantes a partir de variedades internacionales, sobre todo Cabernet Sauvignon y Franc, Merlot y Pinot Noir, así como Chardonnay, Pinot Gris y Pinot Blanc. El bodeguero australiano, Geoff Merrill, ha conseguido aquí algunos caldos destacados.

Una parte del Chardonnay envejece en barrica y aspira a ganarse un puesto en el mercado internacional de vinos blancos enroblecidos, aunque hay que decir que los precios de estos vinos de madera suelen ser demasiado rígidos. Las variedades de uva local de particular importancia son la Marzemino, con sabor a cereza amarga; Lagrein, abundantemente achocolatada (con la que se llegan a conseguir unos tintos vigorosos como el Lagrein Dunkel, así como rosados graciosos que se conocen con el nombre de Lagrein Kretzer) y el Teroldego de grosella, que tiene su propia DOC en Teroldego Rotaliano.
PRODUCTORES: Haas, Lageder, Tiefenbrunner, Walch.

VÉNETO

El Véneto es la región productora más importante del noreste de Italia y se extiende desde la zona oriental del lago de Garda atravesando Venecia hasta llegar a la frontera con Austria.

Secado de uvas para la elaboración de los vinos Amarone y Recioto, de la bodega Masi, en la DOC de Valpolicella (Véneto).

Hay algunas DOC importantes y algunos nombres que se reconocen fácilmente, como Soave y Valpolicella, pero la calidad general se ve disminuida por una producción excesiva y una pésima adecuación de las variedades de uva a las tierras en las que se las pretende acoplar. Sin embargo, está claro que puede mejorar y, por ello, algunos viticultores emprendedores ya están mostrando su impaciencia con tanta mediocridad.

Bardolino Tintos de la ligereza de una pluma, a partir de un trío de uvas locales, que hay que beber frescos y jóvenes y no pensárselo mucho. Los vinos etiquetados como Superiore deberían tener un poco más de brío. La versión rosada se denomina Chiaretto, pero rara vez resulta de excelente calidad.
PRODUCTORES: Masi, Boscaini, Le Vigne di San Pietro.

Bianco di Custoza Sobre todo blancos secos neutros a partir de un cóctel de variedades de uva, ninguna de las cuales parece contribuir mucho a su carácter. Ocasionalmente un vago toque de frutas variadas aviva ciertos vinos, pero esto no ocurre muy a menudo.
PRODUCTORES: Zenato, Le Vigne di San Pietro, Portalupi, Tedeschi.

Breganze Ésta es una de esas DOC que causa sensación a base de probar los vinos varietales internacionales, pero también produce mucho vino vulgar elaborado a partir de uvas locales. Los tintos realizados mediante la mezcla de Burdeos pueden resultar extraordinariamente buenos dentro del estilo de un genuino clarete. Maculan se mantiene sobre otros productores de la misma zona.

Gambellara Blancos secos que guardan un marcado parecido con el Soave, al estar elaborados con las mismas uvas. La mayoría de estos vinos son bastante suaves.

Piave Esta zona, vecina inmediata de Venecia, produce grandes cantidades de un vino varie-

El castillo de Soave, en el Véneto, da su nombre a uno de los vinos blancos secos más famosos de Italia.

Cajas de Soave abandonando la sala de embalaje de la bodega.

tal mediocre, la mejor parte un Merlot, aguado y herboso.

Prosecco di Conegliano/di Valdobbiadene Elaborado cerca de Piave, Prosecco puede ser un blanco seco sin burbuja, pero su manifestación más celebrada es como un espumoso sencillo, en el que se emplea el método de Charmat mediante el que se induce una segunda fermentación en el interior de un enorme tanque antes de su embotellado. Suele ser muy seco y resulta refrescante. En los bares de Venecia lo mezclan con zumo de melocotón para hacer el famoso cóctel Bellini. PRODUCTORES: Collavini, Carpene Malvolti.

Soave Uno de los vinos blancos secos más famoso de Italia, que suele ser sinónimo de la imagen del blanco italiano (extraseco, totalmente neutro, sin sabor) que tienen muchos bebedores de vino. Cada vez se añade más proporción de Chardonnay en la mezcla, aunque ello no le ha añadido un nuevo interés. Si tiene suerte, encontrará en el olfato indicios interesantes de pasta de almendras. Algunos productores están experimentando envejeciéndolo en roble –cualquier cosa por hacer que sepa a algo–. Recioto di Soave es una versión dulce, aunque austera, elaborada con uvas pasas.

PRODUCTORES: Pieropan, Anselmi, Costalunga, Pasqua, Zenato, Tedeschi, Santi.

Valpolicella DOC de vino tinto que cubre una gran multitud de tipos, desde los vinos de color rosa muy diluidos con poco o ningún carácter hasta algunos tintos deliciosamente concentrados, achocolatados, picantes y con un considerable potencial de envejecimiento. Al igual que la calidad básica (y la versión Superiore, que posee una graduación ligeramente mayor), existen Valpolicellas tradicionales de alto octanaje procedentes de uvas secadas sobre esteras de paja.

Recioto es una versión aterciopelada y dulce que guarda una cierta semejanza con el oporto, mientras que Amarone se fermenta hasta conseguir que resulte completamente seco, tiene una alta graduación (un 15-16% sin fortificar) y es terriblemente amargo (su nombre procede de la palabra italiana amaro, que significa «amargo»). Ripasso es un término medio, un Valpolicella corriente al que se ha pasado por el hollejo de las uvas empleadas para el Amarone o el Recioto.

PRODUCTORES: Allegrini, Quintarelli, Tedeschi, Masi, Le Ragose.

TOSCANA

Fue aquí donde despegó realmente la revolución del «Vino da tavola», con el lanzamiento de una generación de vinos sin referencia a las estipulaciones DOC. Con ello demostraron de una vez por todas que los viticultores italianos eran perfectamente capaces de producir vinos con clase.

Bolgheri El escenario vinícola toscano se transformó en los años 70 con la comercialización de las primeras cosechas de Sassicaia, el invento genial de la familia Incisa della Rochetta. Mezcla de las dos Cabernet, se trataba de un intento de producir un vino de primera con la imagen de un Burdeos de crecimiento clasificado. Aunque no contiene ninguna variedad italiana, encierra la quintaesencia de Toscana, el afrutamiento a grosella con un final a hierbas amargas que anuncia con orgullo su procedencia. Fue un mero *vino da tavola* hasta el año 1994, en que la DOC de Bolgheri se amplió para incluirlo. Es un vino francamente caro, pero que resulta realmente memorable.

Brunello di Montalcino Creado de la mano de la familia Biondi-Santi en las postrimerías del siglo XIX, Brunello se elabora a partir de un derivado especialmente fino de la uva Sangiovese de Chianti. Desde el final de la última guerra mundial no ha habido más que un nombre, Biondi-Santi, implicado en la producción de este vino. Brunello es uno de los grandes tintos de Toscana –más rico y profundo que el Chianti, lleno de sabor ácido y hierbas picantes, capaz de una larga evolución. Según la normativa, tiene que reposar por lo menos tres años en barrica de roble, lo que muchos consideran demasiado tiempo, y hay que subirse a la estratosfera para encontrar su precio, pero eso sí, la calidad está ahí. Una DOC independiente, Rosso di Montalcino, se creó para la comercialización de los vinos de un año de edad; éstos representan un valor mucho mejor.

PRODUCTORES: Biondi-Santi, Val di Suga, Talenti, Il Poggione, Argiano, Castelgiocondo.

Carmignano Se permitió el uso de Cabernet en el Carmignano antes de que éste aventajara a cualquier otro tinto toscano, incluido el Chianti. La proporción no es grande, pero la Sangiovese posee la suficiente madurez como para no necesitar la dimensión extra de intensidad que confiere Cabernet. Su impresionante calidad recibió como premio, en 1988, su ascenso de DOC a DOCG. Capezzana es el nombre más importante en los mercados de exportación y merece una gran confianza.

Chianti Como sucede inevitablemente en cualquier región con una producción tan voluminosa de vinos, Chianti abarca en una escala de calidad desde vinos celestiales con una tremenda concentración a menudo potenciada por el roble hasta unos tintos insulsos que sólo han contribuido con los años a minar su reputación. Parte del problema es que hay demasiado terreno incluido en esta región. Comprende siete subzonas: Chianti Classico (el corazón de la región entre Florencia y Siena), Chianti Rufina en el noreste, Chianti Montalbano y cuatro laderas que reciben el nombre de las ciudades a las que pertenecen: Colli Fiorentini (Florencia), Colli Senesi (Siena), Colli Aretini (Arezzo) y Colli Pisane (Pisa).

De éstas, sólo las dos primeras son fiables en cuanto a calidad y siempre llevarán sus nombres regionales. Los vinos que más esperan en barrica de cualquiera de estas zonas se etiquetan como «Riserva», lo que no es necesariamente un indicativo infalible de buen vino, ya que Chianti es demasiado frágil como para so-

Arriba, viñedo de Merlot en la DOC de Bolgheri, destinado al «supertoscano» Ornellaia, que elabora la bodega Tenuta Dell'Ornellaia. En el centro, uvas colgadas secándose. Son la base del vino dulce toscano Vin Santo.

portar una larga permanencia en madera. A la mezcla tradicional de Sangiovese y Canaiolo se ha unido Cabernet, pero la admisión de las uvas blancas Trebbiano y Malvasia no ha hecho otra cosa que obstaculizar la producción de vino de calidad y muchos de los mejores bodegueros no las tienen en consideración.

Normalmente, Chianti es un vino tinto anaranjado, con un aroma de bayas secas, quizás algo de tomate plum y hierbas aromáticas, que resulta bastante penetrante al paladar por su elevada acidez y un final un poco apimentado. Los métodos modernos de producción están dando como fruto unos vinos con un colorido mucho más rico, una presencia obvia de Cabernet y acabados más largos que lo que ha venido siendo la norma.

PRODUCTORES: Castello di Volpaia, Castello di Fonterutoli, Villa di Vetrice, Isole e Olena, Castello di San Polo in Rosso, Badia a Coltibuono, Berardenga, Fontodi, Selvapiana.

Galestro Cuando los productores dejaron de aguar su Chianti con Trebbiano, algo había que hacer con esa uva tan masivamente plantada. Galestro, un blanco seco, transparente como el agua, de baja graduación y sin sabor fue la respuesta. Malvasia puede añadir algún interés.

Vernaccia di San Gimignano La uva local, Vernaccia, forma la base de este vino blanco tan premiado pero de bajo volumen, hecho a la vista de las famosas torres de la ciudad de San Gimignano. Fue el primer vino en conseguir la nueva clasificación DOC en 1966 y recibió su consagración como DOCG en 1993. Chardonnay puede constituir no más del 10% de la mezcla. En los mejores ejemplos, presenta una fascinante textura de cera y un atractivo carácter de pasta de almendras, pero, como sucede con otros blancos italianos, la norma general es un producto suave y sin carácter.

PRODUCTORES: Terruzzi e Puthod, Falchini, San Quirico.

Vino Nobile di Montepulciano Hay una variedad de uva italiana que recibe el nombre de Montepulciano, pero que no forma parte de este vino DOCG, que se hace en las colinas situadas al sureste de Florencia a partir de la mezcla clásica de uvas Chianti (menos Cabernet). Aunque los vinos pueden alcanzar un alto grado de intensidad, con fuerte afrutamiento morado y un toque de regaliz, se suelen sacar justo en el momento en que se ha conseguido la clase de un Chianti o un Brunello de los mejores. Se necesitan dos años de envejecimiento en barrica; y de nuevo, los mejores bodegueros ignoran las uvas blancas. Como sucede con el Brunello, el vino más joven se puede comercializar como Rosso di Montepulciano, bajo su propia DOC.

PRODUCTORES: Avignonesi, Trerose, Boscarelli, Fattoria del Cerro.

Vin Santo Sin duda alguna la mejor manifestación de las mediocres uvas blancas de Toscana es en el Vin Santo, un vino *passito* (como se conoce este vino de postre italiano) exquisitamente dulce. Se elabora a partir de las uvas que se han dejado colgadas en la parte más cálida de la bodega para que pierdan la humedad y se sequen. Una pequeña cantidad se deja fermentar hasta que alcanza una gran sequedad que se asemeja al jerez más seco. Hay dos DOC para el Vin Santo: Val d'Arbia y Colli dell'Etruria Centrale. La última es la que permite el uso de variedades no italianas. La norma general es que envejezcan durante largo tiempo en barrica y muchos se elaboran en un estilo deliberadamente oxidado.

PRODUCTORES: Isole e Olena, Avignonesi, Selvapiana.

UMBRÍA

Encajada entre Toscana y Las Marcas, este pequeño cercado de tierra tiene su centro neurálgico en la ciudad de Perugia. Su vino más conocido es el Orvieto, que reclama como propia una característica variedad de uva local en Grechetto. Desgraciadamente, se ve inundado de las mezclas de Trebbiano y Malvasia. Se vende en tres estilos básicos: un vino seco simple *(secco)*, que muchas veces posee la acidez de las peras conferencia; un dulce intermedio *(abboccato)*, y un vino de postre muy dulce y a menudo con «podredumbre» *(amabile)*. La calidad general es aburrida; Barberani, Palazzone y Bigi hacen los mejores.

Torgiano es el mejor vino tinto, clasificado ahora como DOCG. Se hace a partir de Sangiovese en un estilo increíblemente concentrado (uno de sus productores, Lungarotti, ha abierto este camino). Montefalco es una DOC para los tintos de Sangiovese que proceden de las proximidades de Asís y que se mezclan con una pequeña cantidad de la variedad local Sagrantino. En esta región se vinifica sólo esta uva y tiene además su propia DOCG, Sagrantino di Montefalco.

ABRUZOS

La reputación de esta región montañosa de la costa del Adriático, al sur de Las Marcas, descansa en un par de vinos DOC, uno tinto y otro blanco. El tinto, Montepulciano d'Abruzzo, es con diferencia el más famoso de los dos. Elaborado a partir de la uva del mismo nombre, se trata siempre de un vino suavemente aciruelado, bajo en taninos, pausado y con un extraño pero inconfundible aroma a brisa marina. A pesar de su fuerte personalidad, nunca ha llegado a ser caro en los mercados internacionales y representa con frecuencia una apuesta segura para los tintos italianos de precio modesto con más profundidad que muchos otros. Umani Ronchi y Mezzanotte elaboran algunos ejemplos finos.

El vino blanco, Trebbiano d'Abruzzo, se crea problemas a sí mismo por su nombre. Es una típica paradoja italiana pues realmente no contiene nada de Trebbiano, sino que procede de una variedad meridional que lleva el espléndido nombre de Bombino. Un bodeguero llamado Valentini ha elaborado por su cuenta un nombre para esta DOC con un vino seco con aromas de avellana de una intensidad nada común.

PUGLIA

Puglia es el talón de Italia y contiene el puerto adriático de Bari. Es responsable de una de las mayores producciones anuales de toda Italia. Sin embargo, sólo una pequeña porción de esta región es una

Botellas de Montepulciano d'Abruzzo durante el proceso de empaquetado en la bodega de Illuminati. Este vino es uno de los tintos de más confianza del país y su precio resulta bastante razonable.

Las vides luchan por conseguir un espacio en los acantilados costeros de Amalfi, en Campania.

DOC estándar. Los mejores tintos proceden de la provincia de Salento, en el extremo sureste. Aquí la excitante uva especiada Negro-amaro es la que reclama la gloria. Su mejor DOC es Salice Salentino, un vino tinto ricamente aciruelado y a menudo amielado, de enorme atractivo (el Riserva de Candida es un magnífico ejemplo). También aparece en los vinos de Copertino, Squinzano y Brindisi entre otros, recibiendo a veces el toque extra de Malvasia Nera.

Primitivo di Manduria hace unos vinos tintos de muy alta graduación a partir de la uva Primitivo, que se ha identificado como la Zinfandel de California. Castel del Monte es otra DOC de vino tinto con su propia uva local, la fascinante Uva di Troia. Por lo demás, las uvas de los Abruzos son relativamente importantes, y se tiene una noción bastante general de las variedades internacionales.

CAMPANIA

El suroeste napolitano de Italia encierra la tradición vinícola más venerable de todo el país, pero el porcentaje más bajo de vino calificado como DOC. Esto es algo vergonzoso, ya que las áreas DOC tienen un potencial incuestionable. Taurasi es un tinto muy fuerte y excitante, con mucho tanino, que parte de una buena variedad local, denominada Aglianico. Falerno del Massico es una nueva DOC que busca recrear la gloria perdida de Falernum, el tan reverenciado vino de la antigüedad clásica que se menciona en la literatura de ese período; es una mezcla de Aglianico y la Piedirosso local con Primitivo y Barbera.

Las principales DOC de vino blanco son Greco di Tufo, un vino delicadamente alimonado con un cierto encanto, y Fiano d'Avellino, que puede llegar a tener el sabor de las peras maduras. Los dos reciben el nombre de las variedades de uva de la que proceden. Lacryma Christi del Vesuvio es uno de los vinos más famosos de la región y se presenta como vino blanco y como tinto aunque ambos son bastante desagra-

dables. Mastroberardino hace vinos en la mayoría de las DOC de Campania y seguramente es el mejor productor.

CALABRIA

Cirò es el único vino DOC que se puede encontrar fuera de la región que forma la punta de la bota de Italia. Basado en la uva local Gaglioppo, se elabora tanto tinto como rosado y puede, como muchos otros tintos italianos, mezclarse con algunas uvas blancas, entre las que inevitablemente se incluye la Trebbiano. En la costa sur, encontramos un vino de postre DOC bastante sofisticado que procede de las uvas semisecas Greco (Greco di Bianco) aunque, de nuevo, tendrá suerte si lo encuentra fuera de la propia Calabria.

SICILIA

La isla de Sicilia es una de las regiones más productivas de toda Italia. Gran parte de los caldos no son más que vino de mesa estándar, pero existen puntos aislados donde la calidad mejora y que sugieren que, en un tiempo no muy lejano, los vinos sicilianos podrán encontrarse entre los mejores de Italia.

El producto más celebrado de la isla de Sicilia es el Marsala, un vino generoso, que se produce en la parte oeste de la isla. Aunque su importancia comercial está ahora en declive, punto en común con otros vinos generosos clásicos del sur de Europa, sigue siendo uno de los tipos de vino más originales, mucho más que otros. Se emplean diversos métodos de fortificación, incluyendo uno bastante torpe que emplea el zumo de uva cocido concentrado que se conoce como *mosto cotto*. Los mejores tipos de Marsala, sin embargo, son Superiore y Vergine, a los que no se les permite emplear este método.

Las modalidades de este vino varían desde el austeramente seco (*secco*) hasta el dulce de alta graduación (*dolce*), pero todos tienen un rasgo común y es el fuerte sabor ahumado, casi acre, a caramelo quemado, que es lo que distingue al Marsala y por lo que se vende mejor. En la actualidad la mayoría es uno de los ingredientes de la receta del *zabaglione* o del *tiramisú*, aunque los mejores Marsalas, como los de Bortoli, merecen ser apreciados por sí mismos como una alternativa nueva a los licores típicos de sobremesa.

Dos de las uvas blancas que se emplean en el Marsala (Inzolia y Catarratto) consiguen buenos vinos de mesa secos. Ambas pueden producir unos vinos ligeramente aromáticos con un cierto carácter. Nero d'Avola es la mejor de las uvas tintas nativas, siendo considerados los tintos de mezcla que cuentan en su elaboración con un alto porcentaje de esta uva como los mejores de la isla de Sicilia.

Regaleali es uno de los productores de vinos de calidad más destacados de Sicilia. Sus tintos llegan a ser enormemente complejos y merecedores de envejecer, como Corvo Rosso, un tinto de larga vida, excitantemente especiado, que elabora la bodega Duca di Salaparuta. Settesoli, la principal cooperativa de la isla, produce tintos bien hechos.

La diminuta isla de Pantelleria, a medio camino entre Sicilia y Túnez, ha revivido uno de los vinos de postre legendarios de la historia en el Moscato di Pantelleria, a partir de uvas Moscato secadas, que imprimen una deliciosa riqueza con el envejecimiento en roble.

VINOS CLÁSICOS NO DOC DE ITALIA

Balifico (Castello Volpaia): mezcla de Sangiovese-Cabernet Sauvignon envejecida en roble francés.

Cepparello (Isole e Olena): un vino varietal de uva Sangiovese, bien madurado, que adquiere cuerpo con roble nuevo.

Flaccianello della Pieve (Fontodi): cien por cien Sangiovese, parecido en estilo a Cepparello, pero con un amargor toscano algo más llamativo.

Grifi (Avignonesi): Sangiovese-Cabernet Franc del celebrado productor de Vino Nobile di Montepulciano.

Ornellaia (Lodovico Antinori): mezcla muy concentrada de variedades de uva de Burdeos, destinada a disfrutar de una larga vida.

Sammarco (Castello dei Rampolla): tres cuartos de Cabernet, un cuarto de Sangiovese.

Solaia (Piero Antinori): Cabernet-Sangiovese de gran distinción, no tan dulce y exuberante como otros pero sí muy intenso.

Tignanello (Antinori): mezcla de Cabernet-Sangiovese procedente de una de las fincas más elegantes de Toscana. Tignanello es un tinto tremendamente excitante, de larga vida, que combina frutas moradas maduras con la riqueza del chocolate.

LAS MEJORES COSECHAS DE OPORTO CLASIFICADAS DEL 1 AL 5:

Piamonte. La vendimia de 2002 sufrió los efectos de la lluvia, el granizo y la botrytis, tras unos años de buenas cosechas, gracias al clima seco y caluroso que se disfrutó desde la mitad de la década de 1990. 2002** 2001**** 2000***** 1999***** 1998***** 1997***** 1996***** 1996***** 1995***** 1994* 1993** 1992* 1991**

Toscana. 2000**** 1999***** 1998***** 1997***** 1996**** 1995***** 1994*** 1993*** 1992** 1991***

Viñedos plantados en los negros suelos volcánicos a la sombra del Etna, en la isla de Sicilia.

PORTUGAL

Portugal se ha deshecho de antiguas posturas y ha redescubierto su gran tesoro, un enorme abanico de increíbles variedades de uva, para demostrar que su producción puede superar a los mejores vinos generosos del mundo.

Los mejores ejemplos de los tintos envejecidos tradicionales portugueses poseen un sabor a especias y regaliz.

1. VINHO VERDE
2. OPORTO/DOURO
3. DÃO
4. BAIRRADA
5. OESTE
6. RIBATEJO
7. BUCELAS
8. COLARES
9. PALMELA
10. ARRÁBIDA
11. ALENTEJO
12. ALGARVE
13. SETÚBAL-MOSCATEL
14. CARCAVELOS
15. MADEIRA

Portugal ofrece una amplia gama de estilos de vino, pero los dos más renombrados —oporto y Vinho Verde— proceden del norte.

El papel de Portugal en la historia del vino europeo resulta algo contradictorio en relación con el escaso conocimiento que los consumidores actuales tienen de la mayoría de sus vinos de mesa.

Su reputación se basó en un principio en el éxito de sus vinos generosos, oporto y madeira, en los lucrativos mercados de Inglaterra y en lo que sería más tarde Estados Unidos.

La clasificación de los vinos portugueses sigue el sistema de cuatro niveles que las regulaciones de la UE han diseñado siguiendo el modelo francés. En el punto más alto, el equivalente de la *appellation contrôlée* es la DOC *(denominação de origem controlada)*. Luego viene la IPR *(indicação de proveniencia regulamentada)*, una especie de VDQS *(Vin délimité de qualité supérieure)* portuguesa; sigue con los *vinhos regionais* para los vinos regionales como el *vin de pays*, y finalmente los sencillos vinos de mesa o *vinhos de mesa*.

VINHO VERDE

Ésta es sin duda la región DOC más extensa de Portugal, en el extremo noroeste del país, rodeando a Oporto. Su gran volumen de producción y exportación ha convertido a estos vinos en los más conocidos del mundo. Su nombre significa «vino verde», que no hace referencia al tinte verdoso de muchos de sus blancos, sino al hecho de que el vino, tanto tinto como blanco, se comercializa muy joven para que se consuma rápidamente.

Casi todos los vinos son mezclas de varias uvas locales y cada región posee su propia especialidad. Loureiro y Trajadura, por ejemplo, gozan de un interés especial en la zona central de esta DOC. Los blancos tienen un encanto sencillo, embriagador, alimonado, que no pierde su intensidad ni en el peor momento del verano. Sin embargo, los espíritus sensibles pueden inclinarse hacia el tinto, que es seco y astringente así como ligeramente burbujeante, combinación que no se parece en nada a ningún otro vino europeo (por lo que casi nunca sale de su región).

LOS MEJORES VINOS: Quinta da Tamariz, Terras de Corga, Gazela, Quinta de Aveleda Grinalda.

DOURO

Bautizado con el nombre del río Duero (*Douro*), que nace en España, el producto más celebrado del valle del Douro es el oporto (*véase más abajo*), aunque la DOC de la región también incluye ciertos vinos de mesa que están mejorando con rapidez. Los cultivadores de estas tierras no tienen ningún problema a la hora de buscar la uva más idónea para cada terreno: tienen unas 100 a su disposición, incluyendo todas las variedades empleadas en el oporto. Muchos distribuidores comerciales de oporto han diversificado su actividad y se han dedicado a la producción de vinos sin fortificar tintos y blancos.

Igual que España tiene uno de sus mejores tintos en el Vega Sicilia, Portugal también posee el suyo, el Barca Velha, lanzado en los años 50 por la casa de oporto Ferreira. Es un vino complejo, sutilmente especiado, que sólo se elabora en los años de buena cosecha y que se deja envejecer durante mucho tiempo en barril. No es que sea un bombazo, pero sí que es una creación profunda e inspirada. Ferreira pertenece ahora a la gran asociación vinícola Sogrape, que ha sido pionera en muchos de los mejores vinos Douro, y ha cosechado éxitos notables con variedades internacionales como Cabernet Sauvignon. Quinta do Cotto es una de las mejores marcas de Sogrape, para unos tintos buenos y con cuerpo, mientras que su blanco Douro Reserva, producto de uvas portuguesas, es un triunfo aromático. Raposeira es otra empresa que está consiguiendo muy buenos resultados y que se ha abierto su propio camino con un Chardonnay que impresiona por su madurez.

La finca de Ferreira, especializada en oporto, se ha ganado una buena reputación por su vino tinto, elaborado a partir de las uvas que crecen en las laderas del valle del Duero.

DÃO

Dão, una extensa DOC montañosa al norte del centro de Portugal, produce uno de los mejores vinos tintos del país, así como una pequeña cantidad de un blanco de escaso interés.

Cuando son buenos pueden poseer ese atractivo picante, a regaliz, que caracteriza a los mejores tintos portugueses.

Algunos pequeños cultivadores conscientes están apartando de un modo lento pero seguro a las cooperativas y sus métodos caducos, dejando que vean la luz unos vinos más frescos y modernos. Sogrape produce aquí unos buenos vinos de los dos colores. Su blanco Grão Vasco es un auténtico modelo. Caves Alianza y la marca Terras Altas, de otro gran criador, José Maria da Fonseca, son también notables.

BAIRRADA

Tres cuartas partes del Bairrada (DOC) es tinto y la uva de tinto más importante, Baga, es una de las variedades más tradicionales de Portugal. Al vinificarlo sin gran cuidado, puede obtenerse un producto tosco y muy tánico, aunque los productores más esmerados están intentando arrancar de él alguna fruta madura como la ciruela, para mostrar su potencial. El Bairrada blanco, al que uno o dos productores han dado un moderado toque de roble, puede resultar espléndidamente ahumado y amanzanado, pero la mayoría es bastante suave.

Ésta es también la región en la que Sogrape hace su famoso Mateus Rosé, un espumoso rosado dulzón, que puede no adecuarse a cualquier momento, pero es una propuesta muy apetecible para un día de calor por su limpio afrutamiento a melocotón muy refrescante.

PRODUCTORES: Luis Pato (uno de los grandes innovadores de la región), São João, Caves Alianza, Sogrape, Vilharino do Bairro.

BUCELAS

Ésta es una pequeñísima DOC al sur de Arruda, en Oeste, que llegó a estar muy cerca de la extinción en la década de 1980. Caves

Una escena por la que parece no pasar el tiempo, se desarrolla delante de las bodegas del siglo XIX, pertenecientes al productor más innovador de Bairrada, Luis Pato.

Velhas fue, de hecho, su último productor, sin embargo, y afortunadamente, en la actualidad una o dos propiedades se han decidido a restaurar la reputación que ha disfrutado a lo largo de la historia. Es una región dedicada exclusivamente a blancos, y sus vinos, ligeros y ácidos, se basan en Arinto, una de las variedades con las que se elabora en el oporto blanco, y Esgana que –como Sercial– es una de las cuatro uvas nobles de Madeira.

COLARES

Otro de los alevines de las DOC de Portugal, Colares, ondea alto en los acantilados batidos por el viento que se abren al océano Atlántico, al noroeste de la capital. Su seguro para la fama, la uva noble Ramisco, produce algunos tintos finos, concentrados, que merece la pena envejecer, tanto en la costa como más al interior. Los blancos, en cambio, son menos interesantes. Por desgracia, la producción general está disminuyendo, debido sobre todo a que los viñedos son demasiado inaccesibles para que su mantenimiento resulte fácil y económico.

ALENTEJO

Al sureste del país, no muy lejos de la frontera española, la región del Alentejo se ha convertido en uno de los nombres más polémicos del escenario vinícola portugués. En pocos años será posible mirar hacia atrás y asegurar que la revolución moderna del vino en Portugal empezó en el Alentejo. Ha habido mucha experimentación, conducida por algunas de las cooperativas más progresistas de la zona, y la evidente calidad de los vinos, predominantemente tintos, es tal que por lo menos una parte del Alentejo debería ser elevada muy pronto a la categoría de DOC. De momento consta de siete regiones IPR: Portalegre, Borba, Redondo, Reguengos de Monsaraz, Granja, Vidigueira y Évora.

ALGARVE

Puede que la franja costera meridional de Portugal sea un destino vacacional muy apreciado, pero no suele producir un vino de gran calidad. Consta de cuatro DOC; de oeste a este: Lagos, Portimão, Lagoa y Tavira, que hacen sobre todo tintos fuertes sin ningún encanto especial. La cooperativa local sigue haciendo un vino seco generoso y pálido.

OPORTO

El origen del oporto, como el de todos los vinos generosos, se encuentra en la necesidad de estabilizar y proteger los vinos de mesa de su deterioro durante los largos viajes por mar.

Si se exportaban en barril, los vinos llegaban a Inglaterra muy deteriorados. Por ello los transportistas aprendieron a verter en ellos un poco de brandy para conservarlos. Hoy en día, el agente fortificante es un licor de uva sin color, más neutro que el brandy, pero el proceso de producción no ha variado mucho desde el siglo XVII. A mediados del XVIII, en un intento por proteger al oporto de las imitaciones baratas de otras regiones, el valle del Douro fue demarcado como la única área que podía producir oporto genuino. Así se

Racimos maduros de Periquita destinados al Tinto da Anfora, un vino con mezcla de variedades de la región del Alentejo.

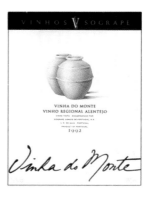

convirtió en la primera denominación, anticipándose al sistema francés en 180 años.

De todos los vinos europeos generosos, el oporto es el que más fácilmente puede confundir a los no entendidos. A continuación exponemos un resumen de la serie de estilos de oporto que pueden encontrarse en la actualidad.

Ruby El estilo más básico de todos, mezcla de varias cosechas y envejecido durante un período no superior a dos años.

Vintage character (Estate Reserve) Es un Ruby básico, un poco más envejecido (unos cinco años), que posee en teoría algo de la profundidad del sabor de un verdadero oporto de cosecha (Vintage port).

Late-bottled vintage (LBV) A diferencia de los anteriores, estos vinos suelen ser el producto de una única cosecha que vendrá

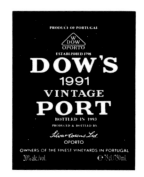

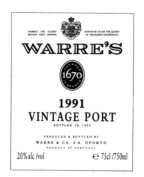

detallada en la etiqueta. Se trata de los años que no se consideran demasiado buenos como para elaborar un verdadero oporto de cosecha, pero en los que la calidad suele ser bastante buena. Envejecen por lo general de cuatro a seis años y los mejores son embotellados sin una filtración previa.

Vintage En la cúspide de la pirámide, el «oporto de cosecha» es el producto de un solo año, especificado en las etiquetas como cualquier vino corriente de mesa, que se ha embotellado después de dos o tres años de envejecimiento en barril.

Single Quinta Se trata de los vinos de cosecha elaborados a partir de uvas de una sola propiedad o quinta. Nombres que hay que recordar son Quinta do Bomfim, de la casa de Dow; Quinta da Vargellas de Taylor y Quinta da Cavadinha de Warre.

Un tradicional barco rabelo navega por el Duero a su paso por Oporto. En estas embarcaciones se transportaban durante los siglos pasados las *pipas* de oporto, descendiendo por el río Duero, hasta las compañías que lo comercializaban.

bodegas producen un oporto a partir de uvas blancas (sobre todo Arinto, Gouveio, Malvasia y Viosinho), que está fortificado con el mismo método que el tinto. Pueden ser secos o dulces, pero no son demasiado buenos. El oporto seco no tiene en absoluto la clase de un jerez fino, por ejemplo, aunque puede resultar refrescante servido bien frío y en pequeñas cantidades.

LOS MEJORES NOMBRES DE OPORTO SON: Dow, Taylor, Graham, Cálem, Fonseca, Warre, Ferreira, Niepoort, Burmester. Quinta do Noval hace un vino de cosecha muy brillante, llamado Nacional, a partir de viñas viejas, que se vende a un precio de esos que se pagan una vez en la vida.

LAS MEJORES COSECHAS DE OPORTO CLASIFICADAS DEL 1 AL 5:
1998**** 1997*** 1994***** 1992*** 1991**** 1985**** 1983**** 1980*** 1977***** 1975**** 1970**** 1966**** 1963*****

Arriba, laboriosa recogida manual de la uva en los viñedos dispuestos en terrazas de la Quinta do Bomfim, en el Duero.

A la izquierda, Quinta da Vargellas, de Taylor, origen de uno de los mejores oporto procedente de una sola propiedad.

Crusted Así llamado porque se forma una costra de sedimento en la botella. Es una especie de cruce entre el oporto de cosecha y el LBV. No es la cosecha de un solo año pero está tratado como oporto de cosecha embotellado sin filtrar.

Tawny Tradicionalmente, un oporto de mezcla básica que envejece durante más tiempo que el Ruby y por ello adquiere un color caoba (tostado) y el sabor se vuelve oxidado y casi tan seco como los frutos secos. Es suave y más ligero que los anteriores.

Tawny de larga crianza Son verdaderos oportos tawny, envejecidos en roble durante mucho tiempo.

Colheita Un oporto *Colheita* es esencialmente un *tawny de cosecha*. Los vinos de una sola cosecha reciben un mínimo de siete años de barril, por lo que su color se apaga.

Oportos blancos (white port) Entre el cóctel de 80 variedades de uva autorizadas en el oporto, sólo unas pocas son blancas. Algunas

MADEIRA

La historia del vino de Madeira es quizás el ejemplo aislado más destacable de dedicación humana a la causa del buen vino. La isla de Madeira es un afloramiento volcánico tropical en el océano Atlántico, más cerca de la costa norteafricana que de Portugal, de la que forma parte como provincia con gobierno autónomo. Su suelo contiene una gran cantidad de ceniza a causa de un incendio que asoló la isla hace muchos siglos y, debido a su terreno montañoso, sus viñedos se encuentran entre los más inaccesibles del mundo.

Como el oporto, los vinos de Madeira fueron en otro tiempo vinos de mesa ligeros que se sometieron a fortificación para poder soportar su largo transporte por mar. En el caso del madeira, no obstante, los transportistas se encontraron con un gran descubrimiento. Llevándolo en las grandes embarcaciones comer-

Todas las plantaciones agrícolas de Madeira, incluyendo sus viñedos, se asientan sobre terrazas, en escarpados terrenos como éste. El sistema de gradas no permite las cosechas mecanizadas.

ciales de la Compañía Holandesa de las Indias orientales, el viaje hacia el Este del vino era más largo y difícil que el que transportaba el oporto desde el norte de Portugal hasta el sur de Inglaterra. Sin embargo observaron que, cuando el vino llegaba a la India, no había sufrido ningún daño; de hecho, había mejorado. Sólo para comprobarlo, volvieron a embarcar algo del vino en un viaje de vuelta a Europa, y el vino regresó aún en mejor estado.

Ningún otro vino ha demostrado nunca ser tan masoquista. Navegaba por todos los mares, bajo un ardiente calor, durante semanas y semanas, chocando los barriles entre sí con el vaivén, y nada podía destruirlo. Durante muchas décadas, cada botella de madeira que se vendía había pasado por este circuito alrededor del mundo, hasta que se halló la manera de simular las mismas condiciones pero sin salir de su lugar de origen.

En el siglo XIX, se introdujo un sistema de maduración que se conoce como *estufa*. Los lagares –lugares destinados al envejecimiento

del vino– se equiparon con sistemas de calefacción central, tuberías de agua caliente que rodeaban las paredes (y a veces los contenedores del vino) para recocerlo como en sus días de viaje marítimo. Algunos de los mejores vinos se calentaban simplemente exponiéndolos al sol tropical del verano.

El madeira con mezcla suele basarse en una variedad de uva, llamada Tinta Negra Mole, que solía encontrarse a gusto entre cualquiera de los cuatro estilos varietales de madeira. Ahora éstos deben representar, como consecuencia de la intervención de la Unión Europea, no menos del 85% de la mezcla, y por este motivo la uva Tinta Negra Mole, por lo menos en la teoría, está en declive.

Los vinos varietales son, desde el más ligero y seco hasta el más rico y dulce, los siguientes: Sercial, Verdelho, Bual y Malmsey, este último es un anglicismo por Malvasia. Incluso siendo mucho más dulce, el madeira sigue conservando ese fondo de acidez equilibrada que complementa los sorprendentes sabores de los dulces de Navidad de ciertos lugares, como el toffee de melaza, la tarta inglesa de Navidad, los dátiles o las nueces; conserva también a veces un aire revelador a queso curado, como el viejo seco Cheshire, y, para completar este abanico de atributos peculiares, posee un característico matiz verdoso en el borde.

Las etiquetas pueden revelar la edad de la mezcla (diez años es significativamente mejor apreciado que cinco) o emplear esa terminología, que suena tan confusa pero que es bastante precisa, de Finest (unos tres años), Reserva (cinco años), Reserva Especial (diez años) o Reserva Extra (15 años).

Se hace muy poca cantidad de vino de madeira con la fecha de la cosecha, y éste se vende por una pequeña parte del precio de un oporto *Vintage*. Según sugiere la historia de este fabuloso vino, resulta prácticamente indestructible. LOS MEJORES MARCAS Y BODEGAS DE MADEIRA SON: Blandy's, Henriques & Henriques, Cossart Gordon, Rutherford & Miles, Leacock.

ALEMANIA

Los vinos alemanes han luchado mucho por conseguir un cierto respeto en el extranjero, por eso los eficientes productores ofrecen lo mejor de unos vinos finos y ligeros, en un amplio abanico de estilos.

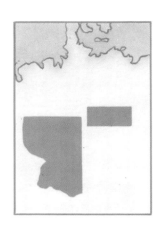

Si los que han despreciado los vinos alemanes porque los asocian con el Liebfraumilch, pero que han aprendido a admirar los encantos de un Riesling de Alsacia o de Australia, dieran otra oportunidad a Alemania, se encontrarían con alguno de los vinos blancos ligeros más extrañamente bellos y únicos en su estilo del mundo en las mejores cosechas de Riesling del Mosela o del Palatinado.

El sistema de clasificación vinícola alemán tuvo muchos cambios durante el siglo XX, introduciéndose los más recientes en 1993. Sin embargo, fue en 1971 cuando se establecieron los fundamentos de un sistema comparable al que ahora se emplea en la Unión Europea.

En el nivel inferior se encuentran los vinos básicos de mesa, etiquetados como *Deutscher Tafelwein*. Sólo se aplica este nombre a una pequeña fracción de la producción anual alemana, y se puede mezclar con cualquier producto del país. Un escalón más arriba nos encontramos con la categoría equivalente a *vin de pays* francés, *Landwein*. Se halla en cualquiera de las 20 regiones demarcadas a tal efecto y se usa con mucha frecuencia. Por encima de ella se sitúa la QbA (*Qualitätswein bestimmter Anbaugebiete* o «vino de calidad de una región específica»). Ésta es la categoría de mayor volumen, en la que el jugo de las uvas que no han llegado a madurar del todo se endulza para aumentar el nivel final de alcohol, y el propio vino puede endulzarse a su vez con el zumo de uva sin fermentar antes de su embo-

tellado para conseguir un producto comercial agradable.

En lo más alto de la clasificación está la QmP (*Qualitätswein mit Prädikat* o lo que es lo mismo, «vino de calidad de buena cepa»). Estos vinos se subdividen de acuerdo con la cantidad de azúcar natural que posean las uvas recogidas. De menor a mayor dulzor, los vinos son: Kabinett, Spätlese, Auslese, Beerenaus-

Las regiones vinícolas más importantes de Alemania abrazan el río Rin y sus afluentes por la frontera sudoeste. Tras la caída del muro de Berlín se sumaron Saale/Unstrut y Sajonia.

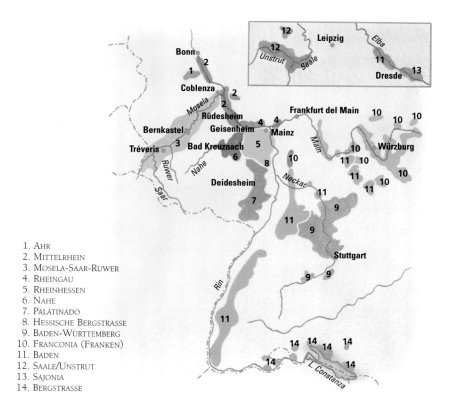

1. AHR
2. MITTELRHEIN
3. MOSELA-SAAR-RUWER
4. RHEINGAU
5. RHEINHESSEN
6. NAHE
7. PALATINADO
8. HESSISCHE BERGSTRASSE
9. BADEN-WÜRTTEMBERG
10. FRANCONIA (FRANKEN)
11. BADEN
12. SAALE/UNSTRUT
13. SAJONIA
14. BERGSTRASSE

Un día de invierno amanece con niebla en el viñedo de Schwarzerde, cerca de Kirchheim, en el Palatinado. Los vinos alemanes tienen que sobrevivir a unas condiciones invernales muy severas.

lese y Trockenbeerenauslese. Eiswein es una categoría aislada («vino helado», procedente de bayas muy maduras congeladas que se recogen en pleno invierno) pero también cuenta como vino *Prädikat*; normalmente suele estar entre las dos últimas categorías en cuanto a dulzor.

En un vino alemán, es tan importante la ciudad de la que procede y el nombre de su cultivador como la variedad o variedades de uva con las que está hecho. Los vinos varietales siempre presentan el nombre de sus uvas en la etiqueta de la botella. Sigue siendo cierto que las Riesling son las mejores de Alemania, pero existen muchas otras variedades que le hacen la competencia y que crecen en muy distintas regiones de todo el país.

LAS REGIONES

Ahr Es una de las regiones vinícolas situadas más al norte de Alemania, al sur de la capital, Bonn, y está especializada en los vinos tintos, la mayoría Spätburgunder (Pinot Noir).

Mittelrhein Una pequeña área productiva que se extiende desde Bonn hasta el sur de Coblenza. Esta región está ocupada en sus tres cuartas partes por Riesling, una proporción muy elevada en comparación con cualquier otra región alemana. Los viñedos se plantan a ambos lados del Rin, muchas veces sobre colinas escarpadas.

Mosela-Saar-Ruwer El valle del Mosela recorre el suroeste de Coblenza, hasta pasar la ciudad de Trier y detenerse finalmente cerca de la frontera de Alemania con Luxemburgo y Francia. El nombre completo de esta región incluye dos pequeños afluentes del Mosela, el Saar y el Ruwer. Abarca algunos de los viñedos más celebrados en la historia del vino alemán, muchos de ellos situados en el distrito de Bernkastel, en el centro del valle. Su localización es de las más impresionantes del mundo, colgados en empinadas pendientes montañosas a ambos lados del río, completamente inaccesibles para cualquier forma de trabajo mecanizado. A pesar de todos estos

problemas, los Riesling han conseguido en esta zona algunas de sus mejores glorias; son la sutil expresión de la variedad, de baja graduación y con una frágil pureza en su interior.

Rheingau El Rheingau ocupa la orilla derecha del Rin al este de la región de Mittelrhein. En ciertos aspectos, representa el centro neurálgico de la viticultura alemana. Rheingau presume de las fincas más apreciadas del país, en las que se cultiva especialmente Riesling.

Rheinhessen Al sur de Rheingau, el Rheinhessen es el lugar donde nace la inmensa mayoría de los vinos alemanes de mercado.

Nahe La región de Nahe, que recibe el nombre de su río, está situada al oeste del Rheinhessen. Es un buen protagonista, aunque considerablemente infravalorado, en el escenario vinícola alemán; sus mejores fincas son tan buenas como las de Rheingau o Mosela.

Palatinado (Pfalz) Es una dinámica región, situada al sur del Rheinhessen, que avanza con rapidez en el campo de la vinicultura. El número de variedades que aquí crece es muy amplio. No sólo Riesling, sino Grauburgunder,

Gewürztraminer, Scheurebe, Spätburgunder y Dornfelder están dando a luz unos excelentes productos.

Hessische Bergstrasse Esta pequeña región, al este del Rheinhessen, no exporta mucho vino, pero tiene una calidad impresionante. Casi la mitad de sus viñedos son Riesling, y los mejores cultivadores intentan conseguir niveles de concentración similares a los que rodean a Hochheim. Éste ha sido uno de los sectores de Alemania que más ardientemente ha abrazado la reciente tendencia de fermentar los vinos de QmP estándar hacia un estilo final seco (*Trocken*) o semiseco (*Halbtrocken*). Los viñedos propiedad de la finca de Hesse están produciendo alguno de los mejores vinos.

Franconia (Franken) Esta región por la que corre el río Main fue tradicionalmente conocida como el reducto de la uva Silvaner, aunque ésta ahora sólo representa la quinta parte de la superficie total de los viñedos. Su vino es seco y el mejor viene presentado en botellas redondas y lisas que reciben el nombre de *Bocksbeutel*.

Baden La principal región del suroeste de Alemania, justo por encima de la frontera con Alsacia. Baden ha estado en las listas de muchas personas como una de las regiones vinícolas más interesantes de Europa de los últimos años. Abarca toda la larga franja entre Franconia y la frontera con Suiza, y algunos de los viñedos se encuentran cerca del lago Constanza (o el Bodensee, en alemán). Aunque hay un porcentaje bastante alto de Müller-Thurgau en sus viñedos, también hay alguna fina y bien delimitada Riesling, una Weissburgunder seca y almizclada, una Gewürztraminer especiada y –quizá la más prometedora de todas en estos climas meridionales templados– una Spätburgunder intensamente madura y con un profundo sabor.

Las mallas mantienen alejados a los pájaros de las uvas Riesling en el viñedo Ungeheuer en Forst, en la región del Palatinado.
Las uvas se han dejado en las viñas pasado el tiempo de la cosecha para que les afecte la *botrytis*.

LAS MEJORES COSECHAS CLASIFICADAS DEL 1 AL 5: Alemania viene disfrutando de una serie de buenas cosechas. En el último decenio del siglo XX, casi todas las añadas fueron buenas, excepto la del 2000 que fue la vendimia más difícil desde el año 1987. Las de estos primeros años del nuevo siglo han sido excelentes. La del 2001 se puede considerar la mejor cosecha desde 1990. La añada del 2002 produjo una gran cantidad de vinos excelentes, y un nivel medio de calidad muy bueno. La del 2003, que se auguraba como la «añada del siglo», el exceso de calor en el verano afectó las uvas de las regiones más cálidas, pero se consiguieron algunos vinos magníficos.

2000** 1999*** 1998*** 1997*****
1996*** 1995*** 1994*** 1993****
1992*** 1991** 1990*****

Vista de la ciudad de Würzburg, a orillas del río Main, desde los viñedos de Marienberg, en Franconia.

EUROPA CENTRAL

Lideradas por Austria, las regiones vinícolas de Europa Central –desde Suiza hasta Eslovaquia– están adquiriendo una importancia creciente en todo el mundo. Las variedades de uva, conocidas internacionalmente, les ayudarán a competir.

Ornamental puerta de acceso a las bodegas de Gustav Feiler en Rust, Burgenland, región que se extiende por la zona oriental de Austria.

Los viñedos de Austria se localizan en la mitad oriental del país. Producen vinos blancos secos llenos de cuerpo a los que ahora se están incorporando tintos, que mejoran a pasos agigantados. Alrededor del lago Neusiedl, en Burgenland, la cosecha tardía proporciona uno de los vinos de postre más valorados de Europa.

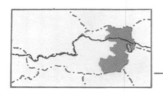

AUSTRIA

Las regiones vinícolas se concentran en la mitad oriental del país, a lo largo de sus fronteras con la República Checa, Eslovaquia, Hungría y Eslovenia. Crecen variedades de uva alemanas y francesas, pero al estar mucho más al sur que las regiones vinícolas alemanas, el clima de Austria permite un espectro más amplio de estilos de vino que el del alemán.

La uva local que triunfa en Austria es una variedad blanca llamada Grüner Veltliner, que ocupa más tierras de viñedo que cualquier otra. El vino que produce es único, de medio peso al paladar, pero con un extraordinario sabor seco parecido a los granos de pimienta, que puede recordar a los vinos alsacianos.

Entre las uvas blancas, destacan: Müller-Thurgau (que pierde adeptos poco a poco), Riesling, Gewürztraminer, Pinot Gris y un poco de Chardonnay y Sauvignon Blanc. Welschriesling, que no tiene nada que ver con la auténtica Riesling, ha conseguido unos resultados increíblemente sabrosos en algunas zonas de Austria. También crece en Italia y Hungría, donde la mayoría de los vinos que produce son mortalmente aburridos. Se cultivan asimismo Rotgipfler y Zierfandler, que juntas se combinan en un vino especialmente fuerte, denominado Gumpoldskirchner y elaborado al sur de Viena.

Las variedades tintas están lideradas por la Zweigelt, variedad indígena que consigue un vino de color púrpura con un sabor a arándanos parecido al Dolcetto. También se conocen las variedades alemanas Portugieser y Blaufränkisch, así como impresionantes Cabernet Sauvignon y Pinot Noir, esta última conocida como Blauer Burgunder. St. Laurent es una uva centroeuropea que se está labrando poco a poco su propia reputación. En otro

Mapa:
1. NIEDERÖSTERREICH
2. KAMPTAU-DONAULAND
3. WACHAU
4. VIENA
5. BURGENLAND
6. ESTIRIA

Krems
Viena
Danubio
Rust
Illmitz
L. Neusiedl
Graz

tiempo solía producir caldos ligeros, pero ahora interviene en un vino con aromas de frambuesa ligeramente especiado, que no dista tanto del estilo del clásico borgoña carnoso.

Lo mejor del vino austríaco, no obstante, son los vinos de postre con *botrytis*, el hongo causante de la «podredumbre noble». Se producen sobre todo alrededor de Neusiedl, un enorme y profundo lago en la frontera con Hungría. Las condiciones para que se dé el proceso de cosecha tardía son tan propicias que la mayoría de los años Austria se puede permitir el lujo de vender sus vinos dulces a un precio bastante más bajo que los excelentes productos alemanes. Las categorías de los vinos de postre son esencialmente las mismas que las de Alemania, incluyendo el Eiswein, aunque con una clasificación más –Ausbruch– incluida entre Beerenauslese y Trockenbeerenauslese. *Strohwein* («vino de paja») es una especialidad elaborada con uvas que han madurado demasiado y se han dejado secar sobre esteras de paja, como en la producción de la mistela española o el *vin de paille* francés.

Qualitätswein es la designación que reciben los vinos de calidad superior, aunque –al contrario que Alemania– ésta excluye a los vinos clasificados como Kabinett, la categoría dulce por debajo de Spätlese. Una pequeña cantidad de vino regional, elaborado a partir de variedades de uva específicas, se etiqueta como *Landwein* y el producto básico, el vino de mesa, es *Tafelwein*, que en la práctica supone la mayoría de los que se producen en cualquier año.

PRODUCTORES NOTABLES: Opitz, Kracher, Moser, Stiegelmar, Winzerhaus de las cooperativas de la baja Austria.

COSECHAS AUSTRÍACAS RECIENTES: Las últimas vendimias, principalmente en Wachau, han sido bastante buenas. La de 1997 fue, junto a la de 1990, la mejor de la década, y excelentes fueron también las de 1998 y 1999. La de 2000 fue un poco más ligera, aunque, paradójicamente, algunos productores lograron los mejores caldos de su carrera. Las de los primeros años del siglo XXI han sido excelentes.

SUIZA

Alrededor de la prolongación del río Ródano al oeste, las regiones de Valais y Vaud se especializan en variedades francesas, aunque la uva blanca favorita, denominada Fendant (Chasselas para los franceses), no es muy apreciada en su país natal, donde produce un vino blanco flojo, modesto, a veces algo mineral pero no muy afrutado. Sylvaner se adapta bien y es posible encontrar puntos aislados de Chardonnay y Pinot Gris.

Pinot Noir hace unos tintos razonablemente sabrosos y ligeros, mezclada a veces con una proporción menor de Gamay y etiquetada como Dôle en Valais, y como Savagnin en Vaud. Al intentar evitar la maceración, se consigue una versión blanca de la mezcla de Valais, Dôle Blanche. Al este del Jura francés se sitúa Neuchâtel, donde el vino más notorio es un delicado rosado Pinot Noir, Oeil-de-Perdrix («ojo de perdiz»).

Ticino, al sur, es la zona italohablante de Suiza, interesante porque su producción está dominada completamente por los vinos tintos elaborados a base de Merlot. Algunos resultan ligeros y herbáceos, otros poseen algo de nervio, potenciado por una aplicación razonable del roble.

REPÚBLICA CHECA / ESLOVAQUIA

Las dos mitades de la antigua Checoslovaquia, la República Checa y Eslovaquia, están emer-

La imponente iglesia blanca que da su nombre a la ciudad de Weissenkirchen, en la región austríaca de Wachau, origen de uno de los mejores Riesling del país.

Viñedos en Nova Gora, Eslovenia, una de las naciones de Europa central cuyos vinos están emergiendo con fuerza.

A través del corazón de Europa se extiende una franja de buenos viñedos que producen, sobre todo, vinos blancos.

giendo, poco a poco, dentro del mundo vinícola moderno, después de décadas de aislamiento bajo el sistema de control estatal del bloque soviético.

Los mejores varietales internacionales son los tintos de Cabernet Sauvignon y Pinot Noir, y los blancos de Sauvignon Blanc, Pinot Blanc, Riesling y Traminer (Gewürz). Las plantaciones esporádicas de la austriaca Grüner Veltliner, junto con Müller-Thurgau, son las responsables de una gran cantidad del vino blanco checo. St. Laurent hace un tinto sabroso y rústico y la violácea Blaufränkisch produce Frankovka.

HUNGRÍA

Hungría fue famosa en su momento sólo por el Tokaji (que antiguamente se escribía Tokay), vino de postre de color tostado a veces genial, casi siempre oxidado, lo que le confiere un sabor añejo, que guardaba un extraño parecido con el jerez. Procede del noroeste del país y se elabora en una gran variedad de estilos, desde el muy seco hasta el empalagosamente dulce. Tokaji madura en grandes barriles bajo una capa de fermentos naturales comparables a la «flor» de la región de Jerez, de ahí su similitud con el jerez.

Los vinos de mesa húngaros también están ganando terreno, gracias nuevamente a la entrada de productos extranjeros en las bodegas más importantes. Hugh Ryman, nacido en Gran Bretaña y educado en Australia, ha introducido un gran número de varietales blancas secas de calidad, incluidas la Chardonnay y Sauvignon de Gyöngyös, en el noreste de Hungría.

ESLOVENIA

En nuestros días, la producción vinícola eslovena está intentando por todos los medios incorporarse a la liga internacional de calidad con toda una gama de varietales clásicos. Eslovenia ha recibido mucha influencia y conocimientos a través de sus países vecinos Italia y Austria, sobre todo en las regiones de Primorska y Drava. Sipon (Furmint de Hungría), Sauvignon Blanc, Cabernet Sauvignon y Merlot están desempeñando un buen papel, mientras que lo más destacado de la familia Muscat —Muscat Blanc à Petits Grains— elabora unos vinos dulces, simples y refrescantes.

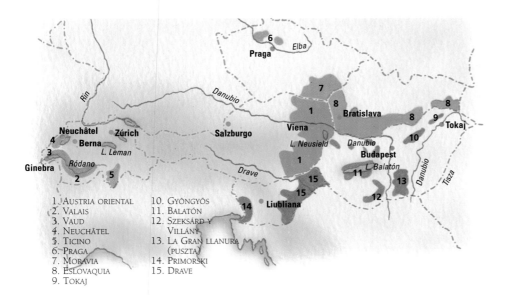

1. AUSTRIA ORIENTAL
2. VALAIS
3. VAUD
4. NEUCHÂTEL
5. TICINO
6. PRAGA
7. MORAVIA
8. ESLOVAQUIA
9. TOKAJ
10. GYÖNGYÖS
11. BALATÓN
12. SZEKSÁRD Y VILLÁNY
13. LA GRAN LLANURA (PUSZTA)
14. PRIMORSKI
15. DRAVE

GRECIA, ESTE DE EUROPA Y RUSIA

Durante la época de los grandes imperios griego, bizantino y otomano, la vid floreció y se marchitó. Con el paso de los siglos, la producción de vino en esta zona está volviendo a recuperar su esplendor.

GRECIA

Cuando Grecia se incorporó a la Unión Europea en los años 80, estableció un sistema de denominaciones imitando tan fielmente al francés que los términos *appellation contrôlée* y *vin de pays* aparecen con frecuencia en las etiquetas. Como en otros países, los mejores vinos que han recibido un prolongado tratamiento de envejecimiento en barril reciben el nombre, de nuevo francés, de vinos *Réserve* o *Grande Réserve* (vinos de Reserva). Los vinos de mesa, entre los que se incluyen los vinos de marca de dudosa reputación, constituyen el resto. Actualmente hay unas 30 denominaciones en todo el país, desde Macedonia en el norte hasta la isla de Creta en el sur.

Macedonia y Tracia Las regiones del norte destacan especialmente por sus vinos tintos. Xynomavro es la principal uva tinta autóctona, que produce unos tintos intensos, envejecidos en roble, de uva pasa, en Náoussa y Goumenissa.

Épiro y Tesalia Los viñedos están muy repartidos por las regiones centrales de Grecia. En el oeste, no muy lejos de la frontera con Albania, una variedad local denominada Debina produce un vino blanco ligeramente espumoso, en Zitsa.

Peloponeso La península meridional es el hogar de las denominaciones griegas. Los extensos viñedos de Patrás al norte producen vinos que abarcan todo el espectro estilístico, desde

Cefalonia, en el mar Jónico, es una isla seca y calurosa que produce vinos blancos generosos y varietales.

Recogida de Cabernet Sauvignon en las laderas del monte Melitón, en Tracia, para el tinto de Château Carras. Este vino, del estilo del clarete, marcó el nacimiento de la industria vinícola moderna en Grecia.

211

Viñas de Melnik, en la tórrida región búlgara de Harsovo. Esta uva nativa hace unos tintos oscuros con carácter, que envejecen bien.

La zona del este meridional de Europa que incluye Bulgaria, Rumania y Grecia, ofrece una extensa gama de estilos y de variedades de uvas nativas.

1. MACEDONIA
2. TRACIA
3. ÉPIRO
4. TESALIA
5. PELOPONESO
6. CEFALONIA
7. PAROS
8. SANTORINI
9. SAMOS
10. LEMNOS
11. RODAS
12. CRETA
13. KHAN KRUM
14. SUHINDOL
15. HASKOVO
16. DAMIANITZA
17. MURFATLAR
18. COTNARI
19. TEREMIA

el propio Patrás, un blanco Rhoditis seco ligero, pasando por el Muscat de Patrás fortificado (elaborado de la misma manera que Beaumes-de-Venise), hasta el conocido Mavrodaphne, la respuesta griega al oporto.

Islas griegas Los vinos Muscat generosos más célebres de Grecia, incluido el soberano Muscat Blanc à Petits Grains, proceden de dos islas del Egeo. El Muscat de Samos, la isla que está junto a la costa turca, es el más conocido y se comercializa en bastantes estilos, que van desde el ligeramente dulce hasta un néctar de una concentración casi insoportable, procedente de las uvas que han quedado completamente pasas. La versión más conocida fuera de Grecia es un caldo intermedio, un *vin doux naturel* como el Beaumes-de-Venise. Más al norte, la isla de Lemos hace un estilo parecido de vino dulce, así como una pequeña cantidad de vino seco para su consumo local y un Muscat resinado elaborado de forma parecida al retsina.

Creta, que lleva elaborando vino desde la más remota antigüedad, tiene una buena muestra de variedades de uva nativas. Peza, en el centro de la isla, es la denominación principal; allí se elaboran tintos y blancos de uvas como la tinta Liatiko y la blanca Vilana.

BULGARIA

El equivalente de la *apellation contrôlée* de Bulgaria es la *Controliran*, que define unos lugares específicos de viñedos que sólo pueden cultivar unas variedades permitidas de uvas. A principios de la década de los 90 estaban llegando a las 30 las áreas designadas. Las variedades con las que Bulgaria consiguió alcanzar tanta importancia eran las tintas clásicas francesas, lideradas por Cabernet Sauvignon y Merlot, junto con una pequeña cantidad de Pinot Noir (en una curiosa mezcla con Merlot en la bodega central de Sliven). Entre las uvas blancas que se cultivan se incluye la variedad Chardonnay que, en ocasiones, resulta buena (de bodegas como Khan Krum en el noreste del

En Cernavoda, al este de Constanza, en Rumania, los viñedos se extienden a lo largo del canal.

Estos gigantescos tanques de fermentación en la bodega de producción a gran escala de Sliven, Bulgaria, ejemplifican la inversión estatal que este país efectuó en la industria del vino después de la Segunda Guerra Mundial.

país), Sauvignon Blanc, que no suele tener un aroma definido, y una Riesling bastante sosa.

A este grupo se añaden unas buenas uvas tintas autóctonas, como la Mavrud y la Melnik, que producen un vino muy carnoso, y Gamza, la misma uva que la Kadarka húngara. Las uvas blancas nativas son menos inspiradoras; entre ellas se incluye una variedad, Dimiat, sin ningún carácter especial, que se ha cruzado con Riesling para producir Misket, pero que sigue sin poder evitar un resultado decididamente insípido. Welschriesling también se cultiva en estas tierras.

El país se divide en cuatro regiones básicas: el este (que incluye las bodegas Khan Krum y Schoumen), el norte (Suhíndol, Svischtov, Russe), el sur (Haskovo, Stambolovo, Assenovgrad) y el suroeste (Damianitza, Harsovo). Entre ellas existen considerables variaciones climatológicas, siendo el norte una zona más templada y el suroeste, lindante con Grecia, bastante más caluroso. Algunas de las bodegas centrales han conseguido con los años labrarse su propia fama con variedades específicas, como los Cabernet de Russe y Svischtov, tan frecuentemente parecidos al clarete; los Merlot de Stambolovo, voluptuosamente aciruelados, y los fuertes Mavrud de Assenovgrad.

RUMANIA

Cabernet Sauvignon se ha extendido por todo el país, mucho más que en Bulgaria; hay algo también de la ya famosa Pinot Noir, junto con Merlot, Welschriesling, Aligoté de Borgoña, Sauvignon Blanc y Pinot Gris. Dos versiones de la uva blanca denominada Fetească representan el mayor porcentaje de variedades plantadas, y se emplean en ciertos vinos dulces en los que Rumania posee una larga y distinguida tradición. Tămăîioasă y Grasă son los dos ingredientes nativos del Cotnari, el más celebrado de Rumanía, un vino de postres, resultado del *botrytis* y muy aromático, que se elabora en el noreste del país, cerca de la frontera con Moldavia.

RUSIA Y REPÚBLICAS EX SOVIÉTICAS

Rusia, Bielorrusia, Ucrania y Georgia son las mayores áreas productivas. Las dos principales variedades autóctonas son Rkatsiteli y Saperavi (blanca y tinta, respectivamente), aunque también está muy extendido el cultivo de Cabernet Sauvignon, Riesling y la Aligoté de Borgoña. Los tintos de Crimea fueron en otro tiempo muy célebres fuera de las fronteras de Ucrania y pueden volver a lograrlo si las inversiones que se están realizando en ellos empiezan a dar sus frutos.

ISRAEL, NORTE DE ÁFRICA Y EXTREMO ORIENTE

Israel y el Líbano están extendiendo su buena reputación a través de sus variedades clásicas de uva, que los vinos del norte de África y Extremo Oriente siguen siendo muy poco conocidos allende sus fronteras.

ISRAEL

El barón Edmond de Rothschild, dueño del Château Lafite de Burdeos, fue el fundador de la moderna industria vinícola israelí a finales del siglo XIX. Él donó a los judíos una gran cantidad de dinero con fines agrícolas, incluyendo el establecimiento de viñedos para la producción de vino kosher. Durante la mayor parte del pasado siglo XX, ésa fue la principal preocupación de la industria vinícola israelí: su producción se exportó a las comunidades judías de todo el mundo. Sin embargo, desde principios de los 80, Israel empezó a sacar provecho de una climatología favorable para el cultivo de la uva y la adaptó a la producción de una extensa variedad de vinos para el consumo general.

NORTE DE ÁFRICA

Hasta el lanzamiento en los años 70 de la pintoresca marca Red Infuriator nadie había prestado ninguna atención al vino argelino. Sus antecedentes se remontan a la antigüedad, pero en la era moderna ha padecido la falta de inversión. Una de sus mejores regiones en el interior, la Coteaux de Mascara, consigue unos tintos abrasivos a partir de un puñado de uvas del sur de Francia.

La industria vinícola de Marruecos se beneficia principalmente del turismo que recibe. Produce un extenso abanico de varietales franceses, incluidas Cabernet Sauvignon, Syrah, Chenin Blanc y Chardonnay, vinos concebidos para las multitudes que llegan de vacaciones

Históricos barriles en la bodega Carmel (derecha), una gran cooperativa que produce la mayor parte del vino de Israel. Oriente Medio goza de climas especialmente favorables para el crecimiento de la uva.

1. ALTOS DEL GOLÁN
2. GALILEA
3. SHOMRAN
4. SANSÓN
5. COLINAS DE JUDEA
6. NÉGWEV

Arando un joven viñedo en Enfidaville, Túnez. La mayor parte de las vides del país son variedades francesas.

a ese país. Para demostrar su interés comercial en la calidad, Marruecos ha dedicado el mayor esfuerzo de todos los países norteafricanos en pulir su joven sistema de denominaciones (AOG o *appellation d'origine garantie*) para aproximarse a los modelos europeos. Los tintos pasificados baratos, representados por el sabroso Domaine de Cigogne, descubierto recientemente en los minoristas británicos, son la norma, pero también hay algo de Cinsaut rosado. El Muscat de Berkane, generoso dulce, es posible que llame la atención en el futuro.

Túnez también tiene que satisfacer la sed de sus turistas y lo consigue con vinos tintos y rosados bastante toscos, de nuevo procedentes de variedades de uva del sur de Francia. Entre los blancos se incluye un Muscat seco bastante pesado (procedente de la Muscat de Alejandría, menos buena).

INDIA, CHINA Y JAPÓN

La fama de India como productor de vino se apoya exclusivamente en el vino espumoso de Maharashtra, Omar Khayyam, lanzado al mercado por la casa de *champagne* Piper Heidsieck. Puede ser muy apetitoso, con cuerpo, seco y con sabor a frutos secos, pero ha resultado demasiado inestable para su comercio.

China está inundada de variedades nativas de uva y posee una gran extensión de tierras apropiadas para viñedos, en cambio, carece de un sólido conocimiento en la materia. Las bodegas del estado producen un morapio endulzado para un país que prefiere el vino de grano como el *shaoshing*, hecho de arroz. Sin embargo, está entrando dinero francés y australiano, y algunas empresas, como la bodega Huadong en Qingdao, están probando suerte en los mercados internacionales con Chardonnay, Riesling y otros varietales.

Japón produce vino de uva en tres de sus cuatro islas (siendo Hokkaido, al norte, la que posee la mayor extensión de cultivos), aunque las predilecciones nativas no la han convertido en un negocio viable hasta hace poco tiempo.

Preparación de las viñas a principios del verano en los viñedos de Suntory, Japón.

ESTADOS UNIDOS

El entusiasmo y las ganas de experimentar han aportado grandes éxitos a los estados vinícolas de Estados Unidos. Liderados por California y la costa noroeste del Pacífico, los viñedos de este país han provocado un gran impacto en los aficionados de todo el mundo.

Las mejores regiones productoras de EE UU se concentran en la costa oeste, en California, Washington y Oregón, aunque ahora otras zonas empiezan a destacar por sus vinos.

1. CALIFORNIA
2. OREGÓN
3. WASHINGTON
4. IDAHO
5. ESTADO DE NUEVA YORK
6. TEXAS
7. VIRGINIA
8. COLUMBIA BRITÁNICA
9. ONTARIO

En 1983, Estados Unidos inició una especie de sistema de denominaciones que consistía en una serie de áreas geográficamente definidas (llamadas *American Viticultural Areas o AVAs*). Aunque todavía no aparece esta nomenclatura en las etiquetas, el sistema establece que los vinos que empleen los nombres de las AVAs deben contener una cantidad de uvas procedentes de esa zona no inferior al 85%.

CALIFORNIA

Si dijéramos que el estado de California está en el epicentro de la industria vinícola de Es-tados Unidos seguramente nos quedaríamos cortos. Y es que sólo hay que ver las estadísticas: nueve de cada diez botellas de vino estadounidense se embotellan en esa zona. Desde el condado de Mendocino, al norte de San Francisco, hasta las áreas de San Diego y el valle Imperial en la frontera mexicana, prácticamente todo es tierra de viñedos.

Como ocurre en la mayoría de regiones vinícolas no europeas, California se está abriendo paso con variedades de uva internacionales, sobre todo francesas. La lista incluye, por supuesto, Chardonnay y Cabernet Sauvignon; la tan de moda Merlot (que se ha labrado por sí misma su reputación como varietal); algunas de las más exquisitas Pinot Noir (ni las de Borgoña las alcanzan); una fresca Riesling; una Sauvignon Blanc a menudo mal definida, y pequeñas cantidades de Syrah negra.

La razón principal de su fama es una variedad tinta llamada Zinfandel. En los últimos años, la teoría de que esta uva era la misma que una variedad del sur de Italia, que se encuentra alrededor de Puglia, donde la llaman insensiblemente Primitivo, parece haberse confirmado. Pudieron haberla traído consigo los colonizadores italianos ya en el siglo XVIII, y desde luego ya se cultivaba al principio de la viticultura moderna californiana de mediados del siglo XIX.

Condados de Mendocino y Lake El condado de Mendocino, en la costa del Pacífico, abarca una enorme variedad de microclimas según se adentra en el interior, lo que significa que los estilos de vino producido son de todo tipo, desde la Gewürztraminer delicadamente especiada y la Sauvignon ligeramente frondosa hasta las grandes y jugosas Cabernet y Zinfandel. Según las denominaciones de origen estadounidense (AVAs), existe una denominación general para todo el Mendocino, en la que se incluyen tres zonas de valle: Anderson en la costa y McDowell y Potter en el interior.

El condado de Lake, mucho más pequeño que el de Mendocino, tiene menos variedad de climas y, sin embargo, se ha ganado una fama merecida por sus agradables Sauvignon con aromas de fruto verde y los suaves Cabernet.

PRODUCTORES DE MENDOCINO: Fetzer (se trata de la mayor bodega de Mendocino, que consigue un puñado de finos varietales), Jepson, Parducci, Handley Cellars y Roederer.

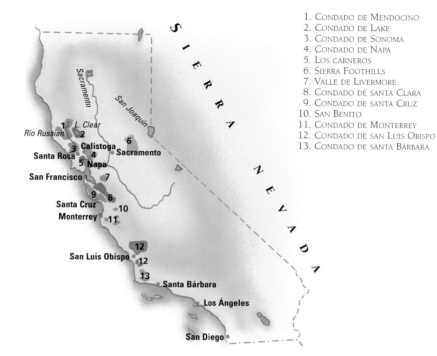

1. CONDADO DE MENDOCINO
2. CONDADO DE LAKE
3. CONDADO DE SONOMA
4. CONDADO DE NAPA
5. LOS CARNEROS
6. SIERRA FOOTHILLS
7. VALLE DE LIVERMORE
8. CONDADO DE SANTA CLARA
9. CONDADO DE SANTA CRUZ
10. SAN BENITO
11. CONDADO DE MONTERREY
12. CONDADO DE SAN LUIS OBISPO
13. CONDADO DE SANTA BÁRBARA

Las zonas vinícolas de California (arriba) se extienden a lo largo de todo el estado. Los viñedos se encuentran en lugares templados de las laderas de las montañas, en valles cálidos del interior y cerca del océano.

Herbario de las bodegas Fetzer en el condado de Mendocino, que alberga cientos de variedades de hierbas aromáticas.

217

PRODUCTORES DE LAKE: Kendall-Jackson (cuyo fino y sabroso Chardonnay procede de unos viñedos situados en Santa Bárbara, bastante más al sur), Konocti (posee un buen Sauvignon ahumado) y Guenoc (Chardonnay y mezclas de Burdeos blancos y tintos que en California reciben el nombre de Meritage).

Sonoma Es un condado costero al norte de la bahía de San Francisco. La AVA del valle Alexander ha sido testigo del programa de cultivo más intensivo de Sonoma en el último cuarto del siglo XX. La bodega de Simi hace uno de los Chardonnay más vivos y divertidos del norte de California, y los viñedos Jordan han llegado a estar en primera plana con un elegante espumoso denominado «J».

La AVA del valle de Sonoma está formada por algunas de las más antiguas bodegas de California, como Buena Vista (establecida en el siglo XIX) y Sebastiani. En el extremo sur, se encuentra una parte de la famosa área conocida como Los Carneros, que comparte con el condado de Napa.

Una de las áreas más frías de Sonoma es el valle del río Russian, que forma su propia AVA. Aquí se siente de un modo más intenso el impacto de las nieblas matutinas que se extienden desde la bahía, con el resultado de una excelente Pinot Noir (especialmente de profesionales como Williams-Selyem, Dehlinger, Iron Horse y Rod Strong). De Loach es capaz de conseguir un Chardonnay soberbiamente equilibrado además de un buen vino espumoso.

La AVA del valle Dry Creek se está labrando un buen porvenir con los Sauvignon bien definidos de los viñedos de Preston y Dry Creek, así como los Zinfandel más memorables de Quivira. Las otras AVAs son Chalk Hill, Knights Valley, Sonoma-Green Valley, Sonoma Coast, Sonoma Mountain y Northern Sonoma (un importante reducto de E&J Gallo).

Napa Si California es el primer estado en cuanto a producción de vino, el valle de Napa es el centro por excelencia del vino regional de calidad superior. Incluye una sorprendente gama de variaciones climáticas. La zona me-

El fértil suelo del valle de Napa está considerado por muchos como el mejor lugar del estado para el cultivo de Cabernet y Chardonnay.

ridional cercana a la bahía de San Francisco recibe las influencias marítimas y es relativamente fría y neblinosa, mientras que el norte, en Calistoga, es muy caluroso.

La AVA general de Napa se organizó, a mediados de los años 90 del pasado siglo XX, en un conjunto de denominaciones menores. De norte a sur son Calistoga, Santa Helena, Rutherford, Oakville, Yountville y Napa. Una relación de los mejores bodegueros tendría que incluir a Robert Mondavi, Heitz Cellars, Niebaum-Coppola (propiedad del famoso director de cine Francis Ford Coppola), Beaulieu Vineyards, Beringer, Swanson y muchos otros.

Otras AVAs del valle de Napa que también hay que conocer son: Stags Leap District, muy importante en cuanto a calidad y situada justo al norte de la ciudad de Napa (en el que se incluyen finos Cabernet y Merlot de la misma bodega de Stag's Leap, de Clos du Val y de Shafer), Howell Mountain, al este del valle (donde La Jota hace un sensacional Cabernet muy concentrado), Mount Veeder, entre Napa y Sonoma (con Hess Collection, que produce sus más distinguidos Chardonnay y Cabernet), y el reciente Wild Horse Valley, al este de Napa.

Los Carneros Coincide con los extremos meridionales de los condados de Napa y Sonoma, y forma su propia AVA. Su clima se ve continuamente influido por las nieblas del amanecer que

proceden del Pacífico, y que a menudo no suelen aclarar hasta media mañana. Su salto a la fama, que se produjo en los años 80, vino de la mano de un puñado de Pinot Noir y Chardonnay, exquisitamente bien hechos en bodegas como Acacia, Saintsbury y Carneros Creek. Hay que resaltar que Los Carneros también ha desarrollado una importante reputación como una buena productora de vinos espumosos, con la casa de champán Taittinger (Domaine Carneros) y el productor de cava Codorníu (Codorniu Napa), que representan el voto de confianza de los europeos.

Santa Cruz Es una AVA costera situada al sur de la ciudad de San Francisco. Esta región fue una de las primeras que intentó producir la gran Pinot Noir. En la actualidad, se están cultivando todos los tipos de uva, muchos de ellos bajo la tutela creativa de Randall Grahm, en la bodega Bonny Doon. Sus curiosas etiquetas y nombres de vino anuncian unos originales productos. Si busca Cabernet, Ridge Vineyards y Ahlgren hacen algunos de los más opulentos.

San Benito Es una pequeñísima región vinícola interior situada al oeste de Fresno, cuya mayor atracción son los viñedos Calera. Josh Jensen, de Calera, es el único propietario de la diminuta AVA Monte Harlan que produce un Chardonnay, el Mills Vineyard Pinot Noir, el Viognier mas extraordinario fuera de Condrieu.

Clos Pegase, en el valle de Napa. Este edificio moderno contiene, además de las bodegas, una galería de arte.

Viñedos de Wente Brothers en el valle Livermore, al este de la bahía de San Francisco, en el condado de Alameda.

Viñas nuevas esperando florecer cerca de un paisaje desierto de California, en Au Bon Climat, Santa Bárbara.

Condado de Monterrey Las uvas de clima frío, como Pinot Noir, Riesling e incluso Chenin Blanc, se han adaptado muy bien a esta zona. Dentro de sus AVAs hay tres zonas importantes: Chalone, Arroyo Seco y Carmel Valley. La primera de ellas es el hogar de los viñedos Chalone, productor de un Chardonnay de marca, de un Pinot Blanc sorprendentemente pleno y de un rico Pinot Noir.

San Luis Obispo Este condado goza de los dos extremos climáticos, y sus mejores vinos suelen proceder de las áreas costeras más frías, como es el caso del valle del Edna, que tiene su propia AVA. La bodega Edna Valley elabora unos Chardonnay de gran éxito. Al sur, en la AVA de Arroyo Grande, la casa de champán Deutz ha establecido una de sus bodegas fuera de Europa, Maison Deutz.

Santa Bárbara Cubierto de niebla y no muy lejos de Los Angeles, sus mejores viñedos se congregan en los dos valles que conforman esta AVA: Santa María y Santa Ynez. Los dos disfrutan de la influencia del océano y consiguen buenas muestras de Pinot Noir y Chardonnay, así como una Sauvignon y una Riesling de textura fresca. Bodegas Au Bon Climat y Sanford.

EL NOROESTE EN LA COSTA DEL PACÍFICO

Oregón Las variedades alsacianas han dado vinos fragantes, secos y picantes de uvas como Riesling, Gewürztraminer y Pinot Gris. El valle Willamette ocupa un rincón del noroeste del estado, muy cerca de la costa del Pacífico, y disfruta de unas condiciones frías de cultivo que también pueden encontrarse en ciertas partes del norte de Francia. Los mejores productores de Oregón se concentran en esta zona. Adelsheim, Ponzi y Eyrie hacen un Pinot Gris completo y cremoso (Eyrie también destaca en Chardonnay, con su caldo de Reserva, sutil y con un curioso sabor a manzana asada).

En cuanto a las célebres Pinot Noir, Elk Cove, Bethel Heights, Ponzi y Sokol Blosser consiguen unos vinos modernos, dulcemente acerezados y que merecen envejecer. Véronique Drouhin, hija del conocido productor borgoñón, se ha estado dedicando al Pinot en la Oregon Domaine Drouhin desde el año 1991, y ha conseguido finalmente lanzarlo con decisión.

Estado de Washington Casi todas las tierras de viñedos están en el este, donde la AVA general del valle de Columbia es la responsable de la mayor parte del vino producido. Las plantaciones de Cabernet y especialmente de Merlot producen unos vinos redondos y muy afrutados, que pueden beberse desde muy jóvenes. Riesling, sorprendentemente, se adapta bien, y puede llegar a producir unos estilos secos y semisecos de gran elegancia y sabor.

El inevitable Chardonnay, sin embargo, se vende como rosquillas y es además un buen producto, de calidad, suavemente mantecoso. En cuanto a Sémillon, parece que está empezando a causar furor en Washington: su estilo es más o menos parecido a los caldos secos con apuntes mineralizados y sin enroblecer del valle de Hunter en Australia.

Stimson Lane elabora numerosos vinos etiquetados como Columbia Crest, Chateau Ste.

1. VALLE DE WILLAMETTE
2. VALLE DE COLUMBIA
3. VALLE DE YAKIMA

Michelle, Snoqualmie y tantos otros. La calidad es buena. Entre las bodegas más pequeñas, las mejores son: Hogue Cellars (que hace un Chardonnay maravillosamente sutil y lige-

ramente enroblecido), Staton Hills y Kiona (busque sus deliciosos vinos dulces bien elaborados, de última cosecha, de las variedades alsacianas Muscat, Gewürztraminer y Riesling).

LA COSTA ESTE

La región principal de cultivo es la AVA Finger Lakes, una zona lacustre en el centro del estado y al sur de Rochester. Long Island también cuenta con grandes extensiones de viñedos y un par de AVAs en The Hamptons y North Fork.

En el estado de Nueva York son importantes Seyval Blanc y la variedad tinta Concord. Entre las mejores de las uvas internacionales se encuentran Chardonnay (muy buena la que procede de las bodegas Wagner en Finger Lakes y Bridgehampton de Long Island), Cabernet y Merlot (Hargrave, uno de los pioneros de las uvas *vinifera* en Long Island, hace un Cabernet de gran linaje), y unos Riesling clásicamente acerados.

Mientras los viñedos de Oregón se extienden cerca del océano, las principales regiones vinícolas de Washington están en el este, donde las temperaturas son más extremas.

Los viñedos se extienden hasta la orilla del agua en la AVA Finger Lakes en el estado de Nueva York.

CANADÁ

Además de sus vinos helados tan originales, ahora, con los cultivos de variedades internacionales, los productores del país están impulsando su industria con una impresionante gama de estilos.

Vendimia durante el invierno de uvas Vidal heladas para la especialidad de Canadá: el vino helado o *Ice Wine*.

Las dos regiones vinícolas importantes de Canadá se encuentran muy distanciadas entre ellas: la Columbia Británica en el oeste (izquierda), y Ontario en la costa este (derecha), lindando con el estado de Nueva York.

1. VALLE DE OKANAGAN
2. VALLE DE COWICHÁN
3. PENÍNSULA DEL NIÁGARA

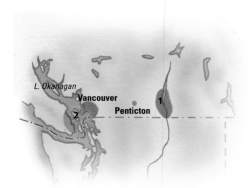

El cultivo de las variedades de *Vitis vinifera* no es fácil para el extremado clima nórdico de Canadá. Sus veranos son muy benignos, pero los inviernos suelen ser de varios grados bajo cero. Por su parte, la uva blanca Vidal, una variedad nativa, produce algunos de los vinos helados (*Ice Wine*) más deliciosamente concentrados. Se elaboran a partir de uvas que se han dejado sobremadurar en la viña y luego helar con el inicio del invierno. Cuando se recogen los frutos helados, se prensan inmediatamente para que las láminas de hielo se queden en la prensa y el jugo, dulce y concentrado, mane libremente, convirtiéndose en un caldo exquisito.

Chardonnay y Riesling son las mejores blancas con diferencia. Pinot Noir y una cierta cantidad de Cabernet Sauvignon de textura ligera nos muestran el progreso de los tintos. Cabernet Franc, con un sabor más delicado produce tintos con aroma a arándanos.

Los productores canadienses instituyeron un sistema rudimentario de denominaciones en el año 1988, la *Vintners Quality Alliance*. Entran dentro de la clasificación VQA, los vinos que proceden en su totalidad de uvas que hayan crecido en las regiones de denominación y posean un nivel mínimo de madurez. A medida que se va incrementando el cultivo, aumenta también el número de vinos elaborados bajo el sistema VQA. Ontario y la Columbia Británica son las dos provincias en las que hay más viñedos plantados.

Ontario Un alto macizo montañoso concede un cierto grado de protección natural contra los peores efectos del clima. La industria vinícola canadiense arrancó con los innovadores cultivos en los años 70 del siglo pasado de las bodegas Inniskillin. Sus clásicas botellas de Chardonnay y Riesling encierran unos vinos muy bien hechos y sigue haciendo un varietal Maréchal Foch. Henry of Pelham es otro de los productores más dinámicos.

Columbia Británica Los viñedos se encuentran en el valle de Okanagan, al suroeste de la provincia. A partir de uvas alsacianas como Pinot Blanc y Gewürztraminer, así como Riesling, se han conseguido buenos varietales, y algún delicado Chardonnay se ha suavizado bastante con el envejecimiento en roble. Hay que estar atento a un nombre: Mission Hill.

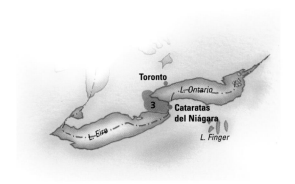

MÉXICO

La vitivinicultura de México es la más antigua de América, pero el excelente nivel actual deriva de las inversiones y los esfuerzos desplegados desde la segunda mitad del siglo XX.

En México, los cultivos de viñas se hallan concentrados en la mitad norte del país, en especial, en los estados de Querétaro, Sonora y los que ocupan la península de la Baja California.

1. BAJA CALIFORNIA
2. SONORA
3. HERMOSILLO
4. QUERÉTARO

En el siglo XVI, los viñedos se expandieron desde la Ciudad de México, capital del virreinato, hacia Guanajuato, Baja California, Sonora y Puebla. En paralelo al impulso oficial destaca el realizado por los jesuitas, que lograron dominar tierras inhóspitas y desérticas y transformarlas en prósperos cultivos. En el siglo XVIII, los franciscanos extendieron las plantaciones de vides hacia áreas californianas que hoy pertenecen a Estados Unidos. El progreso de la vitivinicultura de Nueva España, en volumen y calidad, puso en estado de alerta a los bodegueros de la metrópoli, para cuya producción casi no había demanda desde la colonia. Así, en 1595 la corona prohibió el cultivo de nuevas vides en el virreinato. La orden no tuvo efectos mayores, puesto que el control eficaz de tan amplio territorio era casi imposible, y porque los religiosos se negaron a cumplir la orden y continuaron expandiendo sus plantaciones.

La producción y la calidad se mantuvieron estables hasta fines del siglo XIX, sin que la vitivinicultura tuviese un peso económico significativo, ni en la colonia ni en el país independiente. Pero en esa fecha se produjo un salto hacia delante, la familia Concannon introdujo en México variedades francesas, y con el respaldo del gobierno, Perelli Minetti también plantó excelentes cepas cerca de Torreón, en el estado de Coahuila. Estos avances se frustraron al comenzar el siglo XX a raíz de una epidemia de filoxera que diezmó los viñedos. A partir de 1948 se produjo un

Los avances técnicos y tecnológicos en el cultivo de la viña y la introducción de variedades tintas internacionales, con las que se elaboran vinos de gran calidad, han contribuido al relanzamiento de la industria vinícola mexicana.

nuevo giro que condujo a la consolidación de la vitivinicultura mexicana. Entonces, quince empresas crearon la Asociación Nacional de Vitivinicultura, la cual, en pocos años, recibió la adhesión de las principales bodegas del país. El paciente trabajo de la entidad, fomentando la ampliación de los cultivos con buenas variedades, la tecnificación, la promoción comercial y el mayor poder adquisitivo de la clase media dieron sus frutos en la década de 1970, cuando el aumento del consumo de vinos y la demanda de calidad fortalecieron el sector.

Entre 1970 y 1980 la producción se triplicó, lo que implicó un ritmo de duplicación de las áreas cultivadas cada tres años, al igual que un fuerte crecimiento de las inversiones en equipos, promoción y comercialización. México tiene varias regiones vitivinícolas, entre las que destacan las siguientes.

Sonora Las zonas de producción son Hermosillo y Caborca, de clima desértico. Si bien Sonora produce el 70% de la uva mexicana, su participación en la industria del vino es muy reducida. La principal firma es la española Pedro Domecq.

Coahuila Las áreas vitivinícolas son Parras, Arteaga y Saltillo, con un clima muy caluroso y seco, y escasas lluvias, aunque sufren heladas y granizadas. Las principales bodegas son Domecq, Casa Vitivinícola Madero, Casa Ferriño y Vinícola Vitali. Las variedades más cultivadas son Cabernet Sauvignon, Merlot, Syrah, Tempranillo, Uva Lenoir y Rosa del Perú para los tintos, y Chardonay, Chenin Blanc, Semillón y Colombard para los blancos.

Baja California Destacan los valles de Calafia, de Guadalupe, de Santo Tomás, de San Vicente y de San Antonio de las Minas. La influencia marina determina un clima de tipo mediterráneo, con inviernos moderados y húmedos, y veranos secos, entre templados y cálidos. Sobresalen las plantaciones de las firmas Santo Tomás, Cavas Valmar, Pedro Domecq, Viña de Liceaga, Vinícola Regional, Casa de Piedra, Bibayoff, Monte Xanic, Mogor Badan y Chateau Camou. Los vinos tintos se producen con Cabernet Sauvignon, Merlot, Pinot Noir y Zinfandel, y los blancos con las variedades Riesling, Chardonay, Chenin Blanc, Muscat y Gewürztraminer.

Durango Con un clima desértico, en esta región se elaboran excelentes vinos. La principal bodega, la Compañía Vinícola del Vergel, fue fundada en 1943. Cuenta con modernas instalaciones, tanques de acero inoxidable y cavas subterráneas de mármol sin pulir. El tinto Viña Santiago es el vino insignia de esta bodega.

Aguascalientes Las áreas vinícolas, Calvillo, Paredón y Los Romos, se encuentran en el valle enmarcado por dos cadenas montañosas que nacen en la sierra de Zacatecas. El clima es templado y frío por encima de 2.000 m de altura, con lluvias veraniegas. Sólo dos bodegas destacan por su producción: Vitivinícola Dinastía y Vitivinícola La Bordaleza, que cultivan Cabernet Sauvignon, Merlot y Ruby Cabernet para los tintos, y Chardonay, Muscat Blanc y French Colombard para los blancos.

Zacatecas Los viñedos se concentran en Valle de la Macarena y en Ojo Caliente, a poco más de 2.000 m de altura. El clima es seco y árido. La elaboración de vinos se inició en la década de 1970, a través de Bodegas del Altiplano. Le siguieron la vinícola Cachola (1984) y la pequeña bodega Cantera y Plata (1990), que destaca por la calidad de sus caldos, comercializados bajo las marcas Cantera y Plata, Igneus y Fray Margil.

Las principales cepas son de Ruby Cabernet, Cariñán, Cabernet Sauvignon y Petite Syrah, para los tintos, y French Colombard, Chenin Blanc, Ugni Blanc, Traminer y Málaga, para los blancos.

Querétaro La explotación vinícola es reciente y se desarrolla en Tequisquiapan y Ezequiel Montes. El clima es templado, aunque los veranos son muy cálidos, con copiosas precipitaciones. Predominan las variedades Cabernet Sauvignon, Pinot Noir, Pinot Gris, Malbec y Gamay para los tintos, y Saint-Emilion, Sauvignon Blanc, Macabeo y Chenin para los blancos. La actividad del sector arrancó en 1978, cuando el grupo catalán Freixenet compró tierras en Ezequiel Montes, la Finca Doña Dolores. En 1988, lanzó el cava Sala Vivé, realizado con el método champenoise con Macabeo, Chenin, Pinot y Saint-Emilion. Otras bodegas son Bodega La Madrileña, fundada por el español Francisco Domenech, y Cavas Atonelli.

Un antiguo techo de madera cubre la sala de barricas de una bodega en Ensenada, en el estado de Baja California.

La Casa Pedro Domecq inauguró en la década de 1990 unas bodegas en las afueras de la ciudad de Hermosillo, capital del estado de Sonora. Su principal actividad es la elaboración de vinos de mesa de calidad.

ARGENTINA

Argentina siempre tuvo buenos vinos de mesa y su vitivinicultura goza de un prestigio muy antiguo en América del Sur. En los últimos años esa fama ha aumentado con la elaboración de vinos de calidad.

En 1556 un religioso español cruzó la cordillera de los Andes e introdujo viñas procedentes de Chile en Santiago del Estero. Pero el verdadero desarrollo de los cultivos se da a partir de 1561, gracias al entusiasmo viticultor de los fundadores de la ciudad de Mendoza, Pedro Castillo y Juan Jufré, quienes también usaron pies de viñas chilenas. Las zonas vitivinícolas argentinas se extendieron teniendo como eje la parte oriental de los Andes, en particular sus valles. Son casi 2.000 kilómetros, de norte a sur, que determinan una de las más extensas zonas vinícolas del mundo. En un clima seco y más fresco que el correspondiente a la latitud, los deshielos de la cordillera alivian la escasez de lluvias. Los suelos, por su parte, son, en general, aluviales, profundos, pedregosos y arenosos, con excelente drenaje a raíz de las pendientes, lo que los torna sumamente aptos para la viticultura.

Aunque en el curso de los siglos se introdujeron cepas francesas, españolas e italianas que permitieron una paulatina mejora de los caldos argentinos, no fue hasta la segunda mitad del siglo XIX que la industria dio un importante salto cualitativo con la implantación de la uva Malbec, futura base de la vitivinicultura argentina.

En la última década del siglo pasado se empezaron a producir vinos de calidad y se inició una agresiva política de exportaciones. Hubo grandes inversiones en tecnología y en la contratación de afamados enólogos europeos. Esto permitió el ingreso a importantes mercados, como Estados Unidos, la Unión Europea, Turquía y Canadá, entre otros. Las bodegas argentinas comenzaron a acumular premios en certámenes internacionales, al tiempo que importantes firmas extranjeras se

1. MENDOZA
2. SAN JUAN
3. LA RIOJA
4. SALTA
5. RÍO NEGRO

Tres cuartas partes del vino producido en Argentina, así como el de más calidad, procede de la provincia de Mendoza, en las estribaciones de los Andes. De las otras cuatro regiones, Salta es la que está produciendo los caldos más notables.

afincaban en el país debido a su gran potencial. Las principales zonas productoras, con Denominación de Origen Controlada, son las siguientes.

Mendoza Es la principal área vitivinícola de Argentina, y en ella alrededor de 550 bodegas producen más del 60% de los caldos nacionales. Sus suelos son arenosos y pedregosos, y el clima seco, con escasas precipitaciones anuales, y con más de 300 días soleados al año. A esas condiciones muy aptas para las viñas se agrega la calidad del agua de los deshielos, con numerosos nutrientes de naturaleza mineral. Las mayores zonas productoras de la provincia son el Valle Central, la región Centro-Oeste, el valle del Uco y el departamento de San Rafael, en el sur. Entre las bodegas destacan Trapiche, López, Valentín Bianchi S.A., Chandon S.A., Etchart, Escorihuela, Santa Ana, Norton, Suter, Cuvée Mumm y Navarro Correas. Las variedades principales son Malbec, Cabernet Sauvignon, Boyarda, Nebbiolo, Pinot Noir, Tempranillo, Sangiovese y Syrah para los tintos, Pedro Giménez, Chenin, Torrontés, Riesling, Chardonnay, Macabeo, Ugni Blanc y Tocai Friulano para los blancos, Cereza, Moscatel Rosado, Garnacha, Criolla Grande, Criolla Chica y Ferral para los rosados, y Chardonnay, Pinot Noir, Sémillon y Malbec para los cavas, elaborados según el método champenoise.

San Juan Valles andinos con suelos arcillosos y arenosos, muy aptos para el cultivo de la vid. La altura determina un clima fresco, aunque puede llegar a 43 °C en los lluviosos veranos. Los inviernos son secos, fríos y ventosos. Las principales zonas vinícolas son los valles del Tulum, Zonda, Ullum, Calingasta, Jáchal e Iglesias. Viñedos Santiago Graffigna, Franelco S.A., San Juan de Cuyo, Casa Montes y Cavas de Zonda son las bodegas más importantes. Entre las variedades que emplean destacan Cabernet Sauvignon, Syrah, Merlot, Lambrusco, Nebbiolo, Tempranillo, Boyarda y Graco Nero en los tintos, Torrontés Riojano, Muscat d'Alexan-

Arando la tierra de un viñedo al estilo antiguo.

drie, Pedro Giménez, Chenin, Tocai Friulano, Riesling, Viognier y Chardonnay en los blancos, y Cereza en los rosados.

Salta Sus viñedos están entre los más altos del mundo –una media de 1.700 m– pero gozan de un clima templado y seco, con suelos arenosos y pedregosos. En este ambiente se producen vinos de notable calidad, que ya han tenido amplio reconocimiento internacional. Los valles Calchaquíes, entre ellos el de Cafayate, es donde prospera lo mejor de la vitivinicultura salteña. Las bodegas más importantes son La Banda, La Rosa, Etchart, Domingo Hermanos, Nanni, Peñalba Frías, Cavas de Santa María, Miralpeix y Don Andrés Artesanal. Para la vinificación se usa Cabernet Sauvignon, Malbec y Tannat en los tintos, y Torrontés y Chardonnay en los blancos.

La Rioja Los valles de Famatina, a más de 1.100 m de altura, tienen suelos arenosos y un clima relativamente templado y seco. Anguinan S.A., La Rioja, La Riojana, José González

y Motegay S.A. son las principales bodegas de la región, que emplean uvas Cabernet Sauvignon, Merlot, Lambrusco y Boyarda para los vinos tintos, y Torrontés Riojano, Riesling Renano, Pinot de la Loire, Moscatel y Chardonnay para los blancos.

Catamarca Destacan dos zonas: la oriental, dominada por el valle de Catamarca, y la occidental. La primera tiene suelos limo-arenosos y goza de veranos cálidos. La segunda, la más importante, presenta tierras de textura media y fina, calcáreas y apenas salinas. El clima es más fresco y más seco. Esta zona comprende el departamento de Tinogasta, donde se concentra el 70% de los cultivos. Las mayores bodegas son Finca Don Diego, Bodegas y Viñedos Don Juan y Elís J. Saleme S.A. Las variedades más utilizadas son Syrah, Cabernet Sauvignon y Malbec en los tintos, Chardonnay en los blancos y Cereza en los rosados.

Patagonia En los departamentos de General Roca y Confluencia, de las provincias de Río Negro y Neuquén, respectivamente, está la principal área vitivínicola. El clima es frío en invierno y caluroso en verano, con una temperatura media anual de 14 °C, lo que permite una maduración larga y prolongada de la uva, con la acidez y los azúcares bien armonizados.

Los caldos, en general, son de excelente calidad, pero la región destaca por la producción de cavas según el método champenoise. Las mayores bodegas son Establecimientos Humberto Canale S.A., Bodegas y Viñedos Vecchi, Eduardo Podlesh y La Inversora S.A., que utilizan Cabernet, Merlot, Malbec y Pinot Noir para elaborar los vinos tintos, Sémillon, Gewürztraminer, Chardonnay, Sauvignon Blanc, Riesling Renano y Torrontés de Río Negro en los blancos, y Pinot Noir y Chardonnay para los cavas.

Canales de riego en los viñedos de Mendoza. El agua procede de la nieve derretida de las cumbres de los Andes.

CHILE

Los caldos chilenos son, sin duda, los más famosos de América del Sur, y ese prestigio, respaldado por una notable calidad, se refleja en las crecientes exportaciones a más de cien países de todos los continentes.

Las plantaciones se extienden por los valles centrales, entre los Andes y la cordillera de la Costa, en los que imperan microclimas de tipo mediterráneo, sin temperaturas extremas y con inviernos moderadamente lluviosos y veranos cálidos y secos. Tienen, además, una ventaja incomparable, casi única en el mundo: han permanecido inmunes a la filoxera. Esto ha permitido prescindir de los injertos.

En la década de los ochenta del siglo XX, los viñedos y la industria se pusieron al día en cuanto a tecnología e infraestructura. El progreso de la vitivinicultura chilena se reflejó en la consolidación de los mercados internacionales, con ventas a más de cien países. Los principales compradores eran la Unión Europea, Estados Unidos, Canadá, Japón, China y Corea del Sur. Un decreto ley de 1995 determinó que en Chile existen cuatro regiones vitivinícolas y que, para ser considerados originarios de alguna de ellas, los caldos deben ser elaborados con un mínimo del 75% de uvas locales. Esas cuatro regiones son las siguientes.

Atacama En el norte del país, comprende la zona de Coquimbo, con su famoso valle de

Una estrecha franja de tierra entre el Pacífico y los Andes, Chile (abajo) recibe la bendición de los suelos arenosos. Los viñedos se sitúan sobre todo en el centro del país, donde el clima es más benigno.

1. ACONCAGUA
2. CASABLANCA
3. MAIPO
4. RAPEL
5. MAULE
6. BIOBÍO

Vides nuevas de Cabernet en Chile. Estas viñas no necesitan que les injerten esquejes de raíces resistentes a la filoxera, ya que es imposible que esta plaga prospere en terrenos arenosos.

bernet Franc y Syrah para los tintos, y Sauvignon Blanc, Chardonnay y Viognier para los blancos.

Aconcagua Oficialmente la región de Aconcagua comprende dos zonas: el valle del Aconcagua y el valle de Casablanca. Aunque, el valle de San Antonio, en los últimos años, también está brindando espléndidos vinos. El clima de la región es templado cálido, con una media de 14 °C, que suele superar los 30 °C en verano, aunque las brisas y las nieblas que produce la corriente Humboldt en el Pacífico protegen las viñas del calor excesivo. La producción del valle de Casablanca, donde se elaboran los mejores vinos blancos chilenos, ha alcanzado una personalidad propia y una notable calidad, por lo que se reclama una completa autonomía de la denominación de origen Aconcagua. Las mayores bodegas, de la región en su conjunto, son las de Morandé, Viña San Pedro (la principal exportadora del país), Viña del Mar, Veramonte, Villard Fine Wines, Viña Leyda, Matetic, Casa Marín y Garcés Silva. Las cepas utilizadas son Pinot Noir, Merlot, Carmenère y Syrah en los tintos, y en los blancos, Chardonnay, Chenin Blanc, Riesling y Gewürztraminer.

Valle Central Es la principal región vitivinícola de Chile, formada por los valles del Maipo, del Maule, del Rafael, del Teno, del Lontué, del Claro, del Tutuven, de Cachapoal, de Curicó y de Loncomilla. Las dos primeras

Tanques de acero inoxidable de la bodega Montes, en el valle de Curicó, símbolo de la renovación tecnológica en el sector vinícola chileno.

Viñas de Cabernet Sauvignon en el valle del Maipo, de la bodega Cousiño Macul fundada en el siglo XIX. Las cepas fueron plantadas antes de 1930.

Limarí, y los valles de Copiapó, Huasco y Elqui. El clima es seco y los suelos son arcillosos en las partes planas, y de base granítica en las laderas. Los vinos, de intensos aromas y sabores frutales, se caracterizan, además de por su excelente calidad, por la similitud de las añadas, debido a la regularidad del clima. Las principales bodegas son Francisco de Aguirre, Casa Tamaya, Ocho Tierras, Tabalí, Agua Tierra y Luis Soler. Las cepas usadas son Cabernet Sauvignon, Merlot, Carmenère, Ca-

Uvas Cabernet Sauvignon llegan a la bodega Santa Rita
en el valle del Maipo.

A lo largo y ancho del Valle Central de Chile se están plantando nuevos viñedos, convirtiendo a este país en el más dinámico de Sudamérica.

zonas son las que producen los caldos chilenos de mayor prestigio internacional. El clima es mediterráneo, en general, aunque con importantes variaciones térmicas y pluviométricas. Los suelos, muy fértiles, son de origen volcánico y aluvial. En esta región existen muchas bodegas de gran prestigio, entre ellas, Concha y Toro, Cousiño Macul, Undurraga, Tarapacá, Miguel Torres, Torrealba, Aquitania, Santa Ema, Morandé, Emiliana, Santa Helena, Viñedos del Maule, Ventisquero y Lagar de Bezana. Para la elaboración de vinos tintos, Cabernet Sauvignon es la variedad reina. También se emplean Merlot, Carmenère y Malbec. Para los blancos las variedades usadas son Chardonnay, Sauvignon Blanc y Sémillon, y para los cavas Chardonnay y Pinot Noir.

Sur Los valles del Itata y del Biobío presentan características climáticas diferentes a las anteriores. A los inviernos muy fríos y las heladas primaverales se suma la amplitud térmica diaria en la época de la maduración de la uva. Si bien los suelos son apropiados para las viñas —arenosos y arcillosos—, el clima puede perjudicar las cosechas de algunas variedades. Las variedades mejor adaptadas son Chardonnay,

Pinot Noir y Gewürztraminer. Las principales bodegas son Viña Canata, Viña Carpe Diem, Viña Gracia, Lomas de Cauquenes, Viña Porta y Casas de Giner. Además de las tres cepas citadas, los vinos blancos también se elaboran con Sauvignon Blanc y Viognier. Los tintos, a su vez, se elaboran con Cabernet Sauvignon, Carmenère, Merlot, Malbec y Syrah.

URUGUAY

Uruguay está de moda en el mundo vinícola, porque tras reconvertir sus viñedos en la década de 1990 se lanzó a exportar pequeñas cantidades de vinos de una gran calidad, reconocidos internacionalmente.

Desde 1860 el país recibió la primera oleada de inmigrantes españoles e italianos que llegaban con conocimientos de las prácticas vinícolas y disponían de abundante mano de obra criolla, expulsada de los latifundios por el cercamiento de los campos. Ese año, el vasco-francés Pascual Arriague realizó las primeras plantaciones con fines industriales, pero fracasó en sus propósitos. Los retomó en 1874, plantando en el departamento de Salto, 500 kilómetros al norte de Montevideo, pies de la variedad francesa Tannat, importados desde Argentina. En honor de este pionero, la Tannat comenzó a llamarse Harriague.

Francisco Vidiella inició la vitivinicultura en el sur en 1876, al plantar algunas variedades europeas, aunque dos años después se definió por la Folle Noire francesa, que fue denominada Vidiella en su homenaje.

En la primera mitad del siglo había sido introducida la variedad Isabella, también llamada Frutilla, que fue recuperada por los primeros vitivinicultores que, además, comenzaban a experimentar con Cabernet, Merlot y Malbec. Pero las uvas Harriague, Vidiella y Frutilla fueron, durante buena parte del siglo XX, las bases de los vinos uruguayos.

En 1893, cuando los viñedos se extendían por 740 hectáreas, fueron atacados por la filoxera y hubo que comenzar nuevamente, esta vez con técnicos europeos, llevados expresamente para combatir la plaga, y con cepas injertadas. A comienzos del siglo XX una segunda oleada de inmigrantes se instaló en el sur del país, cerca de Montevideo, y dio nuevo impulso al sector. En 1904 había 3.600 hectáreas de viñas, que llegaron a 6.100 en 1910. Operaban, entonces, más de 500 bodegas.

El Estado reglamentó la actividad, pero lo hizo otorgando amplias libertades, en un marco legal que sólo apuntaba a la defensa del consumidor y a la producción de «vino natural». Al mismo tiempo, se distinguieron las bodegas de consumo familiar, productoras del vino casero, de las industriales que, en 1907, quedaron reducidas a 212.

La superficie cultivada alcanzó su mayor extensión en 1956, con 19.000 hectáreas. Largos períodos de crisis económicas hicieron bajar el consumo interno y la extensión de los viñedos, que en la década de 1990 se estacionó en alrededor de 10.000 hectáreas, cifra que se mantiene hasta hoy.

En esa década, sin embargo, comenzó una verdadera y vertiginosa revolución en la vitivinicultura de Uruguay. Por una ley se creó el Instituto Nacional de Vitivinicultura, integrado por los bodegueros, con el objetivo de reconvertir el sector, mejorar la calidad de los vinos e impulsar las exportaciones. En este aspecto, los vitivinicultores uruguayos han dado un notable ejemplo de unidad y colaboración, logrando un insólito equilibrio entre la necesidad de competir y la de ayudarse entre ellos.

La nueva situación busca aprovechar los suelos arcillosos y arenosos, aptos para la viticultura, y las condiciones climáticas. En este sentido, Uruguay se ubica en la franja de los paralelos 30 y 35 de latitud sur, en la que también están las principales zonas vitivinícolas de nuevos e importantes productores de vinos finos, como Chile, Argentina, Sudáfrica, Australia y Nueva Zelanda. La influencia marítima, la alta insolación, una topografía levemente ondulada y los vientos fríos del sur crean óptimas condiciones para el viñedo, del que surgen vinos que no superan los 13° de alcohol, con taninos suaves y excelente balance entre la acidez y la fruta.

Buena parte de la transformación se debe al redescubrimiento de la variedad Tannat, convertida en el buque insignia de los vinos uruguayos, y la gran adaptación que han tenido otras cepas, en particular Cabernet Sauvignon, Merlot y Chardonnay. Desde los años de 1990, los vinos uruguayos no han dejado de obtener premios en los más importantes concursos internacionales. La pequeña superficie del país y la uniformidad del clima impiden caracterizar regiones con particularidades propias, y las diferenciaciones y la competencia entre los caldos se dan, fundamentalmente, por las variedades usadas. No obstante, los cultivos se concentran en las siguientes zonas.

Sur Comprende los departamentos de Montevideo, Canelones y San José. Las principales bodegas son Juan Carrau, Pisano, Vinos Finos H. Stagnari, Juanicó, Santa Rosa, Castillo Viejo y Toscanini. Las variedades más usadas son Tannat, Cabernet Sauvignon, Cabernet Franc, Nebbiolo, Merlot y Syrah en los tintos, Chardonnay, Sauvignon Blanc, Sauvignon Gris, Riesling, Viognier y Gewürztraminer en los blancos, Cabernet Franc, Tannat Premier, Moscat d'Hambourg, Pinot Noir y Pinot Meunier en los rosados, y Chardonnay y Sauvignon Blanc en los espumosos.

Suroeste Dos bodegas destacan en el departamento de Colonia: Los Cerros de San Juan y Dante Irurtia. Emplean Tannat, Cabernet Sauvignon, Merlot, Tempranillo, Malbec y Syrah para los tintos, y Chardonnay y Riesling para los blancos.

Norte Abarca regiones de los departamentos de Artigas, Rivera y Salto. Las principales bodegas son Juan Carrau y Vinos Finos H. Stagari, que también trabajan en la zona Sur, y Calvinor. Las variedades son Tannat, Cabernet Sauvignon, Merlot y Syrah para tintos, Chardonnay, Torrontés Riojano, Chenin y Pedro Giménez para blancos, Muscat d'Alexandrie y Pinot Noir para rosados, y Chardonnay, Pinot Gris y Sauvignon Blanc para los espumosos.

Cuidadosa selección de las uvas para la elaboración de los vinos de calidad.

Plantaciones tradicionales con sujeción baja de las viñas.

BRASIL

País con escasa tradición vitivinícola, el coloso sudamericano parece despertar de un largo sueño y se lanza a la elaboración de vinos de calidad con el respaldo de un enorme potencial productivo.

Enormes tanques de roble antiguos para la fermentación, en una bodega de Rio Grande do Sul.

Los primeros pies de viña que llegaron a Brasil fueron llevados por el conquistador Martín Alfonso de Souza en 1532, quien los transportó desde la isla de Madeira a la Capitanía de San Vicente, actual estado de São Paulo. Con el transcurso de los años se extendieron pequeñas plantaciones por el territorio colonizado, pero el vino elaborado se destinaba al consumo familiar, y excepcionalmente era comercializado. La corona lusitana, además, puso diversos obstáculos a la industrialización,

temerosa de la competencia con los caldos de la metrópoli, hasta que en 1789 prohibió expresamente los cultivos de viñas. Por ese motivo, la historia de la vitivinicultura brasileña comenzó en 1875, cuando inmigrantes italianos se instalaron en el estado de Rio Grande do Sul, en la sierra del Nordeste.

Con altibajos, el sector fue creciendo durante las tres primeras décadas del siglo XX, cuando se fundaron algunas bodegas importantes y los viticultores comenzaron a asociarse en cooperativas. El sector, sin embargo, trabajaba para un mercado interno poco acostumbrado al vino, y los pocos que lo demandaban se inclinaban por los productos europeos, puesto que las empresas nacionales no lograban una calidad aceptable. Tampoco ayudaban a este propósito las variedades, usadas desde la colonia o llevadas por los inmigrantes italianos: Isabella, Boaes, Ferraes, Bastarda y Verdelho. La situación cambió sustancialmente a partir de 1964, cuando grandes firmas, como Martini e Rossi, Moët et Chandon, Heublein y Almadén, y Seagrams compraron tierras y plantaron vides en la misma sierra del Nordeste y en las inmediaciones de Santana do Livramento, cerca de la frontera con Uruguay. Los nuevos viticultores revolucionaron el sector con la aportación de modernas técnicas de cultivo, nuevos sistemas de prensado, controles automáticos de la temperatura de fermentación, barricas de roble para los tintos y cubas de acero inoxidable para conservar los blancos. Además,

introdujeron nuevas variedades como Cabernet Sauvignon, Cabernet Franc y Merlot para elaborar vinos tintos, y Chardonnay, Sémillon, Gewürztraminer y Riesling Itálico para elaborar los vinos blancos.

Asimismo, pequeños productores contrataron enólogos europeos y de Argentina, Chile y Uruguay, o adquirieron formación en este campo. Como consecuencia, se amplió el área plantada y creció la producción de vinos de calidad.

De las casi setenta mil hectáreas plantadas con viñas, más del 90% corresponde al estado de Rio Grande do Sul.

Sierra del Nordeste Es la única zona productora importante. Los brasileños definen el clima de la sierra del Nordeste como subtropical alto. La altitud, precisamente, entre 600 y 1.000 m sobre el nivel del mar, determina veranos moderados e inviernos fríos, lluviosos y con nevadas relativamente frecuentes. Los suelos son arenosos, arcillosos y pedregosos, con buen drenaje, o sea, muy aptos para la viticultura. Al contrario de lo que ocurre en otros países productores de vinos, no es co-

mún la industrialización en las mismas fincas, sino que ésta se realiza en zonas urbanas. Las principales ciudades con bodegas elaboradoras son Caxias do Sul, Bento Gonçalves, Farroupilha, Antonio Prado, Garibaldi, Nova Milano, Nova Roma y Carlos Barbosa. Las mayores bodegas que operan en Brasil son las pertenecientes a las empresas multinacionales ya mencionadas y las firmas Compañía Vinícola Riograndense –que incluye las bodegas Penna Moraes, Ambrosio Bonalume y Luis Antunes–, Mónaco y Cía, Hermanos Saltón, Dreher y Cía., Armando Peteflongo, Vinícola Aurora y Cooperativa Garibaldi. Las variedades empleadas son las ya señaladas, introducidas por las empresas extranjeras, a las que en los últimos años se han agregado cepas de Riesling Renano y Trebbiano para la elaboración de vinos blancos.

Riesling (sobre estas líneas), para caldos blancos, y Cabernet Sauvignon (en la imagen superior), para los tintos, son dos de las variedades internacionales que mejor se han adaptado a los suelos y a las condiciones climáticas de Brasil.

SUDÁFRICA

Después de un siglo de luchas políticas, el sector del vino en Sudáfrica se está desarrollando muy deprisa. El potencial de calidad de sus vinos es enorme, y a los productores de este país les espera un panorama emocionante.

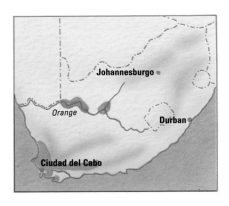

El Cabo de Buena Esperanza siempre ha sido el foco principal del sector vinícola de Sudáfrica. Incluso en terrenos alejados de la refrescante influencia de los océanos Atlántico e Índico, el clima puede seguir siendo caluroso y húmedo.

La viticultura fue una de las primeras actividades que los colonos holandeses llevaron a cabo cuando llegaron al cabo de Buena Esperanza a mediados del siglo XVIII. No sabemos qué uvas llevaban consigo, aunque muy probablemente los esquejes procedieran de Burdeos. Los primeros resultados no fueron muy buenos, pero ya se había sentado un precedente. Y lo que terminó situando al Cabo en el mapa del vino fue la creación de un vino de postre legendario.

El sistema de denominaciones que inauguró Sudáfrica en 1973 es bastante impreciso. Se basa a grandes rasgos en la geografía e implica una certificación previa de los vinos por parte de un jurado de catadores, pero no hace ninguna imposición en cuanto a la producción. Un vino *vintage*, es decir, con una referencia expresa al año de la cosecha, puede corresponder a un caldo que contenga un 25% del vino elaborado en años inmediatamente anteriores y posteriores a la fecha de la etiqueta.

En un país cuyo clima es tan propicio para la producción de tintos concentrados y ricos, sorprende que no menos del 85% de la tierra plantada con viñedos sea con variedades blancas. Destaca la Steen (conocida como Chenin Blanc). El repertorio de los vinos que produce abarca desde los jóvenes penetrantes y secos, pasando por el popularísimo estilo extraseco (similar al Vouvray *demi-sec*), hasta los vinos de postre dulzones elaborados a partir de uvas recogidas después de la cosecha principal. La Chardonnay se está propagando como el fuego, lo mismo que Sauvignon Blanc que, en ciertas zonas más frías produce blancos simples pero refrescantes por su acidez. Crouchen es una variedad francesa que tiene un papel destacado en el panorama vinícola sudafricano; allí se la denomina equivocadamente Cape Riesling («Riesling del Cabo»). También se cultiva la auténtica Riesling, conocida como Weisser (blanca) Riesling. Ugni Blanc (la Trebbiano italiana) es la clase neutra de uva que adoran los productores franceses, pero que sólo contribuye a diluir el carácter de un

1. OLIFANTS RIVER
2. SWARTLAND
3. PAARL
4. DURBANVILLE
5. CONSTANTIA
6. STELLENBOSCH
7. ELGIN
8. WALKER BAY
9. WORCESTER/TULBAGH
10. ROBERTSON
11. KLEIN KAROO

vino blanco procedente de mezclas. Los dos Muscat principales se emplean en la producción de vinos dulces y generosos. Los resultados con Gewürztraminer son bastante prometedores.

En cuanto a las uvas tintas, la variedad tradicionalmente más extendida es la Cinsaut. No obstante, también se cultiva todo tipo de uvas tintas: Cabernet Sauvignon y Franc, Merlot, Syrah (conocida en Sudáfrica con su nombre australiano, Shiraz), Pinot Noir e incluso un poco de Gamay, además de algo de Zinfandel.

La mayor parte de las áreas vitícolas sudafricanas se localizan en el suroeste de la región, donde los viñedos se benefician en mayor o menor grado de la influencia marina de los océanos Atlántico e Índico. El interior es demasiado caluroso para que prospere el sector vinícola, sin embargo, se pueden encontrar viñedos alrededor del río Orange. A pesar de que los inviernos suelen ser húmedos y ventosos, la estación de floración se caracteriza por un calor prolongado y una gran aridez.

Las principales regiones vinícolas de Sudáfrica son las siguientes:

Olifants River La montañosa Olifants es el hogar de las mayores cooperativas de productores sudafricanos. La más grande, Vredendal, es también una de las mejores, con sus apetecibles Chardonnay y Sauvignon.

Paarl Los principales varietales se elaboran en Paarl. La finca de Nederburg es una de las más importantes productoras y en ella se produce un suculento Chardonnay y algún Pinotage. Villiera consigue un buen Gewürz y un Sauvignon muy intenso, y Backsberg hace Chardonnay y Shiraz. Glen Carlou es notable por uno de los mejores Pinot Noir de Sudáfrica hasta la fecha. Además, la KWV sigue haciendo unos excelentes generosos al estilo del jerez.

Constantia Esta antigua región vitivinícola (las primeras cepas que se plantaron en Sudáfrica fueron en Constantia), donde se hacían los mejores vinos de Sudáfrica, se vio dividida por la aparición de tres propietarios. Hoy en día, es una pequeña región vinícola,

Recogida de uvas Sauvignon Blanc en los viñedos de Klein Constantia.

La casa solariega de Klein Constantia, el menor de los tres productores que constituyen la pequeña, aunque famosa, región vinícola de Constantia.

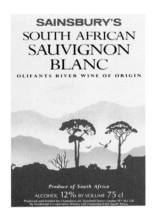

Sala de barricas de la bodega Graham Beck, en la región de Robertson, renombrada por sus Sauvignon Madeba.

más que una sola propiedad. Klein Constantia ha demostrado ser la parte más visionaria; produce espléndidos varietales en forma de Sauvignon y Chardonnay y ha sido la primera en intentar revivir los generosos de la zona.

Stellenbosch La región costera de Stellenbosch es actualmente el hogar de la mayoría de las explotaciones sudafricanas de vino de primera clase. Se beneficia de la proximidad del océano y sus viñedos producen regularmente los tintos más equilibrados del país. En el corazón de la región se encuentra la ciudad de Stellenbosch, cuartel del principal instituto de investigación vinícola de la república.

Los tintos con mezcla, en los que se emplean las tres principales variedades de Burdeos, suelen ser mejores que los blancos. Thelema ha ganado grandes aplausos por su Chardonnay y su Merlot; el Reserva de Avontuur es uno de los Cabernet varietales más convincentes; los Sauvignon de Mulderbosch son únicos y Stellenzicht hace Zinfandel, aparte de unos intensos vinos de postre.

Robertson Otra de las regiones vinícolas sudafricanas más prometedoras. Localizada en el interior del país, es muy calurosa, por lo que sus cultivos dependen del riego. A pesar de ello, se ha convertido en una productora de vinos blancos de primera categoría (Chardonnay). La casa De Wetshof ha logrado triunfar con su *cuvée* Danie de Wet, y la casa Beck hace un excelente Cabernet denominado Lone Hill y uno de los espumosos más brillantes de la región, Madeba Brut.

VINOS ESPUMOSOS

Sudáfrica no deja de crecer como productor de vinos espumosos desde que la única propuesta era el Mousseux de la KWV. Tan importante se ha hecho la nueva generación de espumosos que se ha acuñado un nuevo término de ámbito nacional: *Méthode Cap Classique* (MCC) –equivalente del término español «cava», o del francés «*champagne*»–, que define a cualquier espumoso en el que se utilice el método tradicional champenoise, es decir, de fermentación en botella.

Algunos de estos vinos espumosos se elaboran a partir de la clásica mezcla de Chardonnay con Pinot Noir; otros, quizá con un ligero toque de Chenin, por ejemplo, si bien la calidad en general está alcanzando niveles francamente sorprendentes.

LOS MEJORES VINOS ESPUMOSOS EXPORTADOS HASTA LA FECHA: Krone Borealis Brut (de Twee Jongegezellen en Stellenbosch), Pierre Jourdan Brut y Blanc de Blancs (de Clos Cabrière en Franschoek), Pongracz (elaborado por la cooperativa de Bergkelder en Stellenbosch), Graham Beck Brut de la bodega del mismo nombre (en Robertson), Le Grand Pavillon de Boschendal (en Franschhoek), Simonsig Kaapse Vonkel Brut de la Casa Simonsig (en Stellenbosch). Busque también un extraño pero agradable espumoso de Sauvignon Blanc, Two Oceans, de las bodegas Bergkelder.

AUSTRALIA

Los productores de Australia, líderes en la marcha triunfal del movimiento varietal, han adoptado Chardonnay y Cabernet Sauvignon, han añadido Syrah a la lista y las han recreado en su propio estilo.

Inicio de la vendimia con el Festival Anual de Barossa, en Australia Meridional.

La industria vinícola australiana es algo más antigua que la de Estados Unidos y bastante más joven que la de Sudáfrica. Al contrario que Estados Unidos, Australia no tiene viñas silvestres y su industria no ha tenido nunca que librarse de sus propias variedades híbridas.

Durante los primeros años del siglo XX, el vino australiano llegaba a Gran Bretaña a través de los canales de la Commonwealth en cantidades considerables. Entre lo que enviaban había algo de vino corriente, pero el grueso del cargamento lo constituían vinos generosos.

Lo que transformó todo este panorama fue la llegada de las variedades Chardonnay y Cabernet Sauvignon. Los productores de vino de los valles de Barossa y Hunter, en la cordillera Adelaida y Victoria extrajeron los taninos ardientes y exasperantes del Cabernet y la acerada acidez del Chardonnay tradicional, y los marinaron en la dulce vainilla del roble recién estrenado.

Finalmente, Australia ha conseguido una sólida posición en el grupo que lidera el panorama mundial del vino, y lo ha hecho con más rapidez y decisión que cualquier otro país. Y eso a pesar de que la mayoría de las regiones australianas experimentan unas duras condiciones de calor y sequedad año tras año. Sin embargo, existen rincones más frescos donde los veranos más moderados tienen su efecto sobre los estilos de vino. Entre estos rincones se encuentra el área del río Margaret, en Australia occidental; las regiones del interior, como los valles de Clare y Eden en Aus-

tralia Meridional y la mayor parte de la isla de Tasmania. En contraste, los viñedos de Nueva Gales del Sur y Queensland, más cerca del ecuador, poseen un clima mucho más duro, en el que la primavera puede presentarse totalmente seca y la estación de la cosecha, anegada por lluvias torrenciales.

Los viñedos se extienden por una franja que bordea el sureste de Australia, desde el norte de Adelaida en Australia Meridional, a través de Victoria, llegando hasta el valle de Hunter norte de Sydney. Hay un reducto en avanza-

Los viñedos de Australia ocupan una franja del sudeste del continente, así como enclaves aislados en la parte occidental y en la isla de Tasmania.

239

dilla en una elevada meseta que recibe el nombre de Granite Belt, en Queensland, y pequeños pero importantes cultivos en el estado de Australia Occidental.

Existe un sistema regulatorio en la industria del vino de Australia, que cubre las tres características principales de etiquetado: la región de origen (un mínimo del 85% de este vino procede del área que se especifica), la variedad de uva (85%) y la cosecha (95%). Sin embargo, el vino australiano se elabora, a menudo, a partir de uvas que han crecido en zonas bastante alejadas de la propia bodega, mezclándose el producto de diferentes áreas en la misma cuba. Para estos vinos se emplea la designación Sureste de Australia, para indicar que las uvas pueden proceder de cualquier lugar de Australia Meridional, Victoria o Nueva Gales del Sur.

Las variedades de más calidad de uva blanca australiana están encabezadas por Chardonnay. A ésta le sigue Riesling (Rhine Riesling), que ofrece un vino con más cuerpo y maduro que el de Europa, pero que envejece igual de bien en la botella. Sémillon comparte esa característica, pero es más típico de Australia cuando es seco, sin roble ni mezcla. Otras uvas blancas clásicas plantadas en pequeñas cantidades son: Gewürztraminer, Marsanne, una uva del valle francés del Ródano, y Chenin Blanc.

Entre las tintas destaca Shiraz (la Syrah del norte del Ródano con la que se elaboran varietales). El estilo del hemisferio sur es tremendamente exquisito, cremoso, con aromas de zarzamora, con poco o nada de la pimienta negra o los penetrantes taninos del joven Hermitage. Sus mejores ejemplos son los vinos de

Las primeras luces del alba se ciernen sobre las montañas septentrionales de la Gran Cordillera Divisoria (Great Dividing Range), en Victoria.

Barossa. Shiraz se suele mezclar con Cabernet Sauvignon, constituyéndose generalmente en la mayor proporción de la mezcla, pero Cabernet también es valorada como varietal. Cuando se mezcla Cabernet, se utiliza a sus compañeras tradicionales del clarete, Merlot y Cabernet Franc.

También Garnacha y Pinot Noir se están abriendo camino con fuerza. La mayor parte de Pinot se destina a los espumosos fermentados en botella de primera calidad y concebidos como el cava, pero todavía hay quien se empeña en obtener un Pinot tinto varietal de clase mundial.

AUSTRALIA OCCIDENTAL

Swan Valley Esta valle, una de las regiones más calurosas, fue en otro tiempo la zona más importante de cultivo de Australia Occidental.

En los suelos de St. Hallett en el valle de Barossa se asientan centenarias viñas de Shiraz que producen vinos fabulosos.

Su relevancia está ahora en declive como resultado de la adecuación de áreas más frías al sur. **Margaret River** El templado clima ha dado como resultado la producción de unos vinos fascinantes en un estilo menos directo que el que tradicionalmente se asocia con Australia. Las brisas del océano Índico ejercen aquí una influencia moderadora. Consiguen unos Chardonnay con un perfil casi borgoñés, unos delicados Cabernet y unos Sauvignon y Sémillon llenos de vida y frescura.

La bodega Cullen elabora un sabroso Chardonnay, aunque Moss Wood posee una versión algo más rica. Cullen también ha conseguido un Sémillon tostado sin roble (y uno con roble), así como un impresionante Pinot Noir. Cape Mentelle, la bodega que fundó Cloudy Bay en Nueva Zelanda, produce en la casa madre australiana una mezcla de Sémillon y Sauvignon, y quizás el mejor Zinfandel de Australia. El Chardonnay de Leeuwin Estate es caro pero brillante, además, su intenso Caber-

Gomeros rojos de Australia Occidental (arriba), que florecen en la época de la recogida de la uva, distrayendo a los pájaros de comerse los frutos.

1. SWAN VALLEY
2. MARGARET RIVER
3. LOWER GREAT SOUTHERN
4. LLANURA COSTERA OCCIDENTAL

net y un delicioso Pinot muestran su versátil capacidad.

Lower Great Southern La zona vinícola más extensa de Australia occidental está situada al este de Margaret River. En las subregiones de Mount Barker y Frankland River prospera toda una variedad de uvas, entre las que se incluyen Pinot y Sauvignon.

La bodega de Mount Barker, Plantagenet, es conocida por sus Cabernet, Riesling y Char-

donnay. Por su parte, la casa Goundrey, también en Mount Barker, ha sorprendido con los Chardonnay y Cabernet.

AUSTRALIA MERIDIONAL

El estado que posee la producción más abundante de Australia es hogar de muchas bodegas de fama internacional. Sus viñedos se extienden por todo el sureste del estado.

Clare Valley Es una de las regiones más frías y lo forman, en realidad, cuatro valles conectados entre sí: Clare, Skillogallee, Watervale y el río Polish. La varietal por excelencia es Riesling, que consigue, en manos de los mejores cultivadores, un brillo diamantino y unas características intensamente definidas. Sémillon también es buena en su estilo austero, sin enroblecer, mientras que las Chardonnay pueden resultar con poco cuerpo, cosa poco común en Australia.

El Riesling de Tim Knappstein es una muestra del estilo Clare: ahumado, lleno de cuerpo y sabroso, y envejecido hasta una deliciosa acritud. Su Cabernet también es bueno. Las bodegas Skillogallee y Pike son especialistas en Riesling (el último elabora, además, un Chardonnay de primera). Tim Adams hace un Sémillon muy concentrado y un Shiraz de larga vida. Jim Barry atrae seguidores con sus frescos Rieslings y Sauvignons, así como con su aromático Shiraz etiquetado como Armagh.

Riverland Tierra de viñedos muy regada que bordea el río Murray. La sociedad Berri-Renmano, propiedad de BRL Hardy, produce varietales bastante sabrosos. Por encima de todos, un Chardonnay muy avainillado y a menudo demasiado oxidado, y un ligero Cabernet.

Barossa Valley Probablemente el primer nombre regional de vino australiano. El caluroso valle de Barossa, al nordeste de Adelaida, es en muchos sentidos el epicentro de toda la in-

Escena primaveral en el área de Polish Hill en el valle de Clare (Clare Valley), Australia Meridional, cuna de blancos excelentes.

dustria. Fue creado por alemanes y polacos en el siglo XIX, y hoy es donde se procesa la mayor parte de las cosechas de las regiones vecinas.

El fondo del valle presenta un microclima más caluroso y es la cuna de algunos de los tintos de más colorido y graduación. El Shiraz de esta región consigue niveles incomparables de concentración y su principal muestra es Penfolds Grange, el legendario *grand cru* de Barossa. Los cultivadores que buscan condiciones más frías para las Riesling y Chardonnay han empezado a plantar más arriba, en las laderas del valle.

Penfolds sigue siendo el nombre por excelencia de Barossa en un amplio abanico de varietales y mezclas para todos los bolsillos: Riesling, Chardonnay y unos tintos versátiles y espléndidamente trabajados. Entre los más interesantes se encuentra el Bin 28 Kalimna Shiraz, una obra maestra, el Bin 389 Cabernet-Shiraz y el Bin 707 Cabernet Sauvignon. Grange (que aquí se conoce como Grange Hermitage) es casi todo Shiraz, un vino colosal, lleno de los aromas de las frutas en conserva.

Entre otros productores a gran escala se incluyen Orlando-Wyndham, que han elaborado la conocida gama Creek de Jacob, y Seppelt, cuyos variados productos abarcan vinos

Los viñedos de Australia Meridional, la región vinícola más productiva, se extienden por todo el estado, y ofrecen estilos diferentes de vino.

1. CLARE VALLEY
2. RIVERLAND
3. BAROSSA VALLEY
4. EDEN VALLEY
5. ADELAIDE HILLS
6. MCLAREN VALE
7. LANGHORNE CREEK
8. PADTHAWAY
9. COONAWARRA

243

espumosos de primera, como el Salinger y el Shiraz, junto con imponentes generosos fortificados entre los que destacan los estilos de Jerez.

Eden Valley Es un grupo de altos valles en la cordillera de Barossa, con una temperatura bastante más fría que la de la parte baja. Estas generosas condiciones se reflejan en una próspera producción de Riesling.

La casa Yalumba, propietaria de las marcas Hill-Smith, Heggies y Pewsey Vale, es una de las grandes bodegas de esta zona. Los Riesling de Heggies y Pewsey Vale representan las versiones de lima-limón de esta variedad. El Shiraz Family Reserve de Yalumba es un triunfo, un tinto soberbiamente complejo. También hay que contar con los cavas, como el Angas Brut y los Yalumba D y Pinot-Chardonnay, y con los generosos, como el achocolatado Clocktower.

Henschke es otro nombre que despunta: elabora un profundo Shiraz, Hill of Grace, con uvas de viñas centenarias. Cyril Henschke es un buen Cabernet, concentrado, que necesita envejecer. Los blancos son buenos, sobre todo el Riesling.

McLaren Vale Al sur de Adelaida, esta zona llana y extensa se está labrando su propia identidad regional con vinos cada vez más sutiles. Forma parte de un área mucho más grande, aunque no muy bien definida: Southern Vales.

La bodega Chapel Hill se está abriendo paso con sus exquisitos tintos de Shiraz y Cabernet, y Chateau Reynella, por su parte, hace un enérgico Shiraz Basket Press. Entre los Cabernet, The Angelus, un varietal de la bodega Wirra-Wirra exhibe toda la intensidad de la grosella. El productor Geoff Merrill también elabora una gama de buenos varietales bajo la etiqueta de Mount Hurtle, que incluye un rosado con aromas de frambuesa procedente de Garnacha, y un Sauvignon-Semillon, que evoca el melón.

Padthaway Situada al sureste de Australia Meridional, esta región es casi tan fría como su vecina Coonawarra y comparte algo de su codiciada *terra rossa*, fértiles suelos pardorrojizos. Pero mientras que esta última mantiene una reputación por sus vinos tintos, Padthaway se ha convertido en uno de los enclaves importantes del vino blanco.

Coonawarra Esta interesante región que levanta tanta expectativas se encuentra al sur de Padthaway. La mezcla única que presenta de clima frío y suelo de *terra rossa* —marga rojiza que imprime a los viñedos esa apariencia tan característica— es sin duda la responsable de la calidad de sus vinos.

Las uvas tintas, Shiraz y Cabernet Sauvignon, son las que mejor funcionan aquí, aunque existen buenas Chardonnay e incluso Riesling.

Sus vinos más destacados suelen hacerlos empresas foráneas que han adquirido fincas en la valiosísima tierra de Coonawarra. Penfolds elabora uno de sus más extravagantes y excelentes Cabernet a partir de uvas de esta región. Petaluma se ha labrado una buena reputación por su mezcla de Cabernet con Merlot: Petaluma Coonawarra. La prestigiosa bodega Rosemount de Nueva Gales del Sur también ha hecho un buen Reserva Cabernet de Coonawarra.

Entre las bodegas situadas dentro de esta región, Holick elabora un glorioso Ravenswood Cabernet, así como una mezcla de Cabernet con Merlot, y un fresco Riesling con sabor a lima. Wynns, una de las bodegas preeminentes de la zona, es una buena productora de Shiraz, Chardonnay, Riesling y un Cabernet, el superior de su gama, que recibe el nombre de John Riddoch.

VICTORIA

Los viñedos de Victoria ya no están tan extendidos como en el siglo XIX (la filoxera acabó con gran parte de ellos), si bien las zonas del sur producen excelentes varietales y unos espumosos muy competitivos. Los célebres generosos de Australia logran aquí su apogeo.

Yarra Valley Este valle de clima templado es un lugar excelente para la producción vinícola de calidad. Es además una de las áreas más prometedoras de Australia en cuanto a Pinot Noir, con Green Point, Coldstream Hills y Tarrawarra a la cabeza. Green Point (el nombre que reciben los productos de exportación del Domaine Chandon de Moët) también produce un Chardonnay excelente, así como un cava muy alabado.

Goulburn Valley Al norte de Yarra, Goulburn es una zona de valle muy extensa que alberga algunas de las bodegas y viñedos más antiguos de Australia. Château Tahbilk tiene viñas centenarias y sus caldos de Cabernet y Shiraz Private Bin poseen una gran calidad.

NUEVA GALES DEL SUR

Es una región que goza de un clima caluroso y difícil, por lo que sólo cuenta con una pequeña fracción de la producción vinícola anual de Australia.

Cowra Pequeña región que suministra gran parte de la uva que consumen las bodegas del valle del Hunter. A pesar de ello, la bodega de

Nueva plantación de viñas de la bodega Brown Brothers, uno de los productores vinícolas más importantes de Victoria.

Great Western Zona de clima más cálido. También goza de una amplia tradición de espumosos, inmortalizados bajo el nombre de Great Western Brut, de nuevo otro espumoso de Seppelt. Sin embargo, el potencial de las dos mejores uvas tintas de Australia, Cabernet y Shiraz, está aumentando. Los Chardonnay, por su parte, suelen ser mejor aceptados en su versión más redonda y ricamente enroblecida.

Las bodegas más importantes son: Mount Langi Ghiran (Shiraz, Cabernet y Riesling), Cathcart Ridge (Shiraz) y Best (un abanico de varietales baratos con buenos Chardonnay).

Geelong La primera de un anillo de regiones que rodean a Melbourne (Geelong está al oeste), acoge a algunos de los más sagaces y ambiciosos productores de vino de la actual generación australiana. Un vinicultor de Bannockburn se encuentra con las mismas condiciones que un *vigneron* borgoñés durante el invierno, por lo que no es extraño que se cuide especialmente las variedades Chardonnay y Pinot Noir. Sin embargo Cabernet produce un varietal con toda su riqueza.

1. DRUMBORG
2. GREAT WESTERN
3. GEELONG
4. YARRA VALLEY
5. PENÍNSULA DE MORNINGTON
6. GOULBURN VALLEY
7. GLENROWAN-MILAWA
8. RUTHERGLEN
9. MURRAY RIVER
10. LAUNCESTON
11. BICHENO
12. HOBART

Desde las zonas costeras más frescas hasta las calurosas regiones interiores, el pequeño estado de Victoria produce una amplia gama de estilos de vino.

Los viñedos de Heemskerk en la región de Pipers Brook en Tasmania originan un Cabernet Sauvignon muy bien construido y elegantes vinos espumosos.

TASMANIA

Encabezados por Andrew Pirie de la bodega Pipers Brook, un pequeño grupo de productores tasmanos intenta mostrar al mundo que la isla puede producir buenos varietales, sobre todo Pinot Noir y Chardonnay, elaborados según el estilo francés. Los dos centros de producción, Lauceston en el noreste y Hobart en el sur, quedan delineados por un sistema de denominaciones propio.

La bodega Pipers Brook, en el norte, elabora un caldo de Pinot Noir, duro en su juventud que demanda un tiempo de crianza, un Chardonnay sutilmente fuerte y un Riesling fresco. La casa Moorilla produce un buen Pinot y está probando suerte con Gewürztraminer. Heemskerk es conocido por su Cabernet.

VINOS GENEROSOS

Existen dos estilos básicos de vino generoso australiano. Uno de ellos se basa en los métodos tradicionales del oporto y el jerez. Entre los estilos del primero hay algunos vinos extremadamente dulces, elaborados a partir de Shiraz fortificado; McWilliams, Seppelt y Montara ofrecen ejemplos típicos. Una larga maduración en madera destiñe el color de algunos, que reciben el nombre –como sucede con el oporto– de *tawny*. Seppelt hace una extensa gama de fino seco y fuerte (etiquetado como DP117), un amontillado con aromas de avellana (DP116) y un oloroso (DP38).

Los otros estilos son únicos en Australia. *Liqueur Muscat* y *Liqueur Tokay* son unos ricos vinos fortificados elaborados a partir de Muscat Blanc à Petis Grains (que aquí se conoce como Muscat marrón, por el color de la piel de la variedad local) y Muscadelle, respectivamente. El área de producción se sitúa en el nordeste de Victoria, alrededor de la ciudad de Rutherglen. Los Muscat, especialmente, son abrumadoramente intensos. Algunos buenos productores son Stanton & Killeen, Chambers, Morris, Yalumba y Campbells de Rutherglen.

Rothbury en Hunter hace un Chardonnay regional impresionante.

Mudgee Este distrito ha conseguido su propia denominación. Un firme Cabernet y un robusto Shiraz son su punto de partida (el Shiraz de Botolobar es imponente), pero también se ha observado un buen potencial en los Chardonnay.

Hunter Valley Dividido entre el Bajo y el Alto Hunter, este caluroso y extenso valle es la primera región vinícola de Nueva Gales del Sur. La parte superior dista mucho de la inferior, tratando de escapar de las lluvias tropicales que pueden estropear su cosecha. El Sémillon seco, prácticamente un estilo autóctono del Hunter, es su mejor propuesta. Suele ser bajo en alcohol, duro y mineral y adquiere una famosa cualidad tostada según madura en la botella. Entre los buenos productores de Sémillon se incluyen Rothbury, Rosemount, McWilliams Elizabeth, de Tyrrell's y Brokenwood.

NUEVA ZELANDA

En sólo 20 años, los productores de Nueva Zelanda han sorprendido al mundo y se han convertido en el país vinícola que ha crecido más rápido. El aislamiento geográfico ha propiciado la creación de una fuerte identidad regional.

Aquí es donde finaliza el viaje vinícola alrededor del mundo, en los viñedos más meridionales, en las islas de Nueva Zelanda. Su potencial como productor de vinos de calidad empezó a tomarse en serio en los años 70 del siglo XX, ayudado sin duda por el auge de su ambicioso vecino del norte, y ahora posee uno de los sectores viticulturales del mundo que está creciendo con más rapidez.

Lo que catapultó a Nueva Zelanda al estrellato fue, por supuesto, la Sauvignon Blanc. Se ha comentado mucho que Sauvignon no es precisamente lo que se considera una variedad de uva de primera, debido a su carácter rebelde y relativamente rígido. Si alguna región puede tener argumentos para convencer al consumidor de lo contrario, ésta será el distrito de Marlborough, en la isla Sur de Nueva Zelanda. Hay más sabor a fruta en un Sauvignon de Nueva Zelanda que en ningún otro vino blanco seco de la Tierra. A la Sauvignon le siguen de cerca Chardonnay y Riesling.

La inversión en nuevas instalaciones está creciendo a un ritmo más rápido que en épocas anteriores, de modo que un porcentaje cada vez mayor de cada cosecha será procesado cerca del viñedo donde fue cultivado.

El siguiente paso es crear un sistema de denominaciones que cubra todas las regiones de viñedos dispersos por Nueva Zelanda. Se intentó algo a mediados de la década de los 90 del último siglo, con la identificación de los nombres regionales, pero al principio a cual-

quier vino compuesto de uvas procedentes de más de una región, en vez de negársele una denominación regional, se le permitía una combinación. Esto realmente no beneficia a nadie y debería intentar arreglarse lo más pronto posible.

Los viñedos más meridionales del mundo crecen en un clima húmedo y frío. Excepto Central Ótago en la isla Sur, las demás regiones vinícolas de Nueva Zelanda están situadas en la costa o cerca de ella.

1. AUCKLAND
2. GISBORNE
3. HAWKE'S BAY
4. WAIRARAPA
5. NELSON
6. MARLBOROUGH
7. CANTERBURY
8. CENTRAL OTAGO

El idilio de Marlborough con la Sauvignon Blanc comenzó en las viñas de Montana. Cosechadores trabajando con sus máquinas (arriba) en la vendimia de uvas Sauvignon en la finca Brancott de las bodegas Montana, Marlborough, isla Norte.

Imponente paisaje del interior de la isla Sur, con viñedos en el margen del lago Wanaka, en Central Otago.

Nueva Zelanda no sólo tiene un clima frío sino que además es húmedo. Las lluvias anuales están distribuidas abundantemente durante el año, con el resultado de que las viñas muchas veces crecen demasiado, produciendo una fruta de baja calidad, o que el contenido de las uvas se diluye por la penetración de agua durante la fase principal de maduración. Las nuevas técnicas en la manipulación de viñedos que se introdujeron durante los 80 del pasado siglo han corregido por completo estos problemas particulares. Ello permite a muchos agricultores cosechar antes, con lo que se consiguen unos sabores en la copa más maduros, concentrados y plenos.

Las regiones de cultivo están dispersas por toda una extensa franja de la isla Norte y la isla Sur, aunque el número total de hectáreas es todavía muy limitado. Con la excepción de Central Otago, al sur, todas están situadas en la costa o muy cerca de ella, sobre todo al lado del Pacífico. Comienzan a aparecer viñas en el extremo norte de la isla Norte, en la región de Northland, la más cálida del país.

Müller-Thurgau ocupó en cierto momento la posición preferente en todos los viñedos, pero ahora Chardonnay gana terreno a una velocidad pasmosa. La uva de vino blanco favorita en todo el mundo consigue aquí una cualidad frutal más evidente que en cualquier otro lugar. Los aromas de melocotón, plátano y pera son bastante frecuentes, y no los oculta su envejecimiento en roble. Sauvignon Blanc es la gran esperanza blanca del vino neozelandés. Existen diferencias de estilo entre las diversas bodegas. Algunos destacan más los sabores herbáceos y otros los de la fruta.

Riesling consigue alcanzar la dureza clásica, sin la acritud de las versiones australianas. Luego hay un poco de Chenin Blanc, a la que debería ir bien el clima, alguna delicada pero reconocible Gewürztraminer y escasos cultivos de una Semillon que está mejor mezclada que como varietal.

Bodegas y viñedos de Ngatawara, en la consolidada región de Hawke's Bay, en la isla Norte.

Cabernet Sauvignon sigue siendo la tinta más plantada, a pesar de su problemática reputación en Nueva Zelanda. Los sabores vegetales que han perseguido su imagen todavía se encuentran fácilmente, pero algunos caldos muestran una mayor concentración, más estructurados y complejos, por lo que todavía hay esperanza. Merlot está haciendo progresos en ciertos lugares, aunque conserva en otros su histórico papel de carabina del Cabernet.

LA ISLA NORTE

Auckland En estos últimos años, ha empezado a ganar una posición como la región más acogedora para los tintos bien construidos. Es cálida, pero propensa a las lluvias durante la cosecha, lo que significa que a veces hay que comprar fruta de otras regiones para engordar las mezclas, aunque en los años más benignos los tintos de Auckland son bastante buenos. Esta región incluye una subzona denominada Matakana, al norte de la ciudad, así como Waiheke Island, una isla situada frente al puerto de Auckland en el golfo de Hauraki.

Los convincentes tintos mezclados de estilo Burdeos proceden de Te Motu, Goldwater y Stonyridge. Kumeu River elabora un Chardonnay profundamente borgoñés y bastante atípico, así como un tinto impactante con más Merlot que Cabernet.

Gisborne En la costa este de la isla Norte, Gisborne ha empezado a funcionar como una región de calidad después de años de consumirse como productora de vino a granel. Dan testimonio de ello los todavía numerosos cultivos de Müller-Thurghau. Pero Gisborne se ha convertido en un lugar tan bueno para las varietales blancas de primera calidad, y ha obtenido tantos premios, que ahora se denomina la «Capital del Chardonnay de Nueva Zelanda». La ciudad de Gisborne se halla en la bahía de Poverty, que a veces se emplea como nombre alternativo (Poverty Bay) para esta denominación.

Las dos compañías vinícolas más importantes de Nueva Zelanda, Montana, con sede en Marlborough, y Corbans, cerca de Auckland, poseen fincas en Gisborne. Millton Vineyards es un productor que hace alguno de sus vinos según los principios de la biodinámica seguidos por Nicolas Joly en Savennières, en la región francesa del valle del Loira. Su Chardonnay es especialmente rico. La familia Nobilo de Auckland hace Chardonnay Poverty Bay, un caldo contenido y ahumado por el roble.

Hawke's Bay Siguiendo la costa, en los alrededores de la ciudad de Napier, Hawke's Bay es una de las regiones de viñedos más antigua de Nueva Zelanda. Al igual que Gisborne, posee una gran reputación por su Chardonnay, así como por algún Sauvignon más sutil y suave que los que proceden de la isla Sur. Aún existe mucha Müller, como en Gisborne, pero las mezclas de tinto de estilo Burdeos están

El clima húmedo favorece el crecimiento vigoroso de las cepas. La poda de los sarmientos ayuda a controlar el equilibrio entre el desarrollo de la planta y el de las uvas en los viñedos de Esk Valley, Hawke's Bay.

mejorando significativamente en lo que es una de las zonas vitícolas más soleadas del país.

La bodega Te Mata de Hawke's Bay elabora la gama de vinos más importante de la región: un Sauvignon suave (Castle Hill); un Chardonnay algo mantecoso (Elston) y un Cabernet-Merlot vigoroso (Coleraine). Sus aspiraciones no acaban aquí y Te Mata ha plantado también Syrah. El grupo Villa María, que incluye las fincas Vidal y Esk Valley, hace un sabroso Sauvignon y mezclas de tinto modestas que pasan bien. Ngatarawa elabora un maduro y expresivo Cabernet-Merlot.

Wairarapa En el extremo más meridional de la isla Norte, cerca de Wellington, la capital del país, Wairarapa es la cuna de alguno de los mejores pequeños cultivadores del país. Martinborough Vineyards, una bodega que ha tomado su nombre de esta región, enorgullece a la zona con un famoso Pinot Noir, un vino limpio, afrutado a frambuesa estructurado y complejo, con unos niveles de acidez y, quizá, longevidad próximos a los de Borgoña. Sus Chardonnay y Riesling también están muy bien trabajados. El Pinot de Ata Rangi es otro de sus éxitos, sutilmente especiado y carnoso; esta bodega tiene algo de Syrah, que emplea para engordar su excelente mezcla de Cabernet con Merlot. En la finca Palliser Estate se hace un Pinot un poco más ligero y con aromas a cereza, además de sus atrevidos Sauvignon y Chardonnay que están llenos de energía.

LA ISLA SUR

Nelson Esta zona es una región montañosa en el límite de los montes Tasman y el país del Chardonnay por excelencia. En este distrito, húmedo aunque prometedor, se han establecido tan sólo unas pocas bodegas, pero la calidad de las varietales blancas es muy persuasiva. Neudorf elabora un Chardonnay delicadamente afilado y algún Pinot bastante bueno y rotundamente sabroso, mientras que Seifried (aka Redwood Valley) posee un Riesling fresco en sus dos versiones, tanto seca como ligeramente dulce, y un Chardonnay reconfortante, de un dorado brillante con tonalidades de plátano.

Marlborough En los últimos años, Marlborough (cuyo centro se sitúa en la ciudad de Blenheim, que está ubicada en el extremo septentrional de la isla Sur) se ha convertido en la más importante de todas las regiones de Nueva Zelanda. Sin gran relevancia por sus vinos tintos, es el origen de muchos de los mejores vinos blancos del país, con Sauvignon Blanc a la cabeza. La región es fría pero relativamente seca, y sus otoños brumosos contribuyen a la elaboración de vinos de Riesling con *botrytis* en la mayoría de las cosechas. Chardonnay también juega un papel importante en la elaboración de vinos.

Montana, el coloso del vino neozelandés, prácticamente inventó Marlborough como región vinícola en la década de 1970 cuando se plantaron allí las primeras viñas; su excelente Sauvignon se ha convertido en un clásico contemporáneo del vino. Con todos los altibajos que pueda sufrir de un año a otro, nunca deja de ser escandalosamente afrutado. El Chardonnay de Montana es puro terciopelo, hay un buen Riesling de *botrytis*, pero el Cabernet se ha estancado en la vieja escuela (ligero pero inmaduro de taninos).

Cloudy Bay fue la segunda bodega en sobresaltar al mundo con su Sauvignon de Marlborough. Los entendidos llegan incluso a pelearse por su limitada producción. Es un vino caro, pero muy elocuente, destacado con un poco de Sémillon. Su Chardonnay es profundo y complejo, y el Cabernet-Merlot, un vino poderoso de sabor largo y refinado.

Hunters Estate es otro gran nombre para los opulentos Sauvignon y Chardonnay; Jackson Estate hace un Chardonnay suave y un enérgico y explosivo Sauvignon; Vavasour (y su marca alternativa Dashwood) posee unos Sauvignon y Chardonnay de alto octanaje; la gama de Oyster Bay de Delegat, elaborada en Marlborough, incluye un Sauvignon ahumado y con aromas a melocotón; la marca Shingle Peak de Matua Valley ofrece un Sauvignon lleno de aromas a grosella espinosa; Wairau River posee un tenso Sauvignon, que evoca a los frutos de huerta y un Chardonnay que se deshace en la boca. De todos estos vinos, que cada cual elija el que más le guste.

Marlborough es también el lugar donde se elabora más vino espumoso de toda Nueva Zelanda, a menudo fomentado por la experiencia y la inversión de las casas de champán, como es el caso de Veuve Clicquot y Deutz.

Pinot Noir y Chardonnay son las uvas más utilizadas, y los ejemplos que se obtienen de ellas demuestran que es posible hacer buenos espumosos en un clima frío.

Canterbury Con centro en la ciudad de Christchurch, los viñedos de Canterbury son más fríos todavía que los de la región de Marlborough. La zona de Waipara, al norte de la ciudad, es la que produce los vinos más elegantes hasta el día de hoy. Chardonnay y Pinot Noir se presentan como los varietales predilectos, aunque también se conoce un buen Riesling. Waipara Springs ofrece un Chardonnay carnoso, lo mismo que Giesen, que también hace Riesling con *botrytis*, cuando el tiempo acompaña. Pinot Noir parece funcionar muy bien en la bodega Mark Rattray. La innovadora St. Helena ha plantado Pinot Gris y Pinot Blanc.

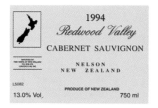

Fue en la década de 1970 cuando se empezó a plantar viñas en Marlborough, gracias al gran productor Montana. La región es ahora sinónimo de un Sauvignon Blanc ricamente afrutado.

GLOSARIO

Abierto Color poco intenso, muy claro.

Abocado Vino que, sin llegar a ser dulce, produce dulzor en el paladar. Se considera que un vino es abocado cuando contiene entre 5 y 15 gramos de azúcar por litro.

Acerado Vino blanco con una tonalidad peculiar que recuerda la brillantez del acero pulido.

Acerbo Vino áspero, astringente y ácido. Casi siempre es consecuencia de racimos poco maduros.

Acidez Conjunto de los diferentes ácidos presentes en el vino. La acidez puede ser fija o volátil. La acidez es imprescindible en los vinos ya que les otorga frescor y viveza. Sin ella resultan planos, blandos y sin matices. Sin embargo, cuando es excesiva debe considerarse como un defecto.

Afrutado Dícese del vino, joven en general, cuyo aroma y sabor contiene matices que evocan frutas frescas. En los vinos blancos suelen predominar los perfumes a manzana y a plátano, y en los tintos, a frambuesa.

Agresivo Vino con aroma y sabor que atacan los sentidos sin consideración, a causa de la excesiva acidez y astringencia.

Aguja Vino espumoso con una pequeña dosis de gas carbónico, perceptible al paladar, producido por una segunda fermentación que tiene lugar en grandes envases.

Aireado Se califica así al vino que ha perdido fuerza y cualidades aromáticas a causa de una exposición excesiva al aire o a una decantación innecesaria.

Alcalino Cuando un caldo tiene una acidez extremadamente baja, por lo que carece de aroma, el color es poco vivo y el gusto insípido.

Alcohólico Si el alcohol se hace notar por encima de los otros componentes debido a un desequilibrio entre ellos. Son vinos con mucha graduación

Alegre Ligero, fresco y vivo, pero sin complejidad aromática. Fácil de beber.

Alterado Con olor desagradable, debido a que la composición química se ha visto alterada por causas externas.

Almendrado Aroma y, especialmente, sabor que recuerdan las almendras. Es una virtud en los vinos generosos, sobre todo, los finos y los manzanillas de Jerez y Sanlúcar. En los vinos de mesa, sin embargo, puede resultar desagradable e indicativo de una elaboración deficiente.

Amable Se denomina así al vino blanco de buen paladar, suave y algo dulce.

Amargo Es uno de los cuatro sabores elementales del vino. Se percibe en la parte superior de la lengua, en la zona posterior. Se desarrolla con lentitud y puede tardar algunos segundos en advertirse. El amargor no tiene que predominar, pues entonces el vino tiene un gusto desagradable.

Ambarino Color de algunos vinos blancos, casi siempre producto de una maduración larga y de la oxidación.

Amontillado Tipo de jerez, parecido al vino de Montilla. Vino generoso, de color dorado o ambarino

Amplio Complejo y con matices. Indica riqueza y calidad.

Añada Año de cosecha de un vino.

Añejo Envejecido en barrica y en botella durante al menos tres años.

Apagado Vino carente de fuerza, insípido, de escaso brillo e incluso algo turbio.

Armónico Notable equilibrio de sabor, aromas y color.

Aroma Sensación olfativa que desprende el vino.

Arrope Mosto hervido que se emplea en la elaboración de ciertos vinos generosos.

Áspero Vino duro y muy astringente debido a un exceso de taninos.

Astringente Vino áspero y de sabor amargo por exceso de taninos, que causa sensación de sequedad en la boca

Aterciopelado Vino tinto de sabor suave y fino en el paladar.

Blanc de blanc Vino blanco espumoso natural elaborado con uva blanca. El blanc de noir se refiere al obtenido a partir de uva negra.

Bouquet Conjunto de sensaciones olfativas que transmiten los vinos maduros. Indica calidad cuando es amplio, complejo y equilibrado.

Brut Cava seco con menos de 15 gramos de azúcar por litro; el brut nature contiene entre 0 y 3.

Carácter Conjunto de cualidades que define y distingue un vino.

Carnoso Vino muy hecho, de buen cuerpo, espeso y aromático.

Cata Acción para valorar las cualidades organolépticas y olfatogustativas del vino.

Cava Vino espumoso natural elaborado según el método tradicional o champenoise.

Corto Vino cuyos sabores persisten poco en la boca.

Coupage Mezcla de vinos para obtener una calidad determinada.

Crianza Proceso de envejecimiento natural del vino de calidad en madera o botella durante un período que varía entre seis meses y tres años.

Cuerpo Consistente, que llena bien la boca. Depende del grado alcohólico y de la vejez del vino. Cualidad que se aplica a los grandes vinos.

Débil Sinónimo de vino corto y apagado.

Delicado Sutil pero armonioso, lleno y fino. Cualidad notable de algunos vinos.

Dulce Sabor básico del vino que se capta con la punta de la len-

gua. El alto porcentaje de azúcar proviene de uvas maduras y soleadas.

Duro Ácido y astringente debido a la falta de maduración o a una elaboración inadecuada.

Elegante Vino con personalidad, equilibrado y armonioso. Cualidad de los grandes vinos.

Encabezado Vino con adición de alcohol, con objeto de aumentar su graduación.

Equilibrado Redondo. Vino de color, aroma y sabor armónicos.

Especiado Sensaciones aromáticas y a veces gustativas que recuerdan a especias.

Espumoso Vino con gas carbónico producido durante la fermentación.

Fino Vino generoso que se produce en Jerez, Montilla-Moriles o Condado de Huelva. Se aplica también al vino de calidad.

Floral Aroma que recuerda el perfume de las flores.

Franco Sin alteraciones, y sin aromas y sabores falsos.

Fresco Vino equilibrado de acidez, sin indicio alcohólico, nítido al paladar.

Frutal Cuando evoca frutas, alguna en concreto o varias, con toques herbáceos.

Generoso Vino entero de elevado grado alcohólico y envejecido naturalmente.

Grueso Vino tosco, denso al paladar, peleón.

Herbáceo Si sugiere hierbas recién segadas.

Hollejo Piel de la uva, en la que se encuentran los pigmentos que dan color a los vinos rosados y tintos.

Joven Vino entre uno y dos años.

Largo Cualidad del vino cuyo sabor permanece en la boca.

Licoroso Vino dulce y espirituoso que se obtiene de la fermentación de los orujos mezclados con agua azucarada.

Ligero Vino con poco cuerpo y baja graduación alcohólica.

Limpio Vino seco y nítido al paladar; también se aplica al vino nuevo que ha sido clarificado y filtrado.

Lleno Vino que ha desarrollado su cuerpo, graduación y paladar.

Malvasía Vino dulce que procede de la uva del mismo nombre.

Manzanilla Variedad de vino *fino* muy seco y fragante, de color pajizo claro.

Mistela Vino muy dulce que se obtiene de añadir alcohol al mosto de uva madura.

Moscatel Vino dulce que procede de la uva del mismo nombre.

Mosto Zumo de la uva que se obtiene de su prensado antes de iniciarse el proceso de fermentación.

Noble Vino franco.

Oloroso Estilo de vino propio de Jerez, muy aromático, intenso y de color oro viejo que puede ser seco o ligeramente abocado.

Peleón Vino ordinario de calidad ínfima.

Picado Vino que empieza a avinagrarse por aumento del ácido acético.

Posgusto Regusto. Sensaciones que quedan en los sentidos, especialmente en el paladar, después de tomar vino.

Púrpura Color rojo intenso y vivo que recuerda la capa de los cardenales.

Rancio Vino añejo, muy licoroso y profundo. Dícese también del vino común defectuoso.

Raspante Cuando pica al paladar.

Recio Vino con cuerpo y alto de alcohol.

Redondo Vino con gran equilibrio y armonía.

Reserva Vino armónico que se ha criado un tiempo mínimo de seis meses los blancos a un año los tintos en barricas de roble y de tres y dos años respectivamente en botella.

Retronasal Es la vía –los orificios internos que unen la nariz con la cavidad bucal– por la que se perciben los aromas del vino cuando se encuentra en la boca.

Ribero Vino gallego blanco pálido o rojo vivo, con algo de aguja y algo picante al paladar.

Rojo Vino tinto.

Rosado Vino de color rosa o anaranjado, ligero y aromático que se obtiene mediante la elaboración especial de la uva tinta.

Seco Vino cuyo dulzor resulta inapreciable al paladar por haberse transformado por completo los azúcares de la uva durante la fermentación.

Sedoso Vino suave y aterciopelado de grato paladar.

Solera Caldo con envejecimiento garantizado. También se aplica a un determinado sistema de crianza.

Tánico Con marcada astringencia.

Tanino Sustancia química natural que procede de los hollejos de la uva. Los taninos producen sensaciones astringentes y resultan imprescindibles en los buenos vinos tintos. Se incorporan al vino durante su proceso de elaboración y deben fundirse y armonizar en la estructura del vino, lo que se consigue con la maduración en botella.

Tinto Tipo de vino básico que ha fermentado en compañía de los orujos. Su color es rojizo, y presenta una amplia gama de estilos.

Trasiego Paso del vino de un recipiente a otro.

Turbio Vino en el que flotan partículas a causa de una defectuosa clarificación.

Varietal Vino elaborado con una variedad de uva, o con un mínimo del 85%, de la que conserva el aroma.

Velado Sin el suficiente nivel de nitidez.

Verde Vino que procede de una uva poco madura por lo que resulta muy ácido.

Vigoroso Con cuerpo, sabroso y con fuerte gusto alcohólico.

Vinosidad Calidad de rancio y elevada graduación alcohólica.

Vintage Término francés aplicado al vino que procede de una sola añada, y que se hace constar en la etiqueta. También, a veces, se aplica al cava.

Virgen Vino blanco que ha fermentado sin los hollejos.

Vivaz Fresco, alegre, con la acidez adecuada.

Vivo Si hablamos del color, vino de aspecto brillante. Si nos referimos al sabor, vino con buena acidez, alegre y vital, con buena capacidad para continuar envejeciendo.

ÍNDICE ALFABÉTICO